U0635011

本书系2018年贵州省教育厅高校人文社科思政项目（2018szk02）、

2022年贵州省级金课《中国近代史纲要》（2022JKXX0224）研究成果

本书出版获得黔南民族师范学院校级重点学科"马克思主义理论"经费资助

中国近现代史纲要
专题教学十讲

吴文定　任长幸　钟月强　陈佳湘　著

天津出版传媒集团

天津人民出版社

图书在版编目（CIP）数据

中国近现代史纲要专题教学十讲 / 吴文定等著. --
天津 ： 天津人民出版社，2023.10
（经典教材教参系列）
ISBN 978-7-201-19814-9

Ⅰ．①中… Ⅱ．①吴… Ⅲ．①中国历史－近代史－教
学研究②中国历史－现代史－教学研究 Ⅳ．①K25

中国国家版本馆 CIP 数据核字 (2023) 第 184485 号

中国近现代史纲要专题教学十讲
ZHONGGUO JINXIANDAISHI GANGYAO ZHUANTI JIAOXUE SHIJIANG

出　　版	天津人民出版社
出 版 人	刘　庆
地　　址	天津市和平区西康路 35 号康岳大厦
邮政编码	300051
邮购电话	(022)23332469
电子信箱	reader@tjrmcbs.com
责任编辑	武建臣
封面设计	明轩文化·王　烨
印　　刷	天津海顺印业包装有限公司
经　　销	新华书店
开　　本	710 毫米×1000 毫米　1/16
印　　张	18.25
插　　页	2
字　　数	250 千字
版次印次	2023 年 10 月第 1 版　2023 年 10 月第 1 次印刷
定　　价	88.00 元

前　言

2019 年 3 月 18 日,习近平在学校思想政治理论课教师座谈会上发表重要讲话,对思想政治理论课建设寄予了殷切期望,提出了思政课改革"八个统一"的要求,即坚持政治性和学理性相统一,坚持价值性和知识性相统一,坚持建设性和批判性相统一,坚持理论性和实践性相统一,坚持统一性和多样性相统一,坚持主导性和主体性相统一,坚持灌输性和启发性相统一,坚持显性教育和隐性教育相统一。习近平重要讲话精神是新时代办好思政课的重要指南和行动准则。

为把习近平重要讲话精神落到实处,切实体现思政课建设关于政治性和学理性相统一、价值性和知识性相统一等基本要求,努力打造"金课",淘汰"水课",我们产生了在《中国近现代史纲要》教学中开展专题教学的动议,开展专题教学实质上是实现教材体系向教学体系转变的重要表现,因此围绕现行全国通用的马克思主义理论研究和建设工程重点教材《中国近现代史纲要》进行教学专题设计显得十分重要。

经过我校马克思主义学院《中国近现代史纲要》教研室全体教师反复思考和集体讨论,最终我们设计了十个专题,即辉煌与反思——中国封建社会由昌盛走向衰落,苦难的历程——帝国主义对中国的入侵,睡狮觉醒——对国家出路的早期探索,帝制的终结——辛亥革命与清朝的覆灭,碰撞中升华——历史和人民对马克思主义的选择,星火燎原——中国革命的新道路,众志成城——中华民族艰苦卓绝的抗日战争,前途的抉择——新中国的铸造,曲折的历程——社会主义在曲折中前进,走向辉煌——以中国式现代化推进中华民族的伟大复兴。

在本书的编写过程中,我们充分重视和突出了政治性和学理性相统一、价值性和知识性相统一。把政治性和价值性放在首位,充分突出"培养什么人,怎样培养人,为谁培养人"的指导思想。与党中央坚决保持一致,突出了《中国近现代史纲要》的思想政治教育功能,充分体现了它是一门思想政治课,而不是一门历史课,把它的育人和思想教育功能充分彰显出来,因此许多纲目与全国通用的马克思主义理论研究和建设工程重点教材《中国近现代史纲要》保持了高度的一致。与此同时,我们还注重体现本门课程的学理性和知识性,系统地将本门课程的知识原理和框架脉络清晰地展现出来,既要服务于培养合格的建设者和接班人这个总目标,又要让学生在知识载体的基础上进一步增强"五个认同"和"四个自信"。除此之外,本书中的统一性与多样性相统一、理论性和实践性相统一等特点表现得也相应突出,目的就是要扎实推进思政课教学改革,提升思政课教育教学效果,落实高校立德树人的根本任务。

本书在编写过程中得到了学校领导的大力支持和鼓励,马克思主义学院领导和教务处领导给予了悉心的指导和具体的帮助,陈佳湘书记给予了高度关注,李远祥院长领衔的校级重点学科给本书的出版提供了经费支持,相关同行教师给予了相应的意见和建议,在此一并表示感谢。

作者
2023 年 5 月

目　录
CONTENTS

专题一　辉煌与反思

——中国封建社会由昌盛走向衰落

第一节　光辉灿烂的中华文明

中华民族是世界上古老而伟大的民族,创造了绵延 5000 多年的灿烂文明,为人类文明做出了不可磨灭的贡献。

一、悠久的历史

(一)世界文明的发祥地

关于人类起源及文化史,学界论述有所不一,主要有"'三大文明'(近东文明、东亚文明、中南美文明),'四大文明古国'(巴比伦、埃及、印度、中国),'六大文化区'(西亚、埃及、印度、中国、墨西哥、秘鲁),'七大母文化'(埃及、苏美尔、米诺斯、玛雅、安第斯、哈拉巴、中国),'八个文明中心'(巴比伦、埃及、印度、中国、雅典、西方、伊斯兰、墨西哥)等多种说法"①。但就影响力来说,最有代表性的要数"四大文明古国"说,即认为古埃及的尼罗河流域、古中国的黄河流域、古印度的恒河流域、古巴比伦的两河流域是人类文明的发源地。

中国是一个历史悠久的东方大国。距今 170 万年前的云南省元谋人是中国境内已知最早的人类。难能可贵的是,中国是四大文明古国中唯一延续时间最长、未曾中断的文化系统,世界上其他文化系统由于各种缘由都先后消亡。英国哲学家罗素说过:"从孔子时代以来,古埃及、巴比伦、马其顿、罗马帝国都先后灭亡,只有中国通过不断进化而依然生存。"②19 世纪德国著名哲学家黑格尔也同样说道:"只有黄河、长江流过的那个中华帝国是世界上唯一持久的国家,征服无从影响这样一个帝国。"③中国是世界上最早的农业发源地之一。在距今 1 万年前的新石器时代就开始了农耕活动。1973 年在浙江余姚市河姆渡村发掘出来的河姆渡遗址证明,在公元前 8000 至 7000 年前中国就进入了农业社会,我们的先民们开始用石斧、石锄、石铲等工具种植小麦、大麦、扁豆、豌豆等农作物了。中华民族是个有根的民族,传统的农耕文化构建了中国人浓烈的乡土情结和家乡情怀。

(二)古代中国在世界中的地位

在鸦片战争前的世界里,中国长期处于世界文化的中心,创造了让西方人羡慕不已的古代文明。中国从公元前 3 世纪开始,教育和科学得到迅速发展,一直是古代世界的科学与教育中心,到唐宋达到高峰,四大发明中的三大发明都是这个时期做出的。中国古代的"农、医、天、算"四大实用科学成

---

①　刘华明、孙云、邱恭志主编:《中国近现代史纲要十二讲》,合肥工业出版社,2011 年,第 1 页。
②③　《中国近现代史纲要》,高等教育出版社,2008 年,第 5 页。

就当时在世界也是领先的,这些科学技术有力地推动了经济的繁荣,使中国300年雄居世界之首,领先世界1000多年(3—13世纪),使以中国为中心的东方成为世界科学技术中心。正如英国学者韦尔斯所说:"在唐初诸帝时代,中国的温文有礼、文化腾达、威力远被,同西方世界的腐败、混乱和分裂成为鲜明的对照。"①即使到了清朝康乾盛世中的1750年,中国工业产量仍占世界总产量的32.8%,当时整个欧洲也仅占世界总量的23.2%。18世纪时,全世界超过50万人口的大城市一共有10个,中国就占了6个,即北京、南京、苏州、扬州、杭州、广州,另4个分别是伦敦、巴黎、东京、伊斯坦布尔。18世纪末,中国农业总产量仍居世界前列,全国拥有10.5亿亩耕地,粮食产量达到2040亿斤,养活了3亿人口。英国著名经济学家亚当·斯密说道:"中国长期是最富的国家之一,是世界上土地最肥沃、耕种最好、人民最勤劳和人口最多的国家之一。"②中国革命先行者孙中山先生也说过:"五百年前,中国是世界上顶强的国家。国家的地位,好像现在的英国、美国一样,英国、美国的强盛还是列强。中国从前的强盛是独强。对各弱小民族,中国完全是用王道感化他们。他们是怀中国之德,心甘情愿自己来朝贡的。"③1759年,清朝统一全国后的疆域是:东至库页岛、台湾和澎湖群岛;南至南海,包括"千里石塘、万里长沙、曾母暗沙"(即今西沙群岛、南沙群岛);西达葱岭及中亚巴尔喀什湖;北至西伯利亚,极盛时总面积达1300万平方千米。可以这样说,鸦片战争之前,中国一直是走在世界前列的。

---

①　[英]韦尔斯:《世界史纲》,蔡慕晖、蔡希陶译,上海三联书店,2007年,第154页。

②　[英]亚当·斯密:《国富论》,孙善春、李春长译,中国华侨出版社,2010年,第24页。

③　刘华明、孙云、邱恭志主编:《中国近现代史纲要十二讲》,合肥工业出版社,2011年,第2页。

二、博大的精神

(一)孔孟思想是核心

古代中国以博大精深的思想文化闻名于世。五千多年前,中国文字的出现造就了中华五千年文明史。汉字先后传入日本、朝鲜、越南等多个国家和地区,形成了包含三十多种文字的汉字文化圈。

春秋战国时期,中国历史上出现了第一个思想文化的高峰,哲学思想中的"诸子百家"在公元前500年到公元前250年间达到了登峰造极的境界。儒家、道家、墨家、法家、阴阳家、纵横家、杂家……分别从不同的角度和立场出发,畅谈治国思想、社会态度与人生情怀。儒家倡导"德治""仁政""周礼",把注重伦理道德教育和人自身的修养作为统治者执政之基;认为人与人之间要互相爱护、和睦相处、宽容待人,正所谓"己所不欲,勿施于人";主张社会秩序的管理要靠"礼"进行规范,礼即"周礼",要做到"克己复礼""以礼治国"。道家的核心思想是"无为而治",认为"天法道,道法自然",要"无为而无不为",一切都该顺应自然,减少外在过多的干预,使事物有更多的发展空间。墨家创始人墨翟提出人与人相处就要"兼相爱",视人如己,消除人和人之间的贵贱之别,就可做到"交相利";在官吏使用上主张尚贤,以贤德为标准选拔人才;国家之间主张"非攻",即反对战争;经济上主张固本节用,充分反映了手工业者和普通平民的利益和愿望。法家主张废分封,设郡县,建立君主专制,以严厉刑法进行统治,思想上主张去百家之说,以法为教,以吏为师,为今后中国的君主专制制度的建立提供了直接的理论依据。

公元前356年,秦孝公任命商鞅为左庶长(非王族大臣领政)开始变法,采用法家主张,设郡县,"废井田,开阡陌",奖励耕战,严刑峻法,为秦朝一统天下打下了基础。

秦朝的迅速灭亡给汉初统治者深深的震撼,为恢复生产,与民休息,集道、儒、名、法诸家之长的黄老思想风靡一时。到汉武帝时期,汉武帝采用董仲舒的建议,"罢黜百家,独尊儒术",宣扬"君权神授"和"三纲五常",至此,以儒学为骨干,并吸收了阴阳家、道家、法家某些内容的新儒学制度得以全面建立并延续了 2000 多年,以四书五经为代表的儒家经典对中国后世文化产生了深远的影响。

(二)海纳百川的胸怀

中国历来是个开放包容的国家。清以前,历代王朝在发展进程中,积极采取各种措施推进中外文化交流,为中国社会的繁荣与进步做出了积极贡献。

西汉初年,中原以北面临一个强大的游牧民族匈奴的侵扰。为联合大月氏共击匈奴,公元前 139 年,汉武帝派张骞首次出使西域,历经 13 年。公元前 119 年,张骞二出西域,历时 4 年,至公元前 115 年归国。张骞两次出使西域,虽没有达到预先的军事目的,但对西域的地理、物产、风俗习惯有了比较详细的了解,为推动汉朝与中亚地区国家的友好往来与物质文化交流做出了重要贡献。

73 年,班超先后两次奉命出使西域,在 31 年的时间里,平定了西域 50 多个国家,为推动西域国家归附汉朝、促进汉民族与西域各民族的融合做出了重大贡献。97 年,班超派甘英出使大秦(罗马),虽未到达大秦,但增进了对中亚各国的了解。

626 年,玄奘为求取真经,独自一人西行 5 万里,历经种种磨难,先后到达西亚、南亚的很多国家和地区,于 632 年到达印度。645 年,46 岁的玄奘自印度归国。口述而著的《大唐西域记》是我国和世界最早的国际新闻作品集,记述了玄奘所亲历110个城邦、国家和地区的概况,是介绍西亚、南亚诸国疆域、地理、语言、风物、宗教及故事传说等多方面的宝贵历史文献,对世界文化的繁荣发展做出了重要贡献。

1405—1433年,郑和从南京下关宝船厂出发,7次率庞大的舰队沿江、浙、闽、粤海岸南下西行,最远到达非洲东岸肯尼亚的蒙巴萨,访问了亚非沿岸30多个国家和地区。下西洋的船队一般每次达260余只,人员2.7万余人。宝船载重量估计为1500吨,长138米,最大的相当于一个足球场。郑和下西洋比哥伦布发现新大陆早87年,比迪亚士发现好望角早83年,比麦哲伦环球航行早116年。郑和七下西洋既彰显了大明雄威,又展现了中国发展的历史成就与灿烂辉煌,促进了明朝与南洋各国的贸易、文化交流,为世界文明的进步起到了重要的推动作用。

三、璀璨的文化

(一)领先世界的科学技术

科学技术是人类文明的重要组成部分,是推动人类文明进步的重要引擎。勤劳的中国人民用自己的智慧,为世界文明的发展谱写了辉煌的篇章。

中国早在公元前2000年前就进入了青铜时代,以殷墟为代表的青铜器制作中心,展现了商代高超的青铜冶炼技术,司母戊大方鼎重875千克,高133厘米,是主要的青铜代表作。

炼铁技术的出现及推广使用,对人类的发展具有重要而深远的意义。战国中期,铁器的使用已很普遍,当时农业生产中就已广泛使用铁器进行翻土、除草、收割、砍伐等生产活动,锸、铲、铧、犁等农具已出现,标志中国农业已由粗放的刀耕火种型过渡到精耕细作型。铁器的出现,推动了水利工程的发展,当时出现了李冰修的都江堰,郑国修的郑国渠等著名水利工程。

早在商朝时,中国就有了世界上最早的日食和月食记录。春秋时鲁国天文学家留下了世界上关于哈雷彗星的最早记录。战国时甘德、石申的《甘石星经》是世界上最早的天文学著作。

秦汉时,编写于公元前1世纪的《周髀算经》是中国最古老的数学著作,比毕达哥拉斯的勾股定理早500年。西汉的《九章算术》涵盖了初等数学中的大部分内容,在分数四则运算、开方、解方程、正负数等方面居于世界领先地位。东汉时蔡伦发明了造纸术,比欧洲早1000多年。

张衡发明的地动仪是世界上最早测定地震方位的仪器,比欧洲早1700多年。

三国两晋南北朝时期,祖冲之在世界上第一个把圆周率准确到小数点后七位数,比欧洲早1100多年,他同时创立了大明历,把一年计算为365.2488天。

隋代工匠李春修建的赵州安济桥(俗称赵州桥)是现存的世界上最古老的一座石拱桥,地处南北要冲,车辆行走如织,虽历经若干次洪水和多次地震冲击,1400年后依旧岿然不动。唐朝时僧一行在世界上第一次测量了子午线。

中医是中国对世界医学所做的巨大贡献,是通过"望、闻、问、切"等诊疗方法形成的医疗理论体系。春秋战国时,中医基本形成。战国时的《黄帝内经》是中国最早的医学典籍。唐太宗时办了分科较细的医学校,比西方早200年。《唐本草》是世界上第一部由国家编定和颁布的药典,比欧洲早800年。《金刚经》是现存世界上最早有确切日期的雕版印刷品。

宋元时期,发明了指南针并运用于航海。毕昇发明了活字印刷术,比欧洲早400年。唐宋时发明了火药和火药武器。沈括的"十二气历"比英国早800年。郭守敬的《授时历》比现行公历的确立早300年。中国引以为豪的系列科技成果,在世界文明发展史上,熠熠生辉,绽放出耀眼的光芒。

(二)建制完备的社会制度

春秋战国时期,是中国由奴隶社会进入封建社会的重要历史节点,是中国历史大动荡、大变革、大发展时期。战国时期,硝烟遍起,天下纷争,诸侯争霸,战争频繁,各种政治、学术派别纷纷跃上历史舞台,使中国进入了思想和文化最为辉煌灿烂、群星闪烁的时代。"百家争鸣"的出现正是当时社会与阶级关系在意识形态领域的反映,新兴地主阶级纷纷招贤纳士,先后进行了各式变法与改革,以实现富国强兵。公元前356年,秦孝公采用法家思想,任用商鞅进行了变法,使秦国走上了强盛道路。公元前221年,秦先后灭掉了韩、赵、魏、楚、燕、齐六国,结束了自春秋以来长达500多年的诸侯割据纷争的局面,建立了中国历史上第一个君主中央集权国家。皇帝贵为"天子",拥有至高无上的权力,凡行政、军事、经济等一切大权,均由皇帝总揽;三公九卿辅助皇帝掌管政务、军事和监察文武百官;朝廷制定了严密、苛刻的法律,是封建帝王加强皇权、巩固中央集权的重要工具。郡县是中央政府下辖的地方行政单位,至此高度集权的君主专制制度在中国大地上得以确立,并影响了中国2000多年的历史进程。

西汉时期,董仲舒提出了"天人感应"思想,宣扬君权神授,强调了君主专制的合理性,汉武帝采用了他的建议,进行了"罢黜百家,独尊儒术",使社会思想出现了"大一统"局面,确立了儒家思想在中国思想史上的统治地位,进一步巩固了中央集权。

隋唐设立了"三省(尚书、中书、门下)六部(吏、户、礼、兵、刑、工)制",使封建官僚机构形成了完整严密的体系,削弱了相权,加强了皇权。同时隋唐时期创立和完善了科举制,采取"分科取士"的用人办法,使得许多社会中下层有能力的读书人能够进入社会上层,参与国家管理,获得施展才智的机会,改变了之前"上品无寒门、下品无士族"的现象,打破了仅凭血缘世袭关系和士族的用人垄断制度,扩大了朝廷选拔人才的范围。

北宋初年,宋太祖赵匡胤通过"杯酒释兵权"解除了朝中大将和地方节度使兵权,铲除了封建藩镇割据的基础,使中央集权得到进一步加强。

明洪武十三年(1380),朱元璋以宰相胡惟庸谋反为由,废去丞相一职,六部直接向皇帝负责,相权和皇权合二为一。地方实行"三司分权",三司即承宣布政使司、提刑按察使司、都指挥使司,改大都督府为五军都督府,分离统兵权和调兵权,制定《大明律》,设厂卫特务机构,实行八股取士。清朝沿用明朝制度,增设军机处,大兴文字狱,使专制主义中央集权发展达到了顶峰。

古代中国的社会结构是宗法家长制。政权、族权、神权、夫权相互交织在一起,成为维护社会统治的一张大网。"三纲五常,三从四德"是君臣之间、父子之间、夫妻之间必须恪守的伦理道德和行为准则,"三纲"的神圣化与绝对化,对维护君主专制制度和社会的稳定起到了积极作用。但同时对人们进行了高度的思想控制,束缚了人们的思想和行为,影响了中国社会发展的活力。

(三)绚丽多姿的文化艺术

中国是个古老的国度,从传说中的三皇五帝到中华人民共和国的建立及当今的新时代中国特色社会主义,中国人民对物质的创造及文化探寻的脚步一刻也没有停止过。1972年,长沙马王堆汉墓出土的色彩鲜艳、纹饰绚丽的素纱衣仅有49克,真可谓"薄如蝉翼、轻若烟雾",向世人展示着西汉时期高超的纺织工艺水平。敦煌莫高窟中492个洞窟中的2000多尊彩塑雕像和大量的彩绘壁画无声地叙说着五代十国以来中国绘画艺术所达到的成就与水平。莫高窟是一座伟大的艺术宫殿,是古建筑、雕塑、壁画三者高度融合的艺术瑰宝,以丰富多彩的壁画著称于世,敦煌壁画容量和内容之丰富,是当今世界上任何宗教石窟、寺院或宫殿都不能与之媲美的。洞窟四周和窟顶,到处都画着佛像、飞天、伎乐、仙女等既有佛经故事画、经变画和佛教史迹画,也有神怪画和供养人画像,还有各式各样精美的装饰图案等,堪称是一座伟大的艺术宝库、一部形象的百科全书。1974 年 3 月发现的兵马俑宛若一个宏大的地下兵营,是研究秦朝时期军事和陶俑技术的重要史料。此外,唐三彩、青铜器、园林艺术、宫殿建筑等无不尽情地诉说着中国古代的艺术辉煌。

千百年来,勤劳智慧的中国人民在创造光辉灿烂物质文明的同时也创造了灿若星河的精神文化。《诗经》是中国最早的一部诗歌总集,包括《风》《雅》《颂》三大部分,反映了周朝约 500 年间的社会风貌。《离骚》是中国古代最长的抒情诗,全诗使用大量的比喻、神话传说和丰富的想象,形成绚烂的文采和宏伟的结构,展现了积极的浪漫主义文学情怀。唐诗、宋词、元曲、明清小说更是助推中国古代文学走向顶峰。唐代的诗歌,无论从作者的数量、内容的丰富、题材的广泛、艺术的高超还是影响的深远来说,都是中国古代文学的顶峰。宋词是中国古代文学发展史上的一颗璀璨明珠,以姹紫嫣红、千姿百态的神韵,与唐诗争奇,与元曲斗艳,与唐诗并称双绝,都代表着一代文学之盛,代表人物主要有苏轼、辛弃疾、柳永、李清照等。《窦娥冤》是元曲的代表之作,作者关汉卿以窦娥一生的遭遇为线索,淋漓尽致地反映了当时社会的黑暗,人民的不幸,特别是妇女背负的极大冤屈,作品以丰富的想象、夸张的手法、超现实的情节,显示出公理必然战胜邪恶的正义力量,反映了广大人民期盼伸张正义、惩治邪恶、追求幸福生活的美好愿望。以《红楼梦》《西游记》《水浒传》《三国演义》为代表的明清小说更是让人百看不厌、爱不释手,充分彰显了明清小说的艺术精华。苗族长篇叙事史诗《亚鲁王》、藏族史诗《格萨尔》等 55 个少数民族创造的绚丽多姿的民间文学和汉文化一起共同构成了光辉灿烂的中华文化,在历史发展的长河中同样散发出耀眼光芒。

第二节 中国封建社会由昌盛走向衰落

一、中国封建社会由昌盛走向衰落

中国封建社会在经历 2000 多年的漫长发展,在演绎了上千年的繁荣与昌盛之后,从明代开始逐渐地走向了衰落,到鸦片战争前夕,就已经处在了风雨飘摇之中,各种危机逐渐明显地暴露出来。"康乾盛世"宛若昙花一现,可说是封建帝制的"回光返照",之后整个帝制俨然走到了它生命的尽头。

(一)在经济上,封建地主土地所有制和小农经济阻碍了社会的发展和进步

清朝时,作为农业社会最重要的生产资料的土地大量掌握在皇室、官僚、地主和富商手里,成为激化社会矛盾的根源。地主通过购买、放高利贷、强占等方式,巧取豪夺,吞并了大量的土地。清初这种现象就开始严重起来,鸦片战争时期则更为凸显。皇帝是最大的地主,1812 年,嘉庆皇帝直接掌握的土地多达 83 万顷,占全国耕地的 12%。官僚、贵族、地方豪强占地万亩者比比皆是。中国近代大贪官之一的和珅占地高达 80 万亩。道光年间琦善占地 256 万亩。占人口总量 80% 的农民只有很少或完全没有土地。"富者田连阡陌,贫者穷无立锥之地"是对当时土地占有状况的现实描述。清代著名思想家龚自珍目睹当时景象,感慨地说:"自京师始,概乎四方,大抵富

户变贫户,贫户变饿者,四民之首,奔走下贱,各省大局,岌岌乎皆不可支月日,奚暇问年岁?"①失去土地的农民,为了生存,只得租佃地主的土地,收成中的50%甚至60%~80%要作为地租交给地主,地主却安然享之,遇上灾荒年月,更苦不堪言,食不果腹。除地租外,农民还要承担繁重的税赋、劳役和高利贷,沉重的社会负担和经济包袱,压弯了广大农民的腰身,使他们陷入了"卖妻鬻子"的悲惨境地。灾难深重的农民既丧失了劳动的积极性,也无力扩大农业生产,同时男耕女织的小农经济使社会生产陷入停滞的状态中。落后的生产关系严重阻碍了生产力的发展,客观上必然要为新的生产关系所取代。

随着商品经济的发展,明朝中叶,资本主义生产关系在封建社会体内开始萌芽,南方沿海的一些省份出现了一些以雇佣关系为主的手工作坊,如苏州的丝织业出现了以出卖劳动力为生的"机工"和以生产丝绸获取利润的"机户",即早期雇佣工人与资本家。"机户出资,机工出力"。此外广东佛山也出现了以雇工千百计的采矿冶铁作坊和从业人员高达5万人的纺织工场等。清代以来,这种萌芽的趋势不断发展壮大,如江浙一带的丝织业,陕西南部的冶铁、锻铁和木材采伐业,云南的铜矿业,山东博山和北京西部的煤矿业,四川的井盐业,山西河东的池盐业,江西景德镇的制瓷业等,这些生产关系的萌芽与发展,说明当时中国与世界一道,朝着资本主义方向前行,符合社会发展的客观规律。但这些萌芽好比汪洋大海中的几座孤岛,被清政府"重农抑商"政策给桎梏了,最终无法成为中国当时社会主要的生产关系,落后的生产关系严重阻碍了生产力的发展。

(二)在政治上,君主专制制度抑制了社会的生机与活力

到了清代,高度集中的君主专制达到了顶峰。建立了效命于皇权的军

---

① 《中国近代史》,中华书局,1983年,第2页。

机处、六部、大理寺、都察院、宗人府、内务府、翰林院等中央行政机构。1662年清统一中原后,改前朝的两京十三布政使司为十八个行省,省下设道、府(州)、县,县以下建立保甲制度,在云贵地区则推行土司制度,实行"以夷制夷",并在雍正年间完成改土归流,形成了一个严密的组织机构与统治系统。

伴随封建社会的延续,贪污腐化现象在封建体制内不断地滋生和膨胀,到了清朝更是达到了前所未有的程度。官员们往往思考的不是如何治理国家,让百姓安居乐业、国富民强,而是如何自保或升官发财,"三年清知府,十万雪花银"是清王朝官场的写照。官场贿赂成风,敲诈、勒索现象屡屡发生,上下勾结,沆瀣一气。以皇帝为首的贵族、官僚奢靡生活是贪污腐化的根源。以乾隆为例,六下江南名为视察,实则游山玩水、纵情享乐,每次出游所带船只上千余只,往返几千里,光供他使用的 5 艘大船征调的纤夫多达 3600多人,同时动用了马匹 6000 多头、役夫近万名等进行随行物质的搬迁和供给,沿河两岸,旱路洒水除尘,路途遇上石桥、石路,均用黄土铺垫。随行派重兵护卫,每到一处,文武官员跪拜接驾,大肆修建行宫,搜罗山珍海味,文武官员竞相讨好献媚。为讨好皇上,官吏大借皇帝之名,大肆搜刮民脂民膏,贪污事件时有发生,贪污方法越来越多,为官者多讲一个"钱"字。为使生活多姿多彩,宠信贪官和珅 20 多年,放纵和珅把持朝政,使之贪污数额折合白银达 8 亿两,相当于当时清政府年财政收入的 15 倍,实乃近代中国第一巨贪,和珅被打倒后,民间盛传这样的说法"和珅倒,嘉庆饱"。腐败渗透和侵蚀了整个腐朽的官场体系。

作为政权保障的军队也腐化不堪。清兵主要由绿营军和八旗兵组成。八旗兵在入关 200 年后,这个以世袭和终身制为主的部队,常年养尊处优,整日花天酒地,生活腐化不堪,早已丧失了当年骁勇善战的战斗力。以汉人为主的绿营军,地位低下,待遇较差,加上腐败同样渗进了军营,致使军纪涣散,战斗力基本也荡然无存。清朝时部队编制虽有 100 万之多,但极少操练,仅是徒有虚名罢了。武器装备落后,仅有少量的火绳枪、滑膛炮等老式武器,有的还是几百年前的旧炮,制造时因偷工减料,发放时经常发生炮膛炸裂,使用的多是大刀、长矛、弓箭等原始武器,对以火药为代表的热兵器不以为然,而此时西方诸国通过工业革命均已走上枪炮时代,以至于在1840年的一场"冷""热"的较量中,清军被仅有4000名陆军的英国部队打得一败涂地。

(三)在思想文化上,实行严厉的文化专制政策,大兴文字狱,禁锢了人们的思想

清军入关后,撷取了"三纲五常"为核心的程朱理学作为官方统治思想,把朱熹集注的"四书"作为科举考试的主考内容,让知识分子花上大量时间去揣摩八股文章,把学习的精力倾注在《四库全书》《古今图书集成》等经史典籍上,把知识分子的思想钳制在忠君等纲常伦理上,任何违反封建伦理纲常的思想和行为都被视为"离经叛道"。

为泯灭知识分子的反清思想,清王朝大兴文字狱,想以此达到巩固统治的目的。规模最大的文字狱要数"明史案"。清朝建立后,部分汉族士大夫反清思想依然存在,清朝视此为统治之患,十分担心。清初,浙江一眼盲富户想仿效历史上左丘明(同为盲人)编纂史书,于是招揽江南一带有志于纂修明史的才子编书修史,书中存在一些清王朝忌讳用语,清廷便以此为把柄,大做文章,处死了70多人,株连200多名士,牵连入狱者上千人。

雍正四年(1726),礼部左侍郎查嗣庭在主持江西乡试中,以《诗经》中的一句话,出了一道"维民所止"的考题,却被人借题发挥为"雍正去头",触怒了雍正皇帝。查嗣庭被押解回京,气死狱中,雍正依然怒气难消,命人戮尸示众,家族被株连者达几十人。

雍正八年(1730),翰林院徐骏在奏章中把"陛下"误写为"狴下",立马

被革职拿办。扬州举人徐述夔把受潮的书本放置太阳底下晾晒,此时风把他的书页吹翻,引发诗兴,随口吟了一句:"清风不识字,何故乱翻书。"后被人借此发挥为攻击清室文化程度太低,便招来杀身之祸,株连家族。

清初康、雍、乾三朝,有记录的文字狱多达108起,而且愈演愈烈。一些官员为排斥异己,借题发挥,蓄意引申,陷害忠良。弄得人人自危,不敢多言。思想被禁锢,聪明才智被埋没,整个社会好似一潭死水,死气沉沉,"万马齐喑"成为当时社会思想文化的写照。

思想文化上的专制和高压,导致了社会的保守和僵化。许多朝廷大员依旧沉迷于"天朝上国"的美梦之中,狂妄自大,鼠目寸光。道光皇帝连英国在哪里都不知道,弄不明白英国为什么会让一个只有20多岁的女人来当皇帝。即便是"睁眼看世界的第一人"的林则徐在鸦片战争前对世界的概况也是一无所知。在外交政策上,清王朝继续推行明朝以来的闭关锁国政策,仅在广州十三行一地开展对外贸易,严重阻碍了中国的对外经济联系与视角范围,以致造成了故步自封、妄自尊大,拒绝接受一切外来的先进思想文化和政治制度,拒绝一切借鉴和改革。正如邓小平所说,长期的闭关自守,把中国搞得贫穷落后、愚昧无知,这样中西就处在不同层次的发展和较量之中,最终抵挡不住资本主义的坚船利炮,1840年鸦片战争一声炮响,揭开了中国屈辱史的序幕。

二、世界资本主义迅猛发展与对外扩张

正当中国处在封建社会兴衰交替之时,西方资本主义国家却在迅猛发展,并走上了对外扩张的道路。

1275年,17岁的意大利著名旅行家马可·波罗来到中国,在中国游历了17年,到过元大都(北京)等许多地方,回国后,他在一次海战中被俘,口述写

成了《马可·波罗游记》又称《东方见闻录》。《马可·波罗游记》描述了包括中国在内的东方是如何的富庶,如何的黄金遍地,引起了西方人对东方财富的狂热追求。同时,由于我国指南针等四大发明相继传入欧洲,使大航海时代到来。在大航海时代背景下,出现了许多冒险家,如达伽马、迪亚士、哥伦布、麦哲伦等,他们到达了非洲、美洲的很多地方,还以为是到了中国。他们所到之处,用他们所谓的文明(枪炮)打开了当地的大门,把当地的财富掳掠一空,把黑人作为奴隶进行贸易或运往欧洲,从而为资本主义的产生奠定了货币与劳动力基础。

英国是资本主义阵营中首先发展起来的主要国家之一。1640 年,英国通过资产阶级革命后,成为世界上第一个资本主义国家。18 世纪 60 年代,英国兴起了工业革命,使机器生产完全代替了手工劳动,使生产力飞速发展。马克思说过,资本主义在不到一百年时间里所创造的生产力比以往一切时代的总和还要多、还要大。通过工业革命,使英国迅速成为资本主义阵营的头号强国。据有关史料显示,1835 年左右,英国每年能生产铁 102 万吨,煤 3000 万吨,拥有蒸汽机 1953 台,纱锭 900 万枚,工业产量占世界总产量的 45%,对外贸易量占世界的 20%,商船舰队占世界总量的 30%。

随着工业革命的进行,生产规模的扩大,资本主义本身固有的矛盾即生产的社会化与资本主义私人占有制之间的矛盾明显地暴露出来。1825 年,英国发生了世界上第一次经济危机,危机之时,工厂停产或减产,工人失业,人们之间的信用受到考验,整个社会经济生活一片混乱,社会矛盾激化。1836—1848 年英国的宪章运动标志着英国正面临前所未有的经济危机和政治危机。"资产阶级用什么办法来克服这种危机呢? 一方面不得不消灭大量的生产力,另一方面夺取新的市场,更加彻底地利用旧的市场。"①正如列

---

① 《马克思恩格斯选集》(第一卷),人民出版社,1972,第 257 页。

宁所说:"资本主义如果不经常扩大统治范围,如果不开发新的地方并把非资本主义的古老国家卷入世界经济的漩涡之中,它就不能存在与发展。"①17世纪50年代开始英国先后挫败了西班牙、荷兰、葡萄牙、法国,争得了海上霸权。1757年,英国开始通过东印度公司蚕食印度,19世纪40年代完成了对印度的占领。1819年英国入侵新加坡,1824年英国入侵缅甸。1838年又发动了对伊朗、阿富汗的战争,建立了真正所谓的"日不落帝国",掠取了进攻中国的战略基地。中国地大物博,人口众多,是众多侵略者长期虎视眈眈的一块肥肉。英国在做好了一切准备之后,就迫不及待地把侵略的魔爪指向了中国,因此英国就成为领先侵略中国的头号殖民分子。

1789年法国大革命后,资产阶级推翻了波旁王朝的统治,建立了资产阶级政权。通过19世纪20—60年代的工业革命,使法国一跃成为世界仅次于英国的资本主义国家,为开辟海外市场,法国也积极向外拓展殖民地,跟随英国贩卖鸦片,从中捞取好处。

美国通过1775—1783年的独立战争,使其成为独立的资产阶级共和国,之后通过工业革命,使资本主义也得到了发展。相对于英法而言,美国起步较晚,虽然对中国很感兴趣,但当时基本没有侵略中国的实力,因此只能尾随英法贩卖鸦片,成为英法的主要帮凶。

俄国自1861年进行农奴制改革后,也步入了资本主义的发展历程,从北面长期虎视中国。俄国原本与中国不接壤。16世纪80年代以来,开始侵略中国并占领我国部分领土,在中国各民族人民和清政府的反击之下,俄国被迫同意进行谈判,在外交照会下,签订了《尼布楚条约》等条约,划定了两国东段和中段边界。通过双方签订条约,从法律上肯定了黑龙江和乌苏里江的广大地区历来都是中国的领土。但鸦片战争前夕,俄国又心生歹意,只是

---

① 《列宁全集》(第3卷),人民出版社,1959年,第545页。

力量受限,不敢轻举妄动。

三、落后就要挨打

斯大林曾说过,打落后者、打弱者,这已经成了剥削者的规律。鸦片战争前,侵略者的魔爪早就伸向了中国。1514 年一艘葡萄牙海船绕过非洲好望角后,沿着当年郑和下西洋的航线来到广东。1553 年葡萄牙以"借地晾晒浸水货物"为借口,通过行贿广东海关官员,得以登陆澳门,此后却开始了长达 446 年占领澳门的历史。1793 年英国派一使团到达北京,向乾隆皇帝提交了英王的国书,提出开放宁波、天津、舟山等地为通商口岸,在广州、舟山等地划一块地供英国人居住、使用和进行贸易。这一无理要求遭到了清政府严词拒绝。1689 年一只法国商船抵达中国,随之来了一批传教士,这些传教士以传教为掩体,开始了对中国的早期侵略。1784 年美国开始了与中国的贸易往来,随着国力的增强,不平等贸易越发明显,1835 年美国组织了东印度舰队,在贸易中实行"炮舰政策"。

随着世界格局的新变化,在资产阶级自身贪婪欲望的支配下,资产阶级迫切需要重构世界经济政治新秩序,"按照自己的形象,为自己创造出一个世界",于是以侵略中国为目的的战争在 19 世纪中叶之后陆续在中国打响,从而轰开了中国封闭已久的国门。

【课后思考】

1. 中华民族为世界文明的发展作出了哪些突出的贡献?

2. 近代中国为什么会在世界的舞台上落伍?

3. 中国近代史告诉我们一个最基本的道理是什么? 请结合史实加以说明。

4. 简述鸦片战争前的中国与世界。

5. 中国共产党和中国人民在近现代史中向世界作出的"四个庄严宣告"分别是什么?

【学习拓展】

1. 袁行霈、严文明、张传玺、楼宇烈主编:《中华文明史》,北京大学出版社,2006 年。

2. 习近平:《在庆祝中国共产党成立 100 周年大会上的讲话》(2021 年 7 月 1 日)。

3. 习近平:《实现中华民族伟大复兴是中华民族近代以来最伟大的梦想》(2012 年 11 月 29 日)。

4. 纪录片:《大国崛起》之《工业先声》《明治维新》。

专题二　苦难的历程
——帝国主义对中国的入侵

第一节　西方列强对中国的入侵

　　明朝中后期中国把封闭的大门关起来之后,中国的封建社会就逐步走到了它的尽头,僵化和封闭让中国走向了衰落。而此时,西方资本主义却处在了迅猛的发展中,在中西的不同层次的较量之中,中国最后注定要在一场殊死的搏斗中被打垮,不可避免地发生一曲曲令人伤痛的悲歌。1840年6月,侵略者用武力轰开了中国的国门,随之制造了一幕幕人间惨剧,他们依仗先进的武器和军事技术,要么直接发动侵略战争,或是以武力相威胁,或是干涉中国内政,要么直接出兵镇压中国革命,导致中国大片领土被割占,甚至掀起了瓜分中国的狂潮。

一、军事入侵

在 1840 年至 1919 年近 80 年的时间里，英、法、日、美、俄等国家先后对中国发动了数百次的侵略战争，侵略次数之多、参与国之庞大、历时时间之长，给中国造成的影响之大，实为世界罕见。在这些数不胜数的侵略中，规模较大和影响较深的有：

（一）第一次鸦片战争

鸦片战争前，在中英贸易中，英国长期处于入超状态，英国工业品遭到中国自然经济和闭关政策的顽强抵抗，销量不大，而英国商人却需要用大量银元购买中国的茶叶、生丝和土特产等商品。以 1781—1790 年为例，10 年间中国出口英国的货物中仅茶叶一项就达 9600 多万银元，而英国出口中国的货物总价值在 1781—1793 年的 13 年中仅为 1600 万银元，仅占茶叶一项的六分之一。贸易上的这种巨大逆差显然与强大起来的英国资产阶级的愿望背道而驰。为改变这种逆差，英国侵略者起初企图用外交手段打开中国的大门，1793 年，英国派出了马戛尔尼代表团来华，9 月觐见了乾隆皇帝，递交了英王的国书，希望允许英国人在北京设立货栈，在舟山和广州划一岛屿给英国人使用，减免中英贸易商税，这些无理要求均遭到了清政府的严词拒绝。1816 年，又派出了以阿美士德为首的使团到中国。在外交手段失败后，英国便开始着手准备侵略战争，同时找到了鸦片这一侵略中国的特殊商品。

鸦片，学名罂粟，俗称"大烟"，又名阿芙蓉，是用罂粟汁液熬制而成的麻醉性毒品，原产于南欧及小亚细亚，后传到阿拉伯、印度及东南亚等地，唐朝时作为药材由阿拉伯少量输入我国。

英国占领印度后，以印度为基地种植了大量的鸦片，并偷偷地运进了中国。18 世纪 20 年代,英国开始向中国贩卖鸦片,1773 年第一届印度总督哈斯丁斯制定了对华鸦片政策。1773 年以前每年输入量不超过 1000 箱,到 1800 年增加为 4570 箱,1838 年为 40200 箱,1821—1839 年间平均每年总量达 3.5 万箱。"从 1820 年到 1840 年 20 年间中国外流的白银大约 1 亿元左右,相当于中国银货币量的 1/5,平均每年外流的白银 500 万元,是清政府每年收入的 10%。在英印政府的收入中,'整整有七分之一是来自向中国人出售鸦片'。"①英国的鸦片走私不仅造成了中国的白银大量外流和财政危机,还导致银贵钱贱,加重了劳动人民的负担,并直接毒害了中国人的身体和精神。马克思曾经愤怒地谴责"非法的鸦片贸易年年靠摧残人命和败坏道德来填满英国国库"②。英国的蒙哥马利在《论中国的政治、商业和社会》中写道:"同鸦片贸易比较起来,奴隶贸易是仁慈的;我们没有摧残非洲人的肉体,因为我们的直接利益要求保持他们的生命;我们没有败坏他们的品格,没有腐蚀他们的思想,没有扼杀他们的灵魂。可是鸦片贩子在腐蚀、败坏和毁灭了不幸的罪人的精神世界以后,还折磨他们的肉体。"③

鸦片贸易把中国人民推向了苦难的深渊。面对人民群众强烈的禁烟要求和严重的财政危机,1839 年 1 月,道光皇帝任命林则徐为钦差大臣前往广州查禁鸦片。1839 年 3 月,林则徐到达广州,与两广总督邓廷桢合作,一方面明察暗访,惩治烟贩,整顿海防,另一方面开展与外国烟贩子的斗争。3 月 18 日,林则徐发出收缴外商鸦片的谕帖,限三天内将所有鸦片登记造册,等候收缴,并保证以后来往船只不能夹带鸦片,否则一经查出,货物没收,人即正法。林则徐在谕帖中还表明了禁烟的决心:"若鸦片一日不绝,本

---

① 刘华明、孙云、邱恭志主编:《中国近现代史纲要十二讲》,合肥工业出版社,2011 年,第 2 页。
② 《马克思恩格斯选集》(第一卷),人民出版社,1972 年,第 257 页。
③ 王珊珊:《中国近现代史纲要》,人民日报出版社,2014 年,第 9 页。

大臣一日不回,誓与此事相始终,断无中止之理。"①

1839 年 6 月 3 日至 25 日,林则徐率广州地方官员将缴获共计 230 多万斤鸦片集中在虎门销毁。虎门销烟展示了中国人民反对外国侵略的顽强意志,是近代中国人民反帝反侵略的伟大起点,彰显了浓烈的爱国主义精神。

虎门销烟的消息传到英国,资产阶级随之发出了狂热的侵华叫嚣,随后英国国会通过了对华战争的决定。1840 年 6 月,一支由 48 艘军舰和 4000 名士兵组成的"东方远征军"抵达广东海面,鸦片战争正式爆发。

英军首先进犯广州,遭到早有准备的林则徐所部的反击,在广州军民的英勇奋战下,击退了英军的进攻。6 月底,英国转兵北上进攻厦门,又遭到了闽浙总督邓廷桢所部的英勇抵抗。但由于沿海各地军备废弛,7 月 5 日,英军攻占定海,之后继续北进,8 月初占领了天津。英军的迅猛北上,把道光皇帝吓破了胆,于是派出琦善与英军谈判,有着卖国嘴脸的琦善与英军签订了《穿鼻条约》,同意割让香港。继此之后,在英军先进的军事技术和武力面前,清军节节败退,1842 年 8 月,英军抵达南京下关江面,29 日,腐朽的清政府被迫签订了中国近代史上第一个不平等条约《南京条约》。

《南京条约》的主要内容有:割让香港岛;赔款 2100 万银元;开放广州、厦门、福州、宁波、上海五口通商;确立了协定关税原则:低关税率。后来英国又逼迫清政府签订了《虎门条约》,以之作为《南京条约》的附件,又再次获得了领事裁判权、片面最惠国待遇、在华租赁土地(英国人可以在通商口岸租赁土地、房屋和永久居住)等特权。

鸦片战争是中国近代史的开端,它使中国的社会性质发生了质的变化,由一个完全意义上的封建王国变为了半殖民地半封建社会,从而使国家蒙辱,人民蒙难,文明蒙尘,使中华民族遭受了前所未有的劫难。

---

① 王丽丽:《中国近现代史》,原子能出版社,2008 年,第 14 页。

（二）第二次鸦片战争

第一次鸦片战争后，中国的国门被打开了，但商品的倾销并非像英国人所期待的那样顺利。原本英国资产阶级幻想有着4亿人消费需求的中国每人每年只要买一顶帽子，就够他们发财和忙不过来了。但中国的商品市场因自然经济的抗拒显得异常的冷清，同时由于中国广大民众的贫困，使得购买力非常有限，这种状况使资产阶级发财的美梦落空了。当然他们不能容忍这种现象的出现，最后他们把商品倾销的失败归结于中国开放的口岸太少，于是提出了修改《南京条约》的要求，这一无理要求被尚想保持一丝尊严的清政府拒绝了。于是英国借口"亚罗号事件"，法国借口"马神甫事件"，挑起了第二次鸦片战争。

"亚罗号事件"：1856年10月8日，广东水师在"亚罗号"船上抓捕了几名海盗，"亚罗号"原本是一艘中国船只，在香港相关管理部门注册，到1856年9月27日，已过注册期限，但仍应属于中国船只，英国侵略者却以之为借口，假称"亚罗号"不是中国船只，中国水手无权上船搜人。1856年10月29日，英军炮轰广州城，第二次鸦片战争爆发。由于英军因兵力有限，当晚退出了广州，等待援军，寻找机会，以图扩大战争。

"马神甫事件"：是法国为发动第二次鸦片战争而制造的借口。1853年法国天主教神甫马赖非法潜入我国广西内地西林县，披着传经布道的外衣，到处残害百姓。1856年，广西西林县知县张鸣凤在村民的大量指控下，在查实了相关证据和事实后，将马赖团伙26人抓捕，同时将马赖等2人处死，其余分别按罪大小进行不同处罚，但窥视中国已久的法国政府却以此为借口，挑起第二次鸦片战争。

1857年12月28日，英法两国组成联军共5600余人炮轰广州，第二天广州失守。之后英法联军转兵北上，1858年5月26日侵入天津郊外，清政府在慌乱之中,连忙派大学士桂良为钦差与英法谈判,在武力的威逼下,桂良不得不与英法签订了《天津条约》。

《天津条约》的主要内容有:允许外国公使进驻北京;开放牛庄(后为营口)、登州、淡水、潮州(今汕头)、琼州、汉口、九江、南京、镇江、台南10个通商口岸;外国船只自由驶入长江一带通商口岸;外国人可自由进入内地游玩、经商;外国传教士可在内地自由传教;对英、法各赔偿600万两白银。

《天津条约》签订以后,战事并未停息。英法联军再次寻找机会和借口,伺机挑起争端。1860年2月,英法再次组成联军(英军1.8万人,法军6300人,军舰200多艘)再次侵华,从浙江舟山,一路北上,先后占领烟台、大连湾、渤海湾等地,8月24日占领天津,并通过天津进入北京,咸丰皇帝仓皇逃往热河(今河北承德),10月6日,英法联军占领圆明园。圆明园为皇家园林,清政府苦心经营了150多年,当中收藏了大量的黄金白银和稀世珍宝,英法联军在洗劫一空之后,为掩盖罪行,纵火将之焚毁,这把大火烧了三天三夜,使得旷世名园转眼间变成了残垣断壁。目前圆明园遗址依旧,是英法联军侵华罪行最为有力的见证。

法国文学家雨果在得知英法联军火烧了圆明园之后,1861年11月在给巴特勒上尉的信中,愤怒地谴责英法两国是"强盗",他说:"两个强盗走进圆明园,一个抢了东西,一个放了火。……这个胜利者把口袋装满,那个把箱筐装满,他们手拉手,笑嘻嘻地回到欧洲。……我们欧洲人是文明人,在我们眼中,中国人是野蛮人,可是你看文明人对野蛮人干了些什么。在历史面前,这两个强盗,一个叫法兰西,另一个叫英吉利。"①雨果还把圆明园与希腊神殿、金字塔、巴黎圣母院并称为"无与伦比的艺术杰作",他说:"即使把我国所有圣母院的宝物全部加在一起,也不能同这个规模宏大而又富丽堂皇

---

① 总政治部宣传部组编:《中国近现代史纲要》,国防大学出版社,2017年,第17页。

的东方博物馆媲美。"

1860年10月24日、25日，清政府代表奕䜣分别与英法联军司令额尔金、葛罗签订了《北京条约》。《北京条约》的主要内容有：承认天津条约继续有效；增开天津为商埠；准许华工出国做工；割让九龙司给英国；把《天津条约》中对英法的赔款各增加为800万两。1860年11月，英法联军撤出北京。至此，第二次鸦片战争宣告结束。

（三）中法战争

中法战争是由法军侵略越南而引起的。越南地处中国南部，历来都是山水相连的邻邦。为以越南为跳板，进而侵略中国，法国对越南早有狼子野心。1862年，法国开始大举入侵越南，先后占领了西贡（今胡志明市）及南方各省。1873年，法军继续北上，很快占领了河内等四省。毫无战斗力的越南只有请求驻扎在越南保胜一带的天地会起义军别支黑旗军援越抗法。黑旗军在越南人民的支持下，击毙法军头目安邺，大败法军，迫使法军退出河内。1882年4月，法军再次入侵越南，占领了河内、南定等地，意指中国云南。黑旗军再次应邀抗击法军，1883年5月，黑旗军大败法军，击毙法军司令李威利。1883年8月，法军占领越南顺化，与越南签订了《顺化条约》，将越南定为法国保护国，同时威胁中国政府承认越南是法国的保护国并与法国签订不平等的商务条约及边境条约。法军的无理要求遭到了中国政府的拒绝，于是一场意在打开中国西南大门的战争终于爆发了。

1883年12月，法军不宣而战，向驻扎在越南的中国军队发起进攻，中法战争爆发。1884年7月，法军远东舰队以"游玩"为名开进马尾军港，福州船政大臣何如璋非但没有阻止，反而举行了欢迎仪式，8月23日，法军向停泊于马尾军港的福建海军进行偷袭。由于没有任何的准备，使得洋务派苦心经营了20多年的福建海军在两天之内全军覆没。

　　马尾惨败的消息传到北京,朝野震惊,全国上下纷纷要求抗法,迫于局势,1884年8月26日,清政府宣布正式对法宣战。

　　法军在进攻台湾的战役中,遭到了台湾守将刘铭传率领台湾军民的殊死抵抗。在越南战场,老将冯子材身先士卒,冲入敌阵,与法军展开肉搏,鼓舞了士气,在中越军民的联合殊死作战下,消灭法军1000多人,先后攻克了谅山等地,取得了"镇南关大捷"的胜利。

　　"镇南关大捷"扭转了战局,使法军由步步为进变为了节节败退,有力地打击了法军,引起了法国国内的恐慌,反战呼声高涨,法国茹费理内阁因此不得不引咎辞职。然而正当前线捷报频传、法国政府倒台、胜利在望的时刻,腐朽的清政府却听从了李鸿章"见好就收"的主张,下令停战撤兵,并与法国订立了《中法和约》。《中法和约》的内容主要有:中国承认越南是法国的保护国;中法两国派员会同勘定中国和越南北圻边界;同意在云南、广西两省的中越边界指定两处开埠通商;中国今后修铁路,应与法国商办。

　　中法战争由于清政府的腐败无能,于是出现了匪夷所思的法国不胜而胜、中国不败而败的结果。这一结果的出现令法国政府都深感意外,中法战争使法国侵略势力伸进我国云南和广西,大大加深了我国西南边疆的危机。

（四）甲午中日战争

　　中国的积贫积弱和地大物博的国情,给通过资本主义陆续发展起来的西方列强无限的遐想,它们发展壮大起来之后,都无一例外地把侵略目标指向中国,与中国近水邻邦的日本更是如此。

　　1868年,日本通过明治维新走上了资本主义道路。日本与英、法、美等资本主义有着最大的不同,就是浓厚的封建军国主义使日本在发展中积极扩军备战。甲午海战爆发前,日本陆军拥有6个野战师和1个近卫师,兵力约12万人,海军军舰32艘,这是一支装备现代化和受过严格训练的部队,具有较强的作战能力。

1894年春，朝鲜发生东学党农民起义，朝鲜国王请求中国派兵入朝帮助镇压。6月，清政府派直隶提督叶志超、太原总兵聂士成率1500人入朝。日本以保护侨民为借口，先后派出1万多人的部队到达朝鲜。在朝鲜，日本军队不断制造事端，向中国军队挑衅，战争态势一触即发。7月25日，日本舰队向丰岛附近海域的中国舰队发起进攻，中日甲午战争爆发。

甲午战争从1894年7月25日的丰岛战役到1895年4月17日《马关条约》的签订，历时近9个月，其间主要发生了平壤战役、黄海大战、威海卫战役等系列战役，虽经爱国将士和广大军民的殊死搏杀，但由于吏治的腐败，使得战争的失败不可避免地发生了。如驻守公州主将叶志超为避免遭遇日军，竟绕过汉城，狂奔一千多里直达平壤，逃到平壤后，向上奏称"大捷"，竟获赏白银2万两和晋升驻朝清军总帅。又如身为北洋大臣的李鸿章在黄海海战中竟命令手下将致远舰炮弹换假，致使致远舰管带邓世昌等无奈中只有下令开大马力意欲与日军主力舰吉野舰同归于尽，不幸被吉野舰反发的鱼雷击中，全舰官兵壮烈牺牲。

1895年3月14日，李鸿章带着儿子李经方、美国顾问科士达和一批随行人员去日本，3月20日，在马关与日本首相伊藤博文等代表团开始谈判。4月17日，李鸿章与伊藤博文签订了丧权辱国的《马关条约》。

《马关条约》的主要内容有：中国承认朝鲜完全"独立自主"；中国割让辽东半岛、台湾及所有附属岛屿和澎湖列岛给日本；赔偿日本军费白银2亿两；开放沙市、重庆、苏州、杭州为通商口岸，日本船只可以沿内河驶入上述各口岸；日本可在中国通商口岸任意设立工厂，产品运销内地只按进口货纳税，并准在内地设栈寄存。

《马关条约》是日本在西方列强的支持下强加给中国的不平等条约，是《南京条约》以来最严重的丧权辱国条约，它给中国社会造成了极为严重的危害,进一步加深了中国社会半殖民地化的程度。

(五)八国联军侵华战争

随着国门的打开,一批批的传教士也随之进入中国,他们以宗教为外衣,到处干涉中国内政,插手地方各种事务,鱼肉乡民,无恶不作。在全国各地激起了一场反对外国教会侵略的斗争。贵州先后发生了青岩、开州、遵义三大教案,掀起了反洋教的先声。继此之后,在天津、四川、长江中下游等地先后出现了多起反教会的斗争。义和团就是在这些斗争的基础上发展起来的一支重要反帝组织。

1900年,义和团反帝风暴波及全国。义和团的迅猛发展,引起了帝国主义的恐慌。1900年6月,英国海军司令西摩尔统帅英、俄、德、美、日、意、澳八国联军2300多人由天津向北京进犯,遭到了清军和义和团的英勇抵抗,帝国主义侵华势力遭到了沉重打击。由于清政府的战和不定及对义和团的出卖,最终天津、北京陷落,清政府被迫与英、俄、德、法、美、日、意、澳、西、比、荷11国签订了《辛丑条约》。

《辛丑条约》的主要内容有:清政府向各国赔款白银4.5亿两,分39年还清,年息4厘,以海关税、常关税和盐税作担保;将东交民巷划为"使馆区",允许各国派兵把守,中国人则不准居住;大沽炮台及北京到大沽沿路的所有炮台一律拆除;准许各国在北京及北京到山海关铁路沿线的12个战略要地驻军;要惩办在义和团运动中和帝国主义作对的官吏,永远禁止中国人民成立或参加任何反帝组织,违者处死;将总理衙门改为外务部,班列六部之首,办理今后对外事宜。

《辛丑条约》赔款数额之大、主权丧失之严重、带给中国灾难之深重都是空前的。4.5亿两白银的赔款加上利息共计9.8亿,进一步加深了中国人民的贫困,同时抽空了清政府的国库。外国军队在北京及北京到山海关沿线

12 个战略要地驻扎,破坏了中国的主权完整和国家安全。"使馆区"的设立,使外国公使常驻北京,成为对清政府发号施令的太上皇。将总理衙门改为外务部,班列六部之首,增强了列强向中国发令施令的权利。禁止中国人民成立或参加任何反帝组织,意在永远奴役中国人民,泯灭中国人民的反抗精神,达到永远统治中国人民的目的。《辛丑条约》的签订,标志着中国完全沦为了半殖民地半封建社会。

二、政治控制

(一)扶植代理人,掌控中国政府

西方侵略者刚踏入中国的时候,是想完全吞并和占领中国的。然而中国土地广阔,人口众多,征服中国难度很大,出乎了他们的预料。正如瓦德西在向德皇威廉二世的报告中说的那样:"无论欧、美、日本各国,皆无此脑力与兵力,可以统治天下生灵四分之一也。""故瓜分一事,实为下策。"法国一位议员也同样指出:"中国土地广阔,民气坚韧。""吾故谓瓜分之说,不啻梦呓也。"①侵略中国所碰到的种种困难使他们深感在统治中国的问题上,仅靠他们自身的力量是无法做到的,进而由吞并中国转而扶植培养代理人,以达到控制中国政府的目的。

1861 年,清政府内部发生了一场宫廷政变,即"北京政变"或"辛酉政变",肃顺、载垣等八大顾命大臣被处死,慈禧太后和恭亲王奕䜣掌握了政权。奕䜣在第二次鸦片战争中,与英法联军谈判并签订了《北京条约》,英法对奕䜣的卖国嘴脸非常赏识,正如英国公使普鲁斯所说的那样:"在北京建

---

① 《中国近现代史纲要》,高等教育出版社,2015 年,第 36 页。

立了令人满意的关系,在某种程度上(我们)已成为这个政府的顾问。"慈禧太后在对外问题上,更是奴颜婢膝,在《辛丑条约》签订前无耻地表示:"量中华之物力,结与国之欢心。"在与清政府勾结共同镇压太平天国的过程中,西方侵略者又扶持了曾国藩、李鸿章、左宗棠、张之洞等地方实力官僚兴办洋务,帮助他们购买洋枪洋炮,编练新军,使这些人物快速地成为手握重权的地方诸侯,当然,这些诸侯们自然也不会忘记给予西方列强以相应的利益和好处,实行对外妥协的方针。1895年,丧权辱国的《马关条约》就是李鸿章率领使团在日本签订的。《中法新约》也是在李鸿章的建议下签订的。清朝末年,在天津小站练兵起家的袁世凯一跃成为权倾朝野的人物,在帝国主义支持下,袁世凯窃取了辛亥革命的胜利果实。《天津条约》有一项重要内容,就是允许外国公使常驻北京,这些公使是以战胜者的姿态进入北京的,他们常常训斥清政府的大小官员,给他们发号施令规定了什么事要做,什么事一定不许做,俨然成为凌驾于清政府之上的"太上皇"。

(二)把持中国海关,享有领事裁判权

海关权是国家主权的重要内容。1854年,英、法、美三国利用小刀会起义获取上海海关管理权。第二次鸦片战争后签订的《通商章程善后条约》规定,中国海关由英国人"帮办税务",并在中国建立了一整套的半殖民地海关制度。海关的行政、用人、税收分配大权始终掌握在总税务司手中,而总税务司长先由英国人李泰国担任。1863年由赫德接替,至1908年回国,长达45年之久。中国进出口关税、港口的管理、邮政,甚至与外国人交涉的各种事务均由海关税务司操控。外国人长期把持中国海关,使得大量外国商品和资本源源不断地从国外输入,使得中国民族工商业处在崩溃的边缘,失去了海关应有的保护。

除此之外,外国人在中国还享有领事裁判权。什么是裁判权?简单地

说,就是外国人在中国犯法,中国政府不能过问,而是由外国的领事来裁决,这就严重地破坏了中国的司法主权。领事裁判权使外国人在中国无所顾忌,横行霸道,无恶不作,犯下了许多滔天罪行。

(三)取得在中国的驻兵权

《辛丑条约》规定,一律拆除大沽口炮台及北京到大沽口沿路的所有炮台,准许各国在北京及北京到山海关铁路沿线的 12 个战略要地驻军。这个规定使外国军队有权在北京至大沽口一线"留兵驻守"。1905 年日俄战争后,日本从俄国手中获得中国旅顺和大连湾、长春至旅顺口的铁路等相关权益,在旅顺设"关东总督府",并派兵驻守上述地区,这便是"关东军"的前身,后来这支部队成为侵略中国的排头兵。这就使中国政府完全置于外国军队和武力的威胁之下,严重破坏了中国的国家安全和军事保障,使西方各国在中国的各项活动更是肆无忌惮地进行。

(四)镇压中国人民的反抗

外国列强一开始与清政府有矛盾而且互不信任。但 1861 年辛酉政变后,清政府在外交政策上有所改变,列强便和清政府勾结在一起,共同镇压中国人民的革命运动。

在镇压太平天国农民起义中,他们不仅向清政府供应军火、船只,甚至还帮助清政府训练部队。1860 年 6 月,太平天国农民军进攻上海,遭到美国人华尔的"洋枪队"和法国人勒伯勒东的"常捷军"的阻击,使太平军遭受了重大损失。1870 年发生的天津教案中,英法等国军舰集结于天津口岸,以武力胁迫清政府处死 20 多名民众和处理 25 名天津地方官吏后,事件才得以平息。1899 年,义和团在山东兴起,引起了帝国主义的恐慌,他们要求清政府务必使用"颇有手段"的袁世凯前往镇压,袁世凯出任山东巡抚后,立即对义和团进行了残酷的屠杀。

《辛丑条约》中还规定了要严惩在义和团运动中和帝国主义作对的官吏,一经查出,永不叙用。永远禁止中国人民成立或参加任何反帝组织,违者处死。

三、经济掠夺

(一)勒索中国赔款

每一次对华战争的结束都会伴随一次赔款勒索,数额巨大,成为中国人民沉重的负担。1842年鸦片战争后,中国向英国赔款2100万银元,分4年付清,广州"赎城费"600万银元还不包括在内。第二次鸦片战争后,中国赔偿英法军费各800万两白银,同时还"抚恤"英国50万两白银,法国20万两白银。1870年,天津教案,中国向法国赔款49万两白银。1875年,中国向日本赔偿军费50万两白银。1895年,中国向日本赔款2亿两白银,加上之后的"赎辽费"3000万两白银,共计2.3亿两白银。1901年《辛丑条约》规定,清政府向各国赔款共计4.5亿两白银,分39年还清,年息4厘,共9.8亿两白银,还有各地赔款2000万两白银未计算在内。

赔款最终转嫁到了广大民众的身上,加重了中国人民的负担,激化了各种社会矛盾。中国国内资本大量流失,投资减少,严重阻碍了中国民族资本主义的发展。

战争给西方列强获得了巨大的经济利益。日本、俄国经济快速增长,国力迅速增强,又反过来进一步侵略和控制中国。清政府无力支付巨额赔款只得一方面向外国借款,另一方面以田赋、关税、盐税和常关税等为担保。同时使亏空骤增的清政府加深了对列强的财政依赖。

(二) 控制中国通商口岸

鸦片战争前,中国的对外贸易仅限在广州一地,并同时通过官方指定的公行即"十三行"进行。鸦片战争后,中国的港口陆续被打开。1842年,《南京条约》规定,开放广州、厦门、福州、宁波、上海五口通商。1858年,中英、中法《天津条约》规定:开放牛庄(后为营口)、登州、淡水、潮州(今汕头)、琼州、汉口、九江、南京、镇江、台南10个通商口岸;外国船只自由驶入长江一带通商口岸;外国人可自由进入内地游玩、经商;外国传教士可在内地自由传教;1860年《北京条约》又规定增开天津为商埠。1885年《中法和约》规定同意在云南、广西两省的中越边界指定两处开埠通商。《马关条约》规定开放沙市、重庆、苏州、杭州为通商口岸。至此,中国东南部及长江流域大多数港口都被迫作为了商埠。

(三) 对华倾销商品

逼迫中国开放口岸的目的就是要倾销外国商品。西方列强根据签订的系列不等条约和各种特权,源源不断地向中国输出商品,同时大量掠夺各种原材料。由于外国商品多为工业品,而中国出口产品多为初级产品或原材料,所以这种贸易剥削是显而易见的,中国的对外贸易由出超变为入超。1900年,中国进出口总值为3.7亿多两海关银,入超5000万两海关银。1906年,进出口总值增为6.4亿多两海关银,入超则增至1.7亿多两海关银。外国列强在中国倾销商品,进口农副产品和原材料,开始把中国纳入了世界经济体系之中。中国传统的手工业纷纷破产,如棉纺织品的进口就使得中国大批手工纺织业者破产,加剧了中国人民的贫困。同时由于外国商品工业化程度高,产品价格低廉,又受税收保护,在中国市场有较强的竞争力。而中国的民族工业产品由于工业化程度低,税收重,又受各级官府盘利,一般价值较高,竞争力较弱,发展艰难,失去了同西方资本主义同台竞争的条件。

(四)资本输出,操控中国经济

西方列强通过在中国设工厂、开矿山、办银行、修铁路等方式进行资本的输出。1895年《马关条约》允许日本在中国设厂,此后各国也照例进行,对华进行大规模的资本输出。1895年至1900年间,西方列强在华设厂总数达933家。与此同时,西方列强在中国开办了多家银行,开展存款汇款业务,提供贷款,同时进行商业投机和铁路矿山投资与发行纸币,从而达到控制中国财政金融的目的。西方列强在中国开设的银行主要有:英国丽如银行(又称东方银行,1845年进入中国,是外国第一家在中国设立的银行)、麦加利银行、汇丰银行,德国的德华银行,日本横滨正金银行,俄国华俄道胜银行,法国东方汇理银行等。1895年7月,俄、法向中国政府提供贷款4亿法郎,折合白银9800万两,年息4厘,分36年还清,以海关税作担保。1898年,英、德向中国政府提供1600万英镑的贷款,折合白银11200万两,年息4.5厘,分45年还清,以货税、盐税作担保。在1895—1898年三年间,清政府共向外国贷款3亿两白银,本息共计白银7亿两以上,这是一种"灾难性"的借款,把中国推向了毁灭的边缘。

西方列强还通过夺取中国的铁路修建权等方式控制中国的交通和运输。以1911年为例,中国修建铁路共计9618.1千米,外国控制的达8952.5千米,占修建总量的93.1%,中国自主修建的仅为665.6千米,仅占总量的6.9%。同时长江航运的83.8%以上都由外国公司操控,中国只占16.2%,至于远洋航线,则基本上均由外国公司操纵。另外全国机械采煤的93%,全国生铁生产和铁矿开采的100%,都由外国列强把持。

外国列强通过掠夺中国的资源和财富,操纵中国的经济命脉,进而操纵中国的政治和军事力量,把控制权伸向各个领域,是中国近代积贫积弱的总根源。

四、文化掠夺和文化渗透

(一)火烧圆明园

外国列强的侵略对中华民族的优秀文化造成了空前的浩劫。1860年10月,英法联军攻占北京后,对清政府经营了150多年,珍藏着中国历代稀世古玩和艺术珍品的圆明园进行了持续12天的抢劫,之后一把大火将之焚为灰烬。圆明园有"万园之园"之称,展现了中华民族的聪明才智和伟大创造。这是对人类文明的一次空前践踏,这些稀世珍宝,多数被运往国外,参与焚掠的英国军官戈登不得不承认,我们就这样以最野蛮的方式摧毁了世界上最宝贵的财富。八国联军总司令、德国元帅瓦德西也认为:"中国此次所受毁坏之损失及抢劫之损失,详数将永远不能查出,但为数必极重大无疑。"①

(二)以宗教为外衣,实施侵略活动

西方列强对中国文化的渗透和侵略活动,大多是披着宗教外衣,在传教的名义下进行的。鸦片战争后,大批传教士进入中国,潜入中国城市和乡村。或是圈占土地,或是建造教堂,或是招收教徒,常常干涉地方司法诉讼,包庇窝藏罪犯,大肆搜集情报,为侵略提供便利,不时进行民族关系的挑拨,削弱中国人民的凝聚力。这些传教士横行霸道、欺骗人民的罪恶行径,激起了中国人民无比的愤慨和英勇的反抗。19世纪60至90年代,各地群众反

---

① 《中国近现代史纲要》,高等教育出版社,2015年,第24页。

对外国教会侵略的斗争此起彼伏,连绵不断。贵州的三大教案,是全国反洋教的先声。

列强对中国的文化渗透,常常以举办医疗机构、"慈善"事业以及开办教会学校为掩护,企图以此获得中国人民的好感,消除反抗情绪。但由于保育卫生措施不够,一些教会开设的育婴堂、孤儿院死亡率很高。教会对灾区进行救济时,也常常乘机强迫灾民信教。教会开办的大学大多在外国注册立案,享有治外法权。在进行殖民教育中,他们大力宣扬"强权政治""西方至上",打着"不过问政治""博爱"的幌子,企图使学生崇洋媚外,成为他们侵略中国的有力工具。列强在中国开展的教育文化事业,尽管在客观上给中国带来了某些西方先进的科学文化,但根本目的是愚弄中国人民,推行罪恶的侵华政策。毛泽东指出:帝国主义列强对于麻醉中国人民的精神的每一个方面都不放松,这就是他们的文化侵略政策。传教,办医院,办学校,办报纸和吸引留学生等,目的在于造就服从他们的知识干部和愚弄广大的中国人民。

(三) 为侵略中国寻找借口

西方列强还利用外国教会传经布道的形式,为帝国主义侵略中国寻找借口。他们在中国还创办了一些报纸和杂志,同时翻译和出版一些介绍西方历史、地理、人文的书刊。这些书刊一方面介绍了西方经济社会和风土人情,另一方面反映了当时外国侵略者对中国的态度和要求,宣扬殖民主义奴化思想。如英国传教士李提摩太就曾希望通过办学会达到"争取中国士大夫中有势力的集团,开启皇帝和政治家们的思想"的目的,企图影响中国的政治方向。

帝国主义者为了制造侵略有理的舆论,还大肆宣扬"种族优劣论"和"黄祸论"。"种族优劣论"认为英格兰人、美国人和日耳曼人等是优等种族,而包括中国人在内的黄种人则属于愚昧落后的劣等种族。"黄祸论"亦即中国威胁论,宣扬中国等黄色人种对西方文明构成威胁,企图以此论证列强侵略、压迫中国有理。

西方列强进行文化侵略的目的,就是要泯灭中国人民的反抗斗志,达到他们永远奴役中国人民的目的,但实践证明,不甘屈服的中国人民在精神上不仅没有被打垮,反而在被侵略中更有力地拧在一起,掀起了一次次反对侵略的革命风暴。

第二节　近代中国人民的反侵略斗争

一、近代中国人民的反侵略斗争

哪里有侵略,哪里就有反抗。伴随西方列强侵略的进行,不屈不挠的中国人民前赴后继地展开了捍卫民族生存权利的抗争。

1839 年的虎门销烟,是近代中国人民反对西方列强的开端,展现了中国人民坚决反对外国侵略者的决心。

1840 年,第一次鸦片战争爆发后,林则徐等爱国官兵殊死抵抗,首先挫败了英国占领广州的阴谋。1841 年 2 月,在守卫虎门炮台战斗中,广东水师提督关天培战死虎门。在抗击英军进攻定海战役中,总兵葛云飞、郑国鸿、王锡朋率守军浴血奋战六个昼夜,全军将士壮烈牺牲;在守卫吴淞炮台的战斗中,江南提督陈化成等英勇战死。

1841 年 5 月,英军到广州城外的三元里烧杀抢掠,激起了三元里人民的英勇反击,三元里人民联络周边 103 个乡数万村民并肩作战,设下埋伏,在牛栏岗打死打伤英军 200 多人。三元里人民的抗英斗争,是近代史上中国人民自发组织起来的第一次大规模的反侵略武装斗争,彰显了中国人民敢于和勇于斗争的英雄气概。

1859 年 6 月,第二次鸦片战争的天津大沽口之战中,中国守军给侵略者以严厉反击,提督史荣桥、乐普壮烈殉国。打死打伤英军 460 多人,包括 28 名军官,英军舰队司令何伯也受了重伤,沉重打击了侵略者的嚣张气焰。

太平天国农民战争期间,外国侵略者与清王朝相勾结,先后组织了所谓的"常胜军""常捷军""常安军"等武装,共同镇压中国人民的革命斗争,遭到太平天国勇士们的英勇阻击。1862 年 5 月,太平军在江苏奉贤南桥镇击毙法国海军司令卜罗德,6 月,在青浦(今属上海)活捉"常胜军"副统领法尔思德,9 月,在浙江慈溪击毙"常胜军"统领、美国人华尔。1863 年 1 月至 2 月,先后击毙"常捷军"统领勒伯勒东及继任者塔提夫,给予侵略者以沉重打击。

1874 年 5 月,日本借口"琉球船民"事件侵入台湾。清朝台湾驻军在当地高山族人民的支援下,成功地迫使日军从台湾撤走。

1894 年甲午战争中,爱国将士浴血奋战。建威将军左宝贵亲自放炮轰敌,最终身上多处受伤,战死平壤。致远舰管带邓世昌在弹尽的紧急情况下,决意与敌人同归于尽,最后壮烈牺牲。北洋海军统帅丁汝昌、定远舰管带刘步蟾等为国捐躯。

1895 年 6 月到 10 月,台湾人民得知割台消息之后立刻行动起来,在外无救援、内无粮饷的艰苦条件下,对抗日军 3 个近代化师团和一支海上舰队,歼敌近 3.2 万余人。

1900 年,八国联军侵华时,义和团和部分清军与之进行了多次战斗,在天津火车站,曹福田带领义和团奋勇作战,击毙联军 500 多人。义和团还对天津租界、北京东交民巷使馆区等发动了猛烈的进攻。

近代中国人民的反侵略斗争,展现了伟大的爱国主义精神,铸就了中华民族的民族魂,正是由于中国人民前仆后继、英勇顽强的抗争精神,才使我们的国家与民族在历经劫难,屡遭侵略之后仍然昂首屹立于世界的东方。那些浴血疆场、英勇杀敌、誓死抗争的民族英雄是中华民族的脊梁,他们的名字和光辉事迹将永远闪耀在中华民族前进的史册上。

二、近代中国人民反侵略斗争失败的原因

近代史上,不甘屈服的中国人民面对西方列强的屡屡入侵,进行了若干次英勇的反抗斗争,但这些斗争都以失败而告终。失败的原因归结起来,主要表现为社会制度的腐败和经济技术的落后两大方面,前者是最根本的原因。

(一)社会制度的腐败

中国的封建社会在延续了 2000 多年后,到了近代,它的消极、落后和腐败突出地表现出来,已经无法应对风云变幻的国内国际形势。

清朝末年,统治阶级为维护自己的统治,把镇压人民的反抗放在了第一位,他们害怕和仇视一切民众的运动,担心人民群众被组织和动员起来后会危及自己的统治,总是把"防民甚于防寇"作为维护统治的中心思想,故而常常采取压制和武力镇压等方式破坏人民群众和广大爱国官兵的反侵略斗争,虽然面临众多列强的侵略,但只要危及他们的统治,他们便不惜割地赔款,避战求和。第二次鸦片战争后,以慈禧为首的顽固派发现列强来到中国只不过是获取一些经济利益,并非要推翻她们的统治,于是便厚颜无耻地表示"量中华之物力,结与国之欢心"。

1840 年 6 月,鸦片战争爆发,时任两广总督的林则徐以逸待劳,带领广

东军民有效击退了英军的进攻,英军无利可图后挥师北上。8 月到达天津,向清政府施压,被吓破了胆的昏庸皇帝道光竟听信谗言,把民族英雄林则徐和邓廷桢两人撤职查办,充军新疆伊犁。

1885 年,"镇南关大捷"扭转了战局,使清军反败为胜的时候,清政府却听信了李鸿章"见好就收"的建议,与法国签订了《中法和约》。

甲午战争中,清廷为给慈禧筹办 60 岁庆典活动,除要求各级官员均要"表示"外,同时还提取户部饷银和边防军费。大小官员考虑的不是如何抵御外敌,而是绞尽脑汁地思量给慈禧送什么礼物才会获得欢心,从而能够升迁。11 月 7 日,大连被日军攻陷,最高掌权者慈禧却在宫中设宴接待文武百官为她过 60 岁生日,让皇帝与群臣们陪她赏戏三天,不问国事。甲午战争中李鸿章为迎合慈禧,同时保存他一手组建起来的北洋舰队,不但不积极抗战,反而下令让士兵换掉致远号战舰上的弹药。

正是腐败的社会制度,清王朝非但没有把民众的抗敌力量有效地动员和组织起来,反而从中进行阻挠和破坏,这是近代中国数次反侵略斗争失败的总根源。

(二)经济技术的落后

近代中国反侵略战争失败的另一个重要原因,是国家综合实力特别是军事技术和作战能力的落后。

19 世纪中叶,西方资本主义强国经过工业革命,经济和技术飞速发展,封建的中国已被远远抛在后面。

鸦片战争中,当时中国有 80 万的部队,却抵挡不住区区几千英军的进攻。八国联军侵华时,虽号称八国的联军,却只有 2300 人。交战双方人数虽极为悬殊,但作战能力根本不在一个水平上。

就武器装备来看,多数清兵仍然使用大刀、长矛、弓箭等冷兵器,火器也不过是用火绳点放的鸟枪、抬枪,炮台所用大炮有些还是明末制造的。而英军普遍使用步枪,大炮则可打霰弹、开花弹,杀伤力极强。中国水师的战船都是木船,吨位小,载炮少,经不起风浪,难于在海上作战。而英国舰队帆船吨位大,载炮多,还拥有少量蒸汽动力轮船,船速快,并可在逆风搁浅时牵引帆船。

再就军队的素质和战斗力来看,清军军官不通兵法,不懂得近代军事指挥。相对而言,英军训练有素,指挥统一,海军、步兵、炮兵、工兵各兵种协同作战,战斗力较强。

经济技术的落后还表现在对近代军事指挥上,清军军官不通近代战争的指挥艺术,不了解近代海战的规律和特点,对世界新式武器的掌握就更有限了。李鸿章任命丁汝昌为北洋舰队总司令,丁汝昌为陆军将领,对海战就不太了解,导致指挥无方。

经济技术的落后是中国反侵略战争失败的重要原因,并不意味着经济技术落后的中国就不应当进行反侵略战争或在战争中一定打败仗。因为武器是战争的重要因素,但不是决定因素,决定因素是人不是物。当时的中国,不仅武器装备等很落后,更重要的是反动统治阶级实行错误的方针、政策,并压制人民群众的动员,于是这样使得中国人民的反侵略战争一再遭到失败。

三、近代中国人民反侵略斗争的伟大意义

近代中国人民一系列的反侵略斗争,虽然都失败了,但它的历史功绩是不可磨灭的,对近代的中国以及中国人民的生存权利有着重要的历史意义。

（一）弘扬了伟大的爱国主义精神

近代中国人民的反侵略斗争，彰显了伟大的爱国主义精神。正是这种伟大的爱国主义精神，使部分爱国官兵和广大的人民群众在历次的侵略战争中，正如一颗颗石榴籽一样紧密地团结在一起，为了捍卫国家尊严和中华民族利益进行了一次又一次殊死的抵抗。这种伟大的爱国主义精神铸成了中华民族的民族魂。这种前赴后继、英勇顽强的爱国主义精神是中华民族生生不息的力量之源。正如习近平总书记在庆祝建党 95 周年大会上所说："面对苦难，中国人民没有屈服，而是挺起脊梁、奋起抗争，以百折不挠的精神，进行了一场场气壮山河的斗争，谱写了一曲曲可歌可泣的史诗。"①

（二）粉碎了帝国主义瓜分中国的图谋

帝国主义侵略中国的目的就是要瓜分中国、灭亡中国，把中国纳入西方列强的殖民体系中，让中国永远成为他们的原料供应地和产品倾销市场。

19 世纪七八十年代，资本主义从自由竞争过渡到了帝国主义时代，开始了瓜分世界殖民地的狂潮，非洲基本被瓜分完毕，亚洲许多国家也被征服，作为半殖民地半封建社会的中国，自然也被列为瓜分的目标。

从 19 世纪 70 年代开始，俄、英、法、日等国不断地对中国边疆进行渗透，使中国陷入了严重的"边疆危机"。

在西北地区，1871 年，沙俄入侵新疆伊犁，通过《伊犁条约》从中国割走了 7 万多平方千米领土，从 19 世纪 50 年代末到 80 年代，俄国共侵吞了我国 150 多万平方千米领土。

在东部沿海，1874 年，日本入侵台湾，1895 年《马关条约》把台湾和澎湖

---

① 习近平：《论中国共产党历史》，中央文献出版社，2021 年，第 116 页。

列岛及辽东半岛划给日本。

在西南地区,英国把魔爪伸向西藏,1903 年,发动了对西藏的军事进攻。1885 年,法国通过《中法新约》打开了西南门户。

1895 年甲午战争后,帝国主义列强掀起了瓜分中国的狂潮。1898 年日本逼迫清政府把福建划为它的势力范围。沙俄通过《中俄密约》《旅大租地条约》等将整个东北纳入了它的势力范围,1898 年德国通过《胶澳租界条约》占领了胶州湾,将山东划为势力范围。英国通过迫使清政府不得将长江沿岸各省转让或租借给他国,使长江沿岸各省沦为了英国的势力范围。法国则将两广地区作为它的势力范围。美国因忙于同西班牙争夺古巴和菲律宾的美西战争,1899 年,分别向俄、德、英、法、日等国提出了"门户开放"政策,上述国家在各自势力范围内享有的特权,美国同样拥有。至此,偌大一个中国被西方列强视为一个大煎饼,他们各自手持利刃任意割占。

由于中国人民不屈不挠、前赴后继的反侵略斗争,使帝国主义瓜分中国的图谋始终没有得逞。正如德国元帅瓦德西向德皇威廉二世报告所说:"'吾人对于中国群众,不能视为已成衰弱或已失德性之人,彼等在实际上,尚含有无限蓬勃生气。''至于中国所有好战精神尚未完全丧失,可于此次拳民运动中见之。'因此,他得出结论:'无论欧、美、日本各国,皆无此脑力与兵力,可以统治此天下生灵四分之一也。''故瓜分一事,实为下策'。"①

四、近代中国主要矛盾与历史任务

(一)近代中国社会的主要矛盾

帝国主义的入侵,使一个完整、封建的中国一步一步地沦为了半殖民地

---

① 《中国近现代史纲要》,高等教育出版社,2015 年,第 36 页。

半封建社会,把中国人民推向了苦难的深渊,使中国社会矛盾空前激化,出现了更为错综复杂的状况。总的来说,近代中国社会的矛盾主要有:中华民族与帝国主义的矛盾,人民大众与封建主义的矛盾,资产阶级与地主阶级的矛盾,无产阶级与资产阶级的矛盾,统治阶级内部各个派系和集团的矛盾,各帝国主义为瓜分中国而产生的矛盾等。在诸多的矛盾中,中华民族与帝国主义的矛盾和人民大众与封建主义的矛盾是近代中国社会的主要矛盾,这两对矛盾贯穿近代中国社会发展过程的始终,是一切矛盾的总根源,影响和决定了中国近代社会的发展。这两对矛盾往往是相互交织在一起的。一般来说,当帝国主义对中国发动侵略战争时,民族矛盾就上升为最主要的矛盾,而一旦帝国主义和封建势力达成妥协或结为同盟时,封建主义和人民大众的矛盾就上升为主要矛盾,民族矛盾就降为次要矛盾,太平天国农民战争和辛亥革命时期,封建主义和人民大众的矛盾就表现得非常突出。

(二)近代中国的两大历史任务

近代以来,数次发生在中国的侵略战争不是偶然的,它是中国积贫积弱,远远被那个时代所抛弃的产物,它的发生有着深刻的历史必然,究之根本原因,正如毛泽东所说:"一是社会制度的腐败,二是经济技术的落后。"[①]因此,推翻帝国主义和封建主义联合统治的社会制度,使生产力从腐朽的帝国主义和封建主义的双重压迫下解放出来,用新的生产关系取代落后、腐朽的封建社会的生产关系,求得民族独立和人民解放,是摆脱侵略的必由之路。

斯大林说过,落后者是要挨打的,打落后者,打弱者——这已经成了剥削者的规律。这就是资本主义弱肉强食的规律。要从根本上摆脱被侵略的

---

① 齐长立、蔡翔主编:《中国近现代史纲要》,经济日报出版社,2015年,第14页。

事实,就必须要实现国家富强、人民富裕,彻底改变中国经济技术落后的面貌。

近代以来,为求得民族独立、人民解放和国家富强、人民富裕这两大历史任务,中国人进行了多次艰辛的探索,终于为中国找到了马克思主义,在马克思主义的指引下,我们迎来了新中国的成立,使民族独立和人民解放变为了现实。

中国已全面步入了中国特色社会主义新时代。伟大的中华民族在现代化建设路途中取得了一个又一个举世瞩目的成就,实现了由一个东方大国向东方强国的转变。目前,全国上下正紧密团结、信心满满地走在了中华民族伟大复兴的征途上。只要我们不忘初心、牢记使命,砥砺前行,中华民族伟大复兴的中国梦一定会实现。

【课后思考】

1.面对西方的屡屡入侵,不甘屈服的中国人民进行了哪些可歌可泣的抗争?这些反侵略斗争失败的原因是什么?

2.近代中国人民的反侵略斗争具有什么意义?

3.近代历史所赋予中国人民的两大历史任务是什么?

【学习拓展】

1.许纪霖、陈达凯主编:《中国现代化史》,上海三联书店,1995年。

2.韦尔斯:《世界史纲》,上海三联书店,2007年。

3.电影:《红河谷》。

4.电影:《鸦片战争》。

专题三　睡狮觉醒

——对国家出路的早期探索

第一节　近代农民战争的悲歌

1851 年发生的太平天国农民起义是鸦片战争后中国人民求得国家独立、人民富强道路的一次探索。由洪秀全领导的太平天国起义占领了南京，建立了与清政府对峙的政权，是中国农民战争的最高峰。洪仁玕编撰并得到了洪秀全批准颁行的《资政新篇》，是中国历史上第一个资产阶级性质的纲领，在当时中国社会来说是一个崭新的改革内政和建国方案。太平天国的领导人开始了向西方学习的历程，勇敢地承担了反封建、反侵略的时代任务，在中国近代史上有着浓墨重彩的一笔。

一、太平天国农民起义的历史背景

鸦片战争的惨败，不平等条约的签订，表明了清政府的腐败与无能，使长久以来潜伏在社会各个角落的社会矛盾空前激化,各地民变此起彼伏,风起云涌,在这样的社会大背景下,终于爆发了著名的太平天国农民起义。太平天国农民起义爆发的原因主要有:

(一)清政府为了支付战争赔款,拼命搜刮百姓

1842 年,鸦片战争以中国的失败而告终。清政府在英国军舰、炮火的威逼下被迫签订了中国近代史上第一个不平等条约《南京条约》。持续两年的鸦片战争清政府耗费了军费 7000 万两白银,《南京条约》中国赔款给英国 2100 万银元,加上广州的赎城费及英军在战争中掠去的现银等,总计 1.2 亿银元以上,相当于当时清政府两年的财政收入。当然这一切不可能由封建地主及王公贵族来承担,自然而然转嫁到了普通百姓身上。同时腐败已浸透了整个清政府的官场体系,许多官员以此为借口,巧立名目,中饱私囊,加重税收与摊派,沉重的赋税让广大民众苦不堪言,正如当时天地会发布的《万大洪告示》所言:"天下贪官,甚于强盗,衙门污吏,何异虎狼,民之财尽矣,民之苦极矣。"[1]

(二)鸦片输入引起白银外流,银贵钱贱

鸦片战争前,英国的鸦片是从印度偷偷运进中国的,鸦片战争的失败,使清政府对鸦片贸易失去了发言权,被迫默认这一走私倾销行为,使得"鸦片在海关关员面前公开通过,而且是唯一不受检查的进口货品"[2],这一"公开""合法"的买卖使鸦片源源不断地从广州、上海等港口向内地纵深,即便是"五口"之外的许多地方,鸦片贸易也取得了"合法的外衣",广西等内地省

---

① 齐长立、蔡翔主编:《中国近现代史纲要》,经济日报出版社,2015 年,第 30 页。
② 《中国近代史》,中华书局,1983 年,第 31 页。

市都深受影响,广西桂平、平南、贵县、梧州等地烟馆林立。鸦片输入引起白银大量外流,导致银贵钱贱的现象更为严重。18 世纪时一两白银兑换铜钱1000 文,到了 1845 年,一两白银兑换铜钱是 2000 文。鸦片贸易使铜钱急剧贬值,大大加重了人民的负担。同时农民卖的是米,得到的是铜钱,而税赋征收的却是银,银贵钱贱现象使广大农民更是陷入困苦的深渊,许多农民倾家荡产,逐渐失去了赖以生存的土地,致使农民不能照旧生活下去,于是各地陆续发生了抗租抗税斗争,这一切意味着一个革命的风暴即将到来。

《南京条约》使上海、广州、厦门、福州、宁波被开辟为通商口岸,实行自由贸易。随着口岸的开放,英、法、美等资本主义国家将大量的棉纱、棉布投放中国市场,廉价的西洋布使福建、江苏等东南沿海的棉纺织业受到巨大冲击,许多手工作坊纷纷破产和倒闭,破坏了传统的经济秩序,导致大量的手工业者失业。如江苏太仓、松江一带出现了无布可织的现象,福建漳州、同安一带原生产的"土布"非常有名,曾畅销台湾和东北地区,但鸦片战争后出现了严重滞销。同时《南京条约》允许外国商船自由出入我国领海,对广东、福建、浙江、江苏一带的航运造成了巨大的影响和冲击,不少沿海航运工人失业,使本已严重的社会矛盾空前激化。

(三)土地兼并加剧,土地租金剥削率愈高

封建社会延续至前清王朝,土地兼并相当严重,到了嘉庆、道光年间,土地兼并愈演愈烈,王公大臣、地主豪强大肆圈占土地,使得土地越来越集中在少数人手里,造成了"富者田连阡陌,贫者无立锥之地"①的贫富悬殊局面,土地的高度集中,使地租逐渐提高。鸦片战争以前,地租一般是土地收益的

---

① 刘华明、孙云、邱恭志主编:《中国近现代史纲要十二讲》,合肥工业大学出版社,2011 年,第70 页。

四至五成,鸦片战争后普遍增至五成以上,有的地方达到了六七成,正如曾经镇压过太平天国农民起义的朝廷重臣曾国藩所言:"昔日卖米三斗,输一亩之课而有余,今日卖米六斗,输一亩为之课而不足。"①此外地主往往利用手中掌握的粮食,操控粮价,农民秋收后被迫贱卖谷物,以缴纳货币地租或赋税,一旦到了青黄不接或灾荒年月,便高价出售,农民无钱买粮,只得向地主借取高利贷,无力偿还时,就得出让土地,使得土地越来越集中到地主手里,导致地主阶级和农民阶级的矛盾越来越尖锐。

(四)人民反抗此起彼伏,风起云涌

1846 年至 1851 年间,全国多地灾荒不断,黄河、长江两大流域各省连年遭受极为罕见的洪涝灾害。广西地区也是洪灾、旱灾、蝗灾不断,严重的天灾、人祸,导致饥民遍地,很多村庄出现了"村村饿莩相枕藉,十家九室无炊烟"②的悲惨景象。

资本主义列强的侵略、清政府的黑暗统治和残酷剥削,使得农民失去了生存的机会,于是多地农民纷纷揭竿而起,走上了反抗的道路。从 1841 年到 1850 年间,各地民变和抗租抗税斗争多达百次以上。北方主要以捻军最为活跃,活动区域主要是山东、河南和安徽。南方以天地会为代表,主要活动在长江中下游、闽浙地区和华南各省。1848 年,天地会进入广西,在各地饥民中开展"替天行道""劫富济贫"的斗争,仅广西天地会达数十部,每部少则几百人,多达三四千人。天地会山头林立,队伍之间缺乏统一的领导和严明的纪律,因而没有形成强大的战斗力。这些缺乏统一组织和领导的天地会的存在,为洪秀全创立"拜上帝会",从而成为团结全国农民起义的领导核心

---

① 刘华明、孙云、邱恭志主编:《中国近现代史纲要十二讲》,合肥工业大学出版社,2011 年,第 71 页。

② 王丽丽:《中国近现代史纲要》,原子能出版社,2008 年,第 33 页。

打下了基础。

二、太平天国农民起义的进程

(一)洪秀全简介

1814 年,洪秀全生于广东花县一个农民家庭,7 岁时入村私塾学习"四书五经"及相关经史典籍,因学习成绩优异,塾师和家人都对他抱以很大希望,考取功名同样是洪秀全的梦想。16 岁时因家贫失学,在家帮父兄干活,18 岁时入村私塾当塾师,从 16 岁至 31 岁,他先后 4 次到广州应试秀才,但均未及第。1836 年,他到广州参加考试时意外得到传教士梁发所写的《劝世良言》,这是一本宣扬信奉上帝与耶稣,反对偶像与邪神崇拜,提出天堂永远是极乐世界,地狱永远是苦海无边等教义的书籍。由于忙于应试,洪秀全没有详读,但书中唯一的真神上帝和平等思想深深地吸引了他。1837 年,考试失利后的洪秀全回家大病一场,病中梦见自己上了天堂,遇上了一位金发老人,赐予他一柄宝剑,要他将世间妖魔斩杀干净。从梦境中可窥探出他渐渐产生了反抗的思想。

1843 年,他再次到广州参加考试,不想功名又与他擦肩而过。回家后仔细重读了几年前得到的那本《劝世良言》,感觉从书中获得了新生,认定这本书是他"上天堂之真路",是他"永生快乐之希望"所在。继而洪秀全便自封是天父上帝的次子、天兄耶稣的弟弟,并按基督教的教仪,自行洗礼,以示与过去彻底决裂,这是他人生中的一个重要转折。

在洪秀全的劝导下,他的同学冯云山和族弟洪仁玕很是赏识他的做法,首先接受了洗礼,至此,洪秀全走上了传经布道之路。

1844 年至 1847 年间,洪秀全撰写了《原道救世歌》《原道醒世训》《原道觉世训》等宗教著作,根据自己的理解,对基督教教义进行了改造,提出了一个具有中国特色的"拜上帝教"。《原道救世歌》宣扬天父上帝是古今中外共同的唯一真神,人世间一切都由上帝创造与赐予,因此人人都应信奉上帝,不拜菩萨与各种邪神。《原道醒世训》批判了现实社会的黑暗,提出天下人均是上帝生养的兄弟姐妹,只要相互体恤,患难相帮,就可实现"人间大同、天下一家、共享太平"。《原道觉世训》继续宣扬上帝创造一切,指出只有上帝才能称帝,人间君王皆不得称帝,抨击了历代皇帝妄改皇帝尊号,把清朝皇帝比作"阎罗妖",是一切妖魔和邪恶势力的代表,号召人人得以"共击灭之",表现了对封建帝王的蔑视和反清思想,直接把斗争的矛头指向了清朝皇帝。

洪秀全创立的"拜上帝教"是基于当时农民斗争的需要,在自己理解的基础上对基督教进行了改造,基督教把人间美好天国建在天上,拜上帝教把它放在了现实生活中,号召人们为建立美好的人间天国而努力奋斗,从而成为动员、组织广大农民加入拜上帝会和武装农民群众的思想武器。

1844年,洪秀全和冯云山离开家乡来到广西贵县一带传教,但效果不甚明显,影响不大。9月,冯云山离开贵县到桂平县,一边做苦工或私塾教师,一边秘密传教,动员群众参加"拜上帝会"。经过冯云山两年多的努力,至1847年3月,桂平县紫荆山一带的教徒已达2000多人。1847年7月,洪秀全来到紫荆山,给当地信徒以极大鼓舞。为建立严密的组织纪律和进行思想教育,他们颁行了"十款天条",并规定了相关宗教仪式。紫荆山是广西一个偏远山区,山民多以打柴烧炭为生,在这里,洪秀全结识了家境贫寒烧炭出身的杨秀清和萧朝贵,同时也吸纳了地主出身但有钱无势的韦昌辉和有经略四方之志的石达开,杨秀清、萧朝贵等四人在拜上帝会发展中逐渐涌现出来,成为拜上帝会的重要领袖人物。拜上帝会力量的迅速发展,社会矛盾的激化,意味着一场新的革命风暴即将来临。

（二）金田起义

随着拜上帝会的壮大，拜上帝会和当地地主豪绅的矛盾也逐渐尖锐起来，拜上帝会和当地豪绅的冲突时有发生。1848年1月，地主王作新带领团练逮捕了冯云山等人，随之送往县衙，告之以"结盟聚会"，违反"清朝法律""借拜上帝妖书""践踏社稷神明"，有着"居心叵测"意图。县官将之收押，投入大牢。洪秀全随之设法进行了营救。1849年7月，洪秀全与冯云山二人重返紫荆山，此时由于广西连续几年发生灾荒，全省各种形式的阶级斗争已非常激烈，各地天地会斗争此起彼伏，革命的形势宛若一堆干柴，只要有一点火星，必会燃起熊熊大火。在大好的革命形势下，拜上帝会加紧了起义的筹备，1849年秋，他们分别在金田村等地秘密打制武器和进行作战训练。1850年春，洪秀全发布动员令，号召会众赶往金田"团营"，整编队伍。各地会徒在得到消息后，纷纷变卖家产，扶老携幼，前往金田，至11月，在金田汇聚的会众达到了近2万人，在金田，会众根据"有衣同穿，有饭同吃"的基本精神，将所有田产变卖，变为现金，所有收入皆归于公库，反之所有会众之开销，俱由公款开支，一律平等，这就是最初的"圣库"制度。会众按照性别分别编入男营和女营，这就是太平军。

1851年1月11日，恰好是洪秀全38岁生日，在众会众为之庆贺生日时，洪秀全即刻宣布起义，建号太平天国，太平军蓄发易服，头包红巾，以表示与清政府彻底决裂。同时颁布五条简明军纪：①遵条命；②别男行女行；③秋毫莫犯；④公心和睦，各遵头目约束；⑤同心合力，不得临阵退缩。至此，一场轰轰烈烈的农民起义就此拉开了序幕。

（三）起义的进程

宣布起义后，洪秀全随即挥师东进，此时天地会罗大纲、苏三娘率所部几千人来投奔,队伍更加壮大。1851年3月,太平军攻入武宣县东乡,在此洪秀全自称天王,同时封杨秀清为中军主将,萧朝贵为前军主将,冯云山为后军主将,韦昌辉为右军左将,石达开为左军主将。9月,太平军一举攻克永安。在永安,太平军停留了半年多,并利用清军不敢贸然进攻的时机整顿了部队,史称"永安建制",具体内容有:第一,整顿部队,严明军纪。总结战争经验,重申严明的军纪,要求大家要时刻提高警惕,防止清军从内部瓦解太平军,同时论功行赏,建立功罪登记制度。第二,颁布诏令,建立官制。1851年12月17日,洪秀全颁布封王诏令,封杨秀清为东王,萧朝贵为西王,冯云山为南王,韦昌辉为北王,石达开为翼王,封秦日纲等为相,同时规定,东王以下均受东王节制,这一规定为杨秀清掌握军政大权,一步步走向专横跋扈,从而为天京事变埋下了伏笔。第三,颁行历法,刊印书文。冯云山编制的《太平历》规定一年为366天,单月31天,双月30天。《太平礼制》《幼学诗》《太平诏书》《太平条规》等书籍相继刊印出版。"永安建制"确定了太平天国建国的基础。

在永安,太平军被3万多清军包围,洪秀全带领太平军连夜突围,大败清军,消灭5000多名清军。太平军一路乘势北上,攻克桂林、全州,进入湖南,连克郴州、永兴、武汉等城镇。由于军纪严明、秋毫莫犯,一路不断有船夫、搬运工、铁匠、煤矿工人等加入,攻占武汉时已有50万的威武雄师,接着水陆并进,一路连克九江、安庆、芜湖等重要军事重镇,1853年3月,占领南京,改南京为天京,定为首都。

太平军从1851年1月11日宣布起义至1853年3月19日攻克南京,仅历时2年零2个月,可谓是一路凯歌、捷报频传。太平军初期军事上的胜利是空前的,从太平军自身的因素上说,获得重大胜利的主要原因有:

第一,提出了"扫清妖孽,廓清中华"的宗旨,把革命的矛头直接指向千百年来压榨在农民身上的封建王朝,对鸦片战争后无法正常生活下去的百姓来说,推翻压在自己身上让自己喘不过气来的清王朝的腐朽统治自然成为广大农民内心深处的最强音。

第二,拜上帝会提出的"地上天国""人人皆兄弟姐妹"等平等理念对于苦不堪言的农民来说,无疑点亮了一盏希望的明灯,为幸福和理想而战激发出来的力量是无穷的。

第三,太平军军纪严明,起义时就颁布了五条军纪,永安建制又再次整顿了部队,"各宜为公莫为私,总要一条草(心)"①,缴获的财物一律归公,"逆者治罪",严明的军纪为胜利的实现提供了可能,同时论功行赏,激发了广大太平军的斗志。

第四,维护百姓利益,深得群众爱戴。太平军所到之处,秋毫莫犯,"攫得衣物给贫民""概免租赋三年",若有人抢夺,则"即行枭首"。人心的向背是战争的关键因素,赢得人心一定意义上等于赢得了胜利。

第五,灵活的战略战术。如太平军建有"土营","土营"多为煤矿工人,遇上难以破敌的攻城战役,即行开挖地道,放置地雷,炸掉城墙,对获取攻城的胜利起到了很大作用。从外部因素来看,清军吏治腐败,军备废弛,部队战斗力较弱,也是太平军胜利的因素。

三、太平天国施政纲领

1853 年冬,太平天国定都南京后,颁布了《天朝田亩制度》。

(一)《天朝田亩制度》

《天朝田亩制度》是以解决土地为中心,是对政治、经济、军事、社会生

---

① 《中国近代史》,中华书局,1983 年,第 54 页。

活、文化教育等方面全面改革的纲领性文件,基本精神是废除封建土地所有制,重新分配土地,建立绝对公平的公有制,目的是建立有田同耕、有饭同吃、有衣同穿、有钱同使,无人不均匀,无人不饱暖的"四有二无"大同理想社会,它是近代中国农民阶级探索救国救民道路的一次伟大尝试,它的颁布标志中国的农民运动达到了一个新的历史高峰。主要内容有:

第一,绝对平分土地。根据"凡天下田,天下人同耕"的原则,实行好田和坏田相互搭配,把土地按产量分为上中下三级九等,按人口平均分配土地,16 岁以上不论男女,均可分得等同的一份,16 岁以下减半,因各地人口多少有别,如若此地土地不够,"则迁彼处",反之亦然。

第二,建立了农村基层政权"两"。《天朝田亩制度》规定,生产和分配都由农村基层组织"两"来管理,每二十五户为一两,设两司马一人。两司马还主持文化教育活动,儿童每天都要到礼拜堂,由两司马教授《真命诏旨书》等。每逢周末,所有人员都要到礼拜堂听两司马讲课。

第三,产品平均分配,实行圣库制度。太平天国规定每家每户种桑养蚕、纺织和饲养鸡、鸭、猪、牛等六畜,农民分得土地后都要参加生产劳动,"力农者赏,惰农者罚"。生产所得,"除够二十五户每人所食可接新谷外,余则归国库,凡麦、豆、苎麻、布帛、鸡犬各物及银钱亦然"①。每"两"设国库一所,但凡婚丧嫁娶等所有支出也由国库按一定标准开支,每户"给钱一千,谷百斤""通天下皆一式""但有限式,不得多用一钱"。老弱病残、鳏寡孤独皆由国库所供养。

第四,提倡男女平等,移风易俗。太平天国主张男女平等。《天朝田亩制度》明确规定,土地分配,不分男女,16 岁以上皆可分得一份,女子同男子

---

① 刘华明、孙云、邱恭志主编:《中国近现代史纲要十二讲》,合肥工业大学出版社,2011 年,第 78 页。

一样进行劳动,参加"圣库"分配。女子既能领兵打仗、又能读书做官。太平天国有"武有洪宣娇、文有傅善祥"之说。洪宣娇就是有名的天国女将,她手下都是清一色的女兵,打起仗来丝毫不比男人们逊色,天京被攻破时,她率手下全体女兵慷慨就义。傅善祥是一位才貌双全的天国女状元,也是中国历史上唯一的一位女状元。太平天国还规定:"凡天下婚姻不论财",废除买卖婚姻,提倡一夫一妻制,严禁娼妓,废除妇女缠足、蓄婢等封建陋习。但太平天国的妇女解放政策并未彻底,男尊女卑现象依然存在,洪秀全、杨秀清等诸王却沿袭了历代帝王的嫔妃制度,洪秀全所颁布的《幼学诗》《天父诗》等还提出"妻道在三从,勿违尔夫主"等观念,仍然宣扬妇道、妻道等封建道德思想,说明太平天国的男女平等观念仍有局限,尚未彻底和深入,仍然摆脱不了封建思想的窠臼。

《天朝田亩制度》体现了人民群众反封建的革命精神,集中反映了2000多年来农民希望得到土地、摆脱剥削、消除贫困、追求平等、实现温饱的强烈愿望,是对"等贵贱、均贫富、均田免粮"思想的发展和超越,没收地主土地,是对封建制度的根本否定,是中国历史上从未有过的壮举,为农民绘制了一张巨大的画饼,对当时灾难深重的农民来说,无疑具有巨大的吸引力,激发了农民的战斗精神,对动员和号召广大的农民参加革命起到了巨大的推动作用。

《天朝田亩制度》是一个空想的革命纲领。它超越了当时历史条件许可的范围,提出的愿望固然美好,但在当时的社会历史条件下决定了它只是一个美丽的肥皂泡。它提出土地和物品"通天下皆一式"的分配方案,是绝对平均主义的体现,排除了商品交换,不可能使社会向前发展,因而违背了社会发展的规律,最终无法实现。《天朝田亩制度》的颁布仅限于一种形式,并未真正贯彻和实行。太平天国也曾规定要没收官田与公田,但在太平天国的占领区内,这种规定因无法解决现实生活的需要而尚未实施和推行。

《天朝田亩制度》是一个落后的纲领。定都天京后不久,面对天京粮食供应紧张的局面,杨秀清、韦昌辉、石达开向洪秀全建议在安徽、江西等地继续仿照清朝纳税的办法进行"照旧交粮纳税"。特别是太平天国后期,清政府统治的旧制度、旧办法基本被沿用下来,同时,太平天国领导集团把地主阶级的帝王制、官员等级制等全部照抄下来,早在永安时,就颁布了《太平礼制》,明确"贵贱宜分上下、制度必判尊卑"。定都后,享乐腐化思想膨胀起来,根据官职爵位不同,服饰、称呼、礼仪也不同,天王到士兵之间等级森严,各王出行,官兵必须跪拜或回避,同时高呼千岁或万岁,否则格杀勿论。这些充分说明太平天国只是给自己提出了一个改朝换代的任务,没有从根本上触动封建制度的根基,最终渐渐失去了民众的支持。

(二)《资政新篇》

1859 年 4 月,洪仁玕从香港来到天京,洪秀全封他为干王,主理朝政。不久他就提出了一个全面改革的方案《资政新篇》。《资政新篇》是洪仁玕为摆脱革命危机、重振太平天国、开辟"新天新地新世界"而向洪秀全提出的学习资本主义的纲领,它涵盖政治、经济、文化、外交等方面。

在政治上,在加强中央集权的基础上,禁党朋之弊;各省设立新闻官;创办报纸,设立意见箱;发扬"公议";制定法律、制度;选拔和任用官吏。

在经济上,主张效仿西方资本主义,发展近代交通运输业,仿制火车、轮船,兴办邮政,鼓励民间开矿,创办银行,发行纸币,鼓励发明创造,实行专利,保护私有财产。

在思想文化上,兴办学校,开设医院,禁止迷信和鸦片传播,设四民院收养聋哑盲跛等残疾和鳏寡孤独之人,提倡移风易俗,破除女子缠脚等恶习、陋俗。

在外交上,同资本主义国家自由通商、文化交流,平等往来,鼓励外国人在华投资，但外国人不得干涉太平天国的内政。禁止使用"鬼子""夷"等污蔑字眼。

《资政新篇》是一个具有资本主义色彩的改革方案，符合中国社会发展趋势，洪秀全看后，几乎逐条加以批示，对当中绝大部分条款都表示赞同，并下令镌刻颁布。但由于它没有反映农民迫切希望解决土地问题的愿望和主张，同时广大的农民对资本主义缺乏了解和认识，因而在这场轰轰烈烈的农民运动中没有产生共鸣和较大的影响。同时由于它的出现是在太平天国后期，摆在将士们面前更加紧迫的任务是如何击退清军的围攻，因而没有相应的条件来推行这一重大改革，故而"只开花未结果"，未能付诸实施。

四、太平天国农民起义的失败

(一)天京事变

天京事变是太平天国领导集团的一场内讧，它是太平天国由盛而衰的分水岭。伴随太平天国胜利的进行，领导集团内部的争权夺利日趋明显，以致发生了震惊中外的"天京事变"，又称"杨韦事变"。1856 年 8 月，权倾朝野的九千岁杨秀清，假借"天父下凡"，诱骗洪秀全至东王府，逼洪秀全封他为万岁，洪秀全无奈，只好允诺加封，但封期定在杨秀清生日 9 月 23 日，为的是获取应变时间。洪秀全随即密诏江西的韦昌辉、安徽的石达开、镇江的秦日纲火速回京。韦昌辉早已对杨秀清恨之入骨，同时也知洪秀全急诏他回京之意，得到密令后带领三千精兵于 9 月 1 日火速连夜赶到天京，在先已回京的秦日纲的配合下，迅速包围了东王府，第二天凌晨，将杨秀清及家眷杀死。接着，在天京城内开展了 2 个多月的屠杀，东王府内所有男女老幼、仆人、将士全部遇难，与杨秀全有密切来往的许多将士也惨遭杀害，共有 2 万多

中国近现代史纲要专题教学十讲

人在这场杀戮中失去了生命,整个天京城血雨腥风。

9月中旬,石达开从安庆来到天京,谴责韦昌辉滥杀无辜,但是已杀红了眼的韦昌辉此时已听不进石达开的劝告,反之对石达开也动了杀念,迫使石达开连夜逃出天京,韦昌辉乃令血洗翼王府,将石达开家眷全部杀害。石达开回到安庆后,调集了4万精兵,宣布讨伐韦昌辉。韦昌辉却越发疯狂,撕去"拥护天王"的面纱,公然派兵包围天王府。韦昌辉的血腥杀戮早已引起天京军民的愤恨,在广大将士的强烈要求下,洪秀全借机率领满朝文武,通过2天激战,将韦昌辉及死党200多人杀死。秦日纲逃出天京,被押解回来即行处死。

天京事变后,石达开在众人的拥护下来到天京,此时,起义时的首义诸王中,除了洪秀全以外就剩石达开了,石达开虽仅有26岁,却有"四方经略之志",深得将士爱戴。回到天京后,洪秀全让他管理政务,但此时的洪秀全如同惊弓之鸟,对异姓王唯恐有加,于是册封自己的两个草包哥哥洪仁发为安王、洪仁达为福王,与石达开同理朝政,石达开对洪秀全的疑虑较为不满,生怕自己也会深陷宫中内乱之中,给自己带来不测,1857年率领10万精兵离京出走。

天京事变严重削弱了太平天国的力量,给太平天国的革命事业带来了严重的危害,造成了难以估量的损失,此后太平天国如日落西山,渐渐消失在了胜利的视野之外。

(二)三英杰苦撑天国危局

天京事变之后,太平天国处在了内外交困之中,为挽回败局,洪秀全起用青年才俊,先后封洪仁玕为干王、陈玉成为英王、李秀成为忠王,形成了新的领导核心。

洪仁玕(1812—1864),洪秀全的族弟,洪秀全创立拜上帝教时,洪仁玕洗礼入教,是拜上帝教的最早信徒之一。金田起义时,他身在广东,未能参加,后多次谋求前往广西参加革命,但均未如愿。1852年4月,他逃到香港避难,在一个外国传教士那里教授中文,学习西方文化。在香港几年的时间里,洪仁玕的思想发生了新的质变,不再是一个农民的眼界,通过接触西方文化,使他逐渐成为一个具有近代西方思想的知识分子,《资政新篇》便是他企图用资本主义来拯救中国的建国方案。1859年5月,洪秀全封洪仁玕为干王、军师,主理朝政。

陈玉成(1837—1862),原名陈丕成,洪秀全赐名陈玉成,广西藤县客家人,贫苦农家子弟。1851年,15岁的陈玉成随叔父扶王陈承瑢参加了金田起义,编在童子军帐下。由于作战勇敢,有勇有谋,屡获升迁,不久便当上了童子军的首领,是太平天国后期重要将领,后被封为英王。

李秀成(1823—1864),广西藤县人,贫苦农民家庭出身,早年生活十分艰难,靠种田、烧炭和在私塾里干些帮工为生。金田起义后参加太平军,因作战机智勇敢,很快从一名普通的士兵晋升为青年将领。后被洪秀全封为忠王。

李秀成、陈玉成二人主持太平天国军事后,着手组织军事反攻,先后发动了两大著名战役,即1858年9月的浦口战役与11月的三河镇战役,两大战役的胜利暂时缓解了天京外围的压力,但由于太平天国自身的封建性与腐朽性,使它的事业日益衰落,尽管三英杰苦苦支撑,但已无回天之力。1862年5月,陈玉成因叛徒诱骗,在寿州城内被俘,后曾国藩劝降,不从,乃被杀之,年仅26岁。1864年6月,洪秀全病死。1864年7月19日,李鸿章率领湘军攻入天京,李秀成护送幼主洪天贵突围,被俘获于天京东南的荒山中,后在狱中写下了几万字的供词,记述了太平天国的始末,总结了经验教训,同时表示了降清的意愿,在写完供词后的第二天,即被曾国藩杀害。幼主洪天贵逃出天京后辗转到安徽与洪仁玕会合,10月,两人在江西被俘,11

月在南昌先后被杀害,至此轰轰烈烈的太平天国运动画上了沉痛的句号。

(三)太平天国失败的原因

轰轰烈烈的太平天国运动是近代农民战争的最高峰,但这次起义最终还是画上了沉痛的句号。究之失败的原因既有外部客观因素,也有太平天国自身无法克服的内部因素,内因和外因的共同作用,谱写了近代农民战争的悲歌。

从客观因素上看,封建势力和帝国主义的勾结从外部绞杀了这场革命。1861年,辛酉政变后,慈禧掌握了清政府的实权,加紧与帝国主义勾结。在慈禧的卖国政策下,外国侵略者也放弃"中立",加入镇压太平天国的队伍中来。一方面他们向清政府提供了杀伤力极强的新式武器。另一方面,直接与清政府组成军事联盟。1860年6月,苏松太道(上海道)吴煦勾结美国地痞华尔纠集一帮歹徒组建了"洋枪队",1862年,这支队伍发展到5000人。1862年,宁波英国领事馆通事郑同春奉英国人之命组建"常胜军",后发展到1000多人。同年左宗棠与法国组建了"常捷军"。这些用洋枪装备起来的部队同清军一起,向太平天国发起了猖狂的进攻,由于太平军起初对这些"洋兄弟"缺乏清楚的认识,导致战场上往往措手不及,腹背受敌,最后在中外反动势力的绞杀下,导致了革命的失败。

从主观因素上看,太平天国的领导集团葬送了这场轰轰烈烈的革命。归纳起来,失败的内部因素主要有:

1.农民阶级自身的局限

太平天国斗争显示了农民起义的强大力量与勇猛的革命精神,深深触动了清政府的统治根基。但是农民毕竟是中国小农经济的产物,长期自给自足的生产模式限制了他们的视野和思维,眼界狭窄和易于满足的心理使他们无法成为新的生产力和生产关系的代表,无法克服小生产者的阶级局限,没有先进阶级的领导,缺乏科学理论的指导,因而不可能为中国革命找到一条光明的道路,也无法正确提出科学解决中国问题的方案。

2. 指导思想的错误

洪秀全是用拜上帝教来组织和发动群众的。在革命的初期,拜上帝教提出的"地上天国""人人皆兄弟姐妹"等平等思想对苦难深重的农民来说,宛若茫茫黑夜中看到了一盏希望的明灯,激起了农民的无限向往。但拜上帝教教义毕竟不是科学的理论,不能引领革命走向最终的胜利,而且伴随革命形势的发展,它又给农民带来了战争危害。"天父下凡"是杨秀清多次要挟洪秀全的"资本",以致杨秀清权欲膨胀,最终导致"天京事变"。太平天国后期,在清军的围攻下,洪秀全认为"天生真命主,不用兵而定太平一统",幻想用虚幻的力量退敌,这无疑等同于把希望寄托在美丽的肥皂泡上。

3. 领导集团的腐败与内讧

定都天京后,领导集团走向腐化和享乐,直接导致了太平天国的败亡。太平天国刚刚定都天京,甚至太平军还在天京外围与清军激战时,洪秀全、杨秀清就迫不及待地大兴土木,修建豪华府邸,形成了金碧辉煌的宫殿群,还为战死的萧朝贵、冯云山同样建造了豪华的王府。太平天国先后封了2700多个王,每封一个王就要提高俸禄,建造王府。1863年12月,清军攻占苏州,李鸿章看到豪华的慕王府时,也曾感叹"太平军必败"。各王出行,下级官兵必须回避或跪于路旁,高呼万岁或千岁。专门伺候洪秀全的人员有1491人,轿夫64人;服侍杨秀清的下人则更多,达1764人,轿夫48人。洪秀全还大量选秀女入宫,妃子达80人。太平天国起初的任务和使命就是要推翻压榨在人民身上的清王朝,但随着革命形势的发展,以洪秀全为代表的统治集团逐渐蜕变为彻彻底底的封建帝王,甚至与封建帝王相比只有过之而无不及,因为忘记了自己的使命与责任,革命性和人民性逐渐丧失,从而走向了人民的对立面,最终走向失败。

天京事变对太平天国来说是个致命的打击，它不仅削弱了太平天国的有生力量，更重要的是动摇了人心，使原本上下一心、团结一致的优良作风丧失殆尽。韦昌辉血洗东王府时，不仅将东王及家眷统统杀死，而且在天京城内开展了两个多月的屠杀，杀死的将领和士兵达 2 万人，而定都天京以来与清军作战中牺牲的将士仅为 4000 多人，这不得不为太平天国扼腕叹息。石达开负气出走时带走的 10 万精锐部队更可谓是太平天国的半壁江山。天京事变搞垮了人心，使原先"以天父之真道，蓄万心如一心"的精神支柱被打垮，领导集团之间相互猜忌，严重削弱了太平天国的战斗力。东王杨秀清被杀时，他弟弟杨辅清整日感到危险重重，唯恐祸及自己，影响了对清军的作战。韦昌辉的弟弟韦俊是太平天国猛将之一，曾三次攻克武昌，韦昌辉被杀后，韦俊带领 4 万人投降了清军，这对太平军来说堡垒已经从内部被攻破了。

4. 未能正确对待儒学

太平天国认为"天父"才是唯一的真神，因而在整个革命的过程中对封建王朝的精神支柱儒家思想进行了猛烈的冲击。把儒家经典视为"妖书"，禁止教授和学习。太平军所到之处，把孔子牌位砸了，把祭孔庙宇烧了。定都天京后，还设立了删书衙，删改四书五经。但凡中国的知识分子与社会人士等，思想观念和行为举止中无不浸润着儒家思想的因子，太平天国对待儒学的做法一定程度伤害了中国文人的感情，从而促使曾国藩、左宗棠等知识分子倒向了清政府这一边。并且太平天国虽然反孔，却不能对儒家思想进行实质性的批判，并未完全摆脱儒家思想的影响，特别是到了后期，由于统治的需要，他们又把等级制度、三纲五常等保留了下来，说明他们在努力推翻清王朝的过程中却没有办法将自己身上的封建元素洗涤干净，因而不能为中国革命指明正确的方向。

5. 军事战略的失误

太平军毕竟是一支由农民领导的队伍，缺乏远见卓识的战略部署。

1851 年 1 月从金田出发,几经辗转 9 月攻克永安,永安是太平军占领的第一个城市,值此之机,应当考虑如何进一步打击清军,获取更大的胜利。然则在取得一点小胜利之后,他们便开始飘飘然了。1851 年 12 月 17 日颁布封王诏令,规定东王以下须受东王节制,为东王以后的专权和天京事变埋下了伏笔。1853 年攻占南京后应当一鼓作气乘胜出击,直捣清政府老巢北京,夺取最后的胜利,但他们在南京建立了都城,开始了奢靡腐化的生活,仅派了林凤祥、李开芳率领 2 万人的部队进行北伐,英勇善战的北伐军曾打到天津,但由于孤军深入,最终导致北伐军全军覆没。洪秀全的短浅目光,使清军得以喘息,先后组建了江南、江北大营,对太平军展开了围攻,同时使曾国藩得以练成湘军。最终在清军和外国侵略势力的联合绞杀下,轰轰烈烈的起义走向了失败。

五、太平天国农民起义的历史意义和启示

太平天国农民起义是中国近代史上规模空前的一次革命运动,虽然失败了,但在中国历史上有着不可磨灭的历史贡献和重要意义。

第一,它是旧式农民战争的最高峰。太平天国通过把分散的农民组织起来,以疾风暴雨般态势在南方诸多省份迅速掀起了巨大的革命风暴,先后攻克了 600 多座城市,历经 14 年,驰骋了 18 个省,建立了与清王朝对峙的政权,颁布了自己的施政纲领,这是中国历次农民起义都没有达到的层次。在太平天国起义的影响下,各地各族人民起义风起云涌,此起彼伏。如广东天地会起义,北方捻军起义,贵州张秀眉领导的台江苗民起义,李文学领导的云南彝民起义等,这些起义严重撼动了清王朝的统治根基,充分彰显了人民的力量。

第二,第一次提出了人民在经济、性别、政治、民族等方面的平等思想,

闪烁着耀眼的光芒,是中国人民追求平等的一次有益尝试。太平天国提出社会成员应当一律平等,人人都是上帝的子女,都是兄弟姊妹,"天下一家,共享太平",人们之间应患难相救,夜不闭户,强不欺弱,众不暴寡,智不诈愚。在这样的大同社会里,人们都应过着太平幸福的生活,女子和男子一样,可以读书,可以选拔做官,这些平等的思想反映了广大农民要求摆脱现实苦海生活的愿望。

第三,太平天国农民起义冲击了儒家经典的正统权威,促进了人们思想的解放。太平军所到之处,"凡一切孔孟诸子百家妖书邪说者尽行焚除,皆不准买卖藏读也,否则问罪也"①,掀起了激烈的反孔浪潮,严重冲击了封建统治思想的桎梏,孔子的神圣权威和封建伦理纲常被打倒了,解放了人们的思想,为中国探索资本主义道路和五四时期"打倒孔家店"创造了条件。

第四,有力地打击了外国侵略势力,冲击了西方殖民者在亚洲的统治。在外交方面,太平天国主张同资本主义国家进行自由通商,平等往来,拒绝承认《南京条约》,严禁鸦片贸易,外国人不得干涉中国内政。尽管由于阶级局限,他们没有认清外国侵略者的本质,误把列强当"洋兄弟"看待,但他们的这些主张反映了独立自主、反对外来侵略的严正立场。1861年后,当中外反动势力联合起来共同向太平天国发起进攻时,太平军对侵略势力进行了猛烈的回击。1862年9月,大败"常胜军",击毙首领华尔。1863年,在绍兴打败外国侵略军,"常捷军"首领勒伯东及继任者塔提夫先后被打死。这些局部的胜利虽不能有效挽回败局,但有力地打击了外国侵略势力,冲击了西方殖民者在中国及亚洲的统治。

太平天国农民起义掀起了中国历史上从未有过的农民革命风暴,在历经14年的暴风骤雨后还是失败了,它的失败表明,农民虽是革命的主力军,

---

① 《中国近代史》,中华书局,1983年,第73页。

有着巨大的革命潜力,但它不是先进生产力的代表,不能为中国革命指明正确的道路和方向,不可能担负起领导中国摆脱外来侵略求得民族独立和推翻地主阶级统治争得人民解放的两大历史重任。

第二节　地主阶级的自救

一、洋务运动产生的历史背景

(一)内忧——太平天国等风起云涌的农民起义

鸦片战争后,随着丧权辱国条约的签订,长期潜伏在社会各个层面的矛盾空前激化。战争赔款和军费的增加最终全部落到了广大人民的头上。在腐败的官僚体制下,许多官员不是考虑如何为朝廷当好差,为皇帝分忧,而是一门心思如何对百姓进行克扣和盘剥,使得赋税不断加重,百姓苦不堪言。鸦片输入不仅侵蚀了国民的身体,而且导致白银外流、银贵钱贱、物价上涨,人民生活于水深火热的困苦中。加上当时黄河、长江两大流域和广西等地连年发生的水、旱灾害,使得各地民变此起彼伏,风起云涌。1851 年 1 月,洪秀全领导的太平天国农民起义是当中规模最大、持续时间最长、影响最大的一次起义。在洪秀全的领导下,太平军掀起巨大的革命风暴,金田起义后不久就占领了永安,整饬三军,封王受印。在两年时间内迅速攻下了武昌、汉口等重要城市,所到之处,农民纷纷加入太平军,队伍很快发展到 50 万人。太平军沿长江顺流而下,1853 年春,占领了南京,并建立了与清王朝对峙的政权。

定都天京后,太平军分别进行了北伐和西征。北伐军打到了天津,直接威胁到了清政府的统治中心。英勇的太平军直接控制了湖北、江西、安徽、江苏等长江中下游的大部分地区,同时大破清军构建的江南、江北大营,形成了气势磅礴的革命态势。太平天国农民运动持续了 14 年,辗转 18 个省,攻占 600 多个城市,沉重撼动了清政府的统治根基。与此同时,活动于山东、河南一带的捻军等起义力量也沉重打击了清政府的统治。

(二)外患——西方列强的入侵

在以天朝为中心的统治秩序中,华夏民族在与周边民族交往的过程中产生了明显的优越感,统治集团往往对周边民族不屑一顾,将之统称为"夷狄"。"夷狄"一旦入主中原并主政后,几乎也以"华夏"自称,"华夏"成了中华民族正统地位的象征。即便在国际交往中,这种傲慢与偏见依然如此,如大西洋彼岸的英国就曾被称为"英夷",中国台湾被称为"夷洲"等。

1840 年的鸦片战争,偌大的"天朝上国",终究抵挡不住英国区区几千人的坚船利炮。在先进的军事技术面前,地主阶级的先进分子认识到此时的"英夷"非同过去的夷人,应当主动了解和学习西方,魏源、林则徐等先觉者提出了"师夷长技以制夷"的思想,无异于在四处漆黑的屋子里打开了一扇窗,这种思想曾一度风靡中国,洋务运动一定程度上可说是他们的继承者。

为扩大侵略权益,1854 年,英国伙同法、美两国公使向清政府提出了全面修改《南京条约》,要求中国全境开放为通商口岸、鸦片贸易合法化、允许外国公使常驻北京等,这些无理要求遭到了仍有一些颜面的清政府的拒绝。1856 年,《望厦条约》届满 12 年,美国在英法两国的支持下再次提出修改条约的要求,再次遭到清政府的拒绝,于是以武力相威胁,"先打后拉"的侵略活动登上了中国历史舞台。

1856 年,英国以"亚罗号事件"为借口,1857 年,法国以"马神甫事件"为借口,先后挑起了对中国的第二次鸦片战争。第二次鸦片战争中,英法联军攻占北京,咸丰皇帝逃往河北承德避暑山庄,英法联军纵火三天,人类文明宝库圆明园被洗劫和焚毁,1860 年 10 月,清政府被迫签订了《北京条约》。《北京条约》使中国丧失了大片领土和主权,中国被迫增开 11 处港口,使外国侵略魔爪伸向了我国所有沿海和内地,之后沙俄通过《中俄北京条约》等各种不平等条约割占中国的领土多达 150 万平方千米。鸦片贸易的合法化,外国公使常驻北京,对英法各 800 万两的赔款等,标志中国的半殖民地半封建社会的程度进一步加深了。

面对这些残酷的现实,清政府中一些头脑清醒的统治者开始认识到中国正面临"数千年未有之变局""数千年未有之强敌",于是他们在秉承"师夷长技以制夷"思想的基础上,提出了一场在军事、工业等方面学习西方先进技术的运动,因这场运动以兴办洋务为特征,故历史上称其为洋务运动。

二、洋务思想的形成与主要代表人物

(一)洋务思想的提出与形成

洋务思想是在两次鸦片战争的惨败中逐渐萌发的。最早对洋务思想进行完整表述的是冯桂芬。1861 年,冯桂芬在《校邠庐抗议》中说:"以中国之伦常名教为原本,辅以诸国富强之术"[①],最早揭示了这种洋务思想。1895年《万国公报》上署名为南溪赘叟发表《救时策》一文,首次明确表述了"中学为体,西学为用"的概念。后来张之洞为了调和统治阶级顽固派和改良派之间的矛盾,系统地总结了自己的洋务实践,在出版的《劝学篇》中全面阐发了"中学为体,西学为用"的思想。"中学"是指以孔孟之道为核心的儒家学

---

① 李捷、王顺生主编:《中国近现代史纲要》,高等教育出版社,2008 年,第 30 页。

说;"西学"是指近代西方的先进科技。"中学"是根本,"西学"为"中学"服务。在资本主义坚船利炮的强大攻势面前,不得不使中国少数的知识分子萌发了向西方学习的愿望。本着对内镇压太平天国起义和对外摆脱列强侵略的客观要求,基于不同出身,不同地位,在国内逐渐形成了一股强大的政治势力(洋务派)。

(二)洋务运动的主要代表人物

在中央,洋务派以恭亲王奕䜣、大学士桂良、户部左侍郎文祥,以及曾任兵部、户部、吏部侍郎等职的崇厚为代表。恭亲王奕䜣是这一集团的重要人物,他既主管军机处,又把持了总理衙门这一核心部门。奕䜣向皇帝分析了当时国内国际形势:"'发(太平天国)捻交乘,心腹之害也','俄国壤地相接,有蚕食上国之志,肘腋之忧也','英国志在通商,为肢体之患也'。"[1]奕䜣同时提出了处理"内忧"与"外患"的办法:"故来发捻为先,治俄次之,治英又次之。"[2]在具体的操作上,奕䜣认为:"查治国之道,在乎自强,而审时度势,则自强以练兵为要,练兵又以制器为先。"[3]在奕䜣的奏请下,1861年,总理衙门成立。总理衙门主管与各国发生的一切事宜,同时掌管军事工业、关税、海防、路政、矿产、邮电、派遣留学生和翻译机构等事务。在当时清政府中央机构中,总理衙门是一个手握重权和有着相当分量的机构,如若没有这个集团的支持,洋务运动是无法在中国延续30多年的,会受到更多更有力的顽固派的阻挠和干涉。正是由于他们的发声,许多反对的声音变得暗淡或消失了。

地方洋务派主要以曾国藩、李鸿章、左宗棠、张之洞四大集团为代表,他们都是在镇压太平天国农民起义中势力膨胀起来的封疆大吏,在"借师助

---

[1][2][3] 李捷、王顺生主编:《中国近现代史纲要》,高等教育出版社,2008年,第30页。

剿"过程中,他们深切感受到了洋枪洋炮的战场效果和所向披靡的威力,为增强自己的战斗力,他们迫切希望与洋人合作,从而得到威力无比的新式枪炮去对付太平军与捻军,但是鉴于清政府衰弱的国力,不可能为他们支付庞大的军费去购买这些昂贵的枪炮,于是为提升军事实力与政治资本,他们向朝廷提出了开办西式军工厂、生产洋枪洋炮的主张。在奕䜣等实权派的提倡和慈禧太后的默许下,洋务运动在全国迅速发展起来。

(三)晚清四大名臣与洋务运动

曾国藩(1811—1872),湖南湘乡人,地主家庭出身,22 岁考取秀才,1838年考中进士,1839 年任侍郎,清政府军机大臣穆彰阿的门生。曾国藩的一生主要有三大成就:镇压太平天国、筹办洋务、学术造诣。镇压太平天国使他一跃成为清政府的大员。1853 年,曾国藩受咸丰皇帝之命在湖南督办地主武装团练,在曾国藩的组建之下,湘军规模不断扩大,至 1854 年 2 月,湘军达一万七千多人。1861 年 9 月 5 日,湘军攻陷天京外围安庆。为提高攻占南京的胜算,在曾国藩的主政下,1861 年 12 月,湘军创办安庆内军械所,主要生产武器弹药。1864 年攻破天京,太平天国起义被镇压。在镇压太平天国的过程中曾国藩看到了西式武器的厉害,对生产新式武器产生了浓厚兴趣。1865 年 10 月,他和李鸿章合作组建了江南制造总局。1867 年,在江南制造总局下设造船所。1868 年 8 月,奉命调任直隶总督。1871 年和李鸿章向朝廷奏请派遣留学生。1872 年 2 月病死之前,依然关心留学生一事,向朝廷提出在美国设立"中国留学生事务所",并推荐陈兰彬、容闳为正副委员,常驻美国管理学生。曾国藩是中国近代第一个军阀,可谓是洋务运动的发起者,故有"洋务运动之父"之称。曾任两江总督、直隶大臣等,著有《曾文正公全集》。

左宗棠(1812—1885),字季高,湖南湘阴人,1832 年中举,与曾国藩一样,一生也有三大成就:镇压太平天国运动、筹办洋务、进军大西北。1860 年在曾国藩的推荐下统领部分湘军,曾组建了约 5000 人的"楚军"。1862 年经曾国藩举荐,加官晋爵升任浙江巡抚,与法国共同组建了"常捷军",先后攻陷宁波、绍兴等要地。镇压太平天国之后任闽浙总督,开始筹办洋务。1866 年在福州马尾开办了造船厂和创办福州船政学堂,重点培养造船技术人员和海军军事人才,他所创建的福州船政局是中国第一个新式造船厂。1867 年,调任陕甘总督,平定了陕甘回民起义和摧毁了新疆阿古柏入侵政权,收复了除伊犁以外的全部新疆领土,为新疆的和平统一做出了重大贡献。1869 年创办了西安机器局,1871 年改为兰州制造局,制造枪炮等武器。因陕甘盛产羊毛,1880 年又创办了兰州机器织呢局,购买德国机器和聘请德国技术人员,兰州机器织呢局是中国第一个机器纺织厂。著有《左文襄公文集》。

李鸿章(1823—1901),字少荃,安徽合肥人,道光年间考取进士,一生也有三大标志性成就:镇压太平天国运动、筹办洋务、办外交。他曾是曾国藩的幕僚。1861 年,在曾国藩支持下,李鸿章回安徽按照湘军建军模式创办了淮军,积累起了他发家的资本。1870 年在曾国藩的推荐下,继曾国藩之后成为直隶总督,掌管军事、外交、经济等大权,成为清政府大员,在湘系衰落后,取代湘系成为势力最大的军事集团。面对西方的屡屡侵略,他深刻认识到中国遇到了"数千年未有之强敌",发生了"数千年未有之变局"。如何自救?李鸿章认为商业和工业是西方富强之根本,要自强,则须学习西方大力发展工商业是也,于是他提出了"商战"的口号,主张学习西方,不仅要学习军事技术,更重要的是学习工矿、交通事业等,因而在他的主导下,他的学习领域拓展到了民用工业方面。1865 年后,开办了江南制造总局、金陵机器局、天津制造局等军事工业,1872 年后又开办了轮船招商局、天津电报总局等民用企业。李鸿章是办洋务最多的一位官员,因而被称之为洋务运动的集大成者。在外交上,李鸿章多次担任清王朝的全权代表,与西方帝国主义签订了一系列卖国条约。1876 年与英国签订《烟台条约》；1885 年与法国订立《中法新约》；1895 年与日本签订《马关条约》；1901 年与八国联军签订《辛丑条约》。著有《李文忠公文集》。

张之洞(1837—1909)，字孝达，河北南皮人，1863 年考取进士。先后任湖北学政、四川学政、翰林院侍讲学士等职务，1882 年任山西巡抚。1883 年中法战争爆发，张之洞积极主战，清政府任命他为两广总督，为激励将士抗法，鼓舞士气，他自捐 3000 两白银给抗法将领刘永福，并向朝廷请奏起用老将冯子材，冯子材在镇南关、谅山大败法军，张之洞也因知人善任而名声大振。1889 年 8 月，张之洞调任湖广总督。随着曾国藩、左宗棠的去世，湘军集团衰落，为牵制李鸿章的淮军，清政府积极支持后起之秀张之洞在湖北创办了汉阳炼铁厂、汉阳兵工厂、湖北织布局等洋务企业，初步创立了一个以军工、钢铁、煤炭、棉纺为主的近代工业体系。张之洞成为当时与李鸿章同等重要的洋务要员。

三、洋务新政

洋务运动的内容十分广泛，涉及军事、政治、经济、文教及外交等方面。前期(19 世纪 60 年代到 70 年代)以"自强"为主，重在创办军事工业和训练军队。后期(19 世纪 70 年代至 90 年代)以"求富"为目标，开办了多家民用企业，同时开办新式学堂和派遣了多批留学生出国学习。

(一)创设军事工业

1861 年，曾国藩在安庆创建了内军械所，内军械所主要是指生产的枪炮供湘军内部使用，安庆内军械所的创办是洋务运动的开端。从 1865 年到 1890 年二十多年间，洋务派在全国各地创办的军事工业共有 21 个，规模和影响力较大的有:①江南制造总局,1865 年由李鸿章在上海创办,是真正的近代军事工业的开始,经费最充足,规模最大,生产设备和技术力量最先进;②金陵机器制造局,1865 年由李鸿章创办,主要生产大炮和弹药;③福州船政局,1866 年由左宗棠在福建马尾创办,是当时最大的船舶修造厂;④天津机器局,1867 年由崇厚创办,主要生产弹药、枪炮;⑤湖北枪炮厂,1891 年由张之洞创办,后来的汉阳造就是源于这个军工企业。

(二)编练新式海陆军

1862 年,清政府在天津成立了洋枪队,聘请外国人训练八旗兵。李鸿章随即利用上海的有利条件和充足饷源,大力购买洋枪、洋炮,雇用洋人教练,积极扩充军队。到 1865 年底,淮军已成为清军的精锐之师。1866 年总理衙门大臣奕䜣等在直隶选练六军,称为"练军",中国陆军开始近代化。1874 年,日军派兵侵略我国台湾,有鉴于此,整顿海防、筹建新式海军逐渐纳入清政府的议事日程。1875 年,总理衙门决定筹建南洋、北洋、粤洋(福建)三支海军,1885 年,清政府成立总理海军事务衙门,以奕䜣为总理大臣,奕劻和李鸿章为会办大臣。此后三年间,李鸿章致力于北洋水师的建设,建立了旅顺口、威海卫军港。1888 年,北洋水师正式成军,是清政府的海军主力。

(三)创办民用工业

19 世纪 70 年代开始,洋务派在继续经营军事工业的同时,着手创办了一批以"求富"为目的的民用企业,到 90 年代,共创办民用企业 20 多个。除少数采用官办外,大都是官督商办形式。其中最重要的有:1872 年由李鸿章创办的轮船招商局;1878 年由李鸿章创办的开平矿务局;1880 年李鸿章又在天津设立电报总局,盛宣怀为总办,同时附设电报学堂;1878 年由李鸿章主持筹建了上海机器织布局;1890 年由张之洞创办的湖北织布局和汉阳铁厂等。

在洋务派采用官督商办企业的形式创办上述军事工业和民用工业的同时,中国的商办工业(民族资本企业)也开始出现了。这些商办工业一部分是由一些官僚、地主、买办和商人投资而来的,另一部分是由旧式的手工业工场、作坊采用机器生产转化而来的。从 1869 年到 1894 年,商办工业企业大约有 50 个,总资本在 500 万元左右。主要有:1869 年铁匠作坊主方举赞采用车床技术而创办的发昌机器厂,1872 年华侨商人陈启源在广东南海创立的继昌隆机器缫丝厂,1890 年上海商人设立的燮昌火柴公司等。这些商办企业一般来讲投资较少,规模较小,设备简陋,技术落后,产品也主要是日用轻工业品,大部分企业或开或停,寿命不长,没有成长为大规模的企业。同时,这些企业中的生产关系,也并非完全的资本主义雇佣关系,当中掺杂了许多封建的雇佣关系,有的封建性还很严重,但进步性也是十分明显的,这些企业是中国近代最早采用机器生产的工业企业,走出了手工操作的工场手工业时代,为近代中国民族工业的发展奠定了基础,是中国民族资本主义的开端。

(四)创办新式学堂

开办近代具有资本主义性质的企业和训练新式海陆军,首先要有懂得外文和西方科学技术及军事技术的人才,为此培养懂得"洋务"的人才就成了洋务运动的首要任务。从 1862 年到 1894 年这 30 多年间,洋务派共创办新式学堂 24 所,著名的有 1862 年 8 月在北京设立的京师同文馆,1863 年在上海创办的广方言馆,1867 年建立的福州船政学堂,1880 年建立的天津水师学堂,1885 年建立的天津武备学堂,等等。这些学校改变了主讲"四书五经"等儒家经典的传统教育内容,主要讲授西方军事技术和科技文化知识,为中国培养了一大批近代军事人才和知识分子。

（五）选派出国留学生

纵观近代中国的历史不难发现，许多重大的历史事件均与留学生息息相关，戊戌变法、辛亥革命等重大历史活动，留学生都是重要的发起者和参与者，是推动近代中国发展的源头活水。中国最早的官派留学生是从洋务运动开始的。

最早派遣留学生是在容闳的建议下进行的。1828 年容闳在广东出生，因靠近澳门，父母将其送入澳门的教会学校进行学习，天资聪颖的小容闳很快得到老师的青睐，1847 年他被带到美国，后入耶鲁大学学习法律。毕业后，意气风发的容闳决意归国施展抱负，曾欲投奔太平军，但看到太平建制只不过是封建帝王的改版后，几经周折，进入曾国藩府当幕僚，很受曾国藩器重，提出了许多建议，多被曾国藩采纳，特别是建议派遣留学生。清政府于 1872—1875 年先后派出了 4 批幼童赴美学习，这些幼童大多是贫寒人家子弟，富家子弟不屑于远洋海外。这些幼童出国前给人的印象多是愚笨、木讷，但到美国后很是勤奋，很快融入美国的社会，服饰、举止、观念都发生了变化，有的开始信仰基督教，有的学会了打棒球等，这些与清代礼仪不符的行为遭到了留学主要负责人陈兰彬的反对，在陈兰彬等人的要求下，这些赴美学生 1881 年被召回，120 人中只有 26 人没有回来，回国的 94 人中只有 2 人完成大学学业，这些人回到中国后并没有得到相应的职务安排，但广阔的社会舞台成就了他们的事业。24 人到政府部门任职，当中出现了内阁总理 1 人（唐绍仪），外交总长 1 人（梁敦），次长 1 人，公使 2 人，外交官员 12 人；在海军中任职者 20 人，当中舰队司令 1 人，海军次长 1 人，海军将领 14 人；在铁路、电报行业任职者 30 人，京张铁路设计者詹天佑就是当中一员；在工矿企业任工程师等有 9 人；在教育部门任职的有 5 人，如北洋大学（今天津大学）校长蔡绍基等。

除此之外,1877、1879、1886 年,清政府还派出了 3 批留欧学生,这些留学生归国后多在海军舰队和军械厂工作,北洋舰队的主要指挥官刘步蟾、林永升、严复等就是当中的佼佼者。

四、洋务运动的失败

洋务运动是以曾国藩等地方要员在中央的默许下进行的,他们凭借自己的实力开办了许多洋务企业,是中国近代工业的先声,在中国长期以来骄横无比、自以为是、故步自封的围室中终于撬开了一扇窗,使封闭的中国终于吸上了一口新鲜空气开始走上了向西方学习的道路,为中国近代工业的发展做出了相应贡献。但是在当时的君主专制制度下,理想和现实之间经常发生冲突,常使他们陷于两难的境地。一方面,以慈禧为首的朝廷认识到只有洋务派才能帮助他们挽救危局,因而不得不默认洋务运动的进行。另一方面,他们也不希望洋务派进一步做大,影响到他们的政权,因而借用顽固派控制洋务派,用清流派牵制洋务派,实现各种势力的平衡,达到江山永固之目的。因而这场向西方学习科学技术和军事技术的运动在中国持续了30 年后终究还是失败了。

洋务运动虽然失败了,但它引领了社会风气与价值观念的变化,一定意义上推动了中国社会的前进与发展。随着资本主义生产方式的出现,传统的封建道德观念不可避免地受到了冲击和影响,社会风气悄然发生了变化,原本"重农抑商""重本轻末"的思想有了较大改变,商人地位明显提高,一些举人出身的官员也开始投身企业任职或采取官督商办形式开始与企业合作。对西方的技术产品不再视之为雕虫小技,对西方国家的认识也发生了变化,由"夷"变为了"洋",虽只有一字之差,态度却是一百八十度大转弯,从"天"落到了"地",从过去的妄自尊大变成了奴颜婢膝,这种变化既是"天朝上国"传统观念的动摇,又是对世界形势的认同,既有被迫接受的无奈,又有自救的自觉。西书的翻译让国人大开眼界,进一步认识和了解到了西方的科学技术和社会制度,这是一种新的知识和新学问,对中国近代思想的嬗变起到了积极的作用,后来维新变法的许多骨干都是从这些书中获取的知识。1873年在汉口创办的《昭文新报》,1874年在上海创办的《汇报》等报刊也是宣传学习西方的重要窗口。洋务在民用工业和城市生活的实施影响到了城市的衣、食、住、行等社会生活,使当时生活习惯和社会风气得到了一些改变。

洋务运动是中国向西方学习的一次尝试,历史真实地记下了它的功绩,但这次尝试最终还是失败了,它的失败表明,中国地主阶级和农民阶级一样,由于历史的局限,同样不能在危亡时刻挽救中国,同样不能担任起引领民族独立和国家走向繁荣富强的重任。

第三节　维新变法运动

一、变法的背景

(一)政治背景:中华民族危机空前严重

如果说英法联军火烧圆明园横行京师激发了曾国藩、李鸿章、左宗棠、张之洞兴办洋务以图强救国的想法,那么甲午中日战争的惨败便是促使康有为、梁启超等爱国人士奔走相告宣传变法的直接动因。19世纪末发生的戊戌变法正是在中华民族危机空前严重的背景下发生的一次爱国救亡运动。

　　19世纪70年代,西方资本主义国家先后完成向帝国主义的过渡。生产规模的扩大和生产能力的提高,使资本主义国家急切地渴望着打开世界市场,以中国为代表的古老封建帝国被纳入了世界殖民体系,一个又一个的侵略者打着各式各样的幌子,先后把魔爪伸向了中国。中国一而再再而三地成了西方帝国主义侵蚀的对象,使中国出现了前所未有的危机。1874年,日本入侵台湾,在台湾军民的抗击之下,日军虽在与清政府签订《台事专条》(即中日《北京条约》)后撤出台湾,但展现了日本明治维新后膨胀起来的侵华野心。在西南,英国不断挑起事端,加紧向云南渗透,对西藏这块广袤的土地更是虎视眈眈。在西北,沙俄把魔爪伸向了新疆伊犁。1883年法国为占据越南而达到侵华的目的,挑起了中法战争,老将冯子材在镇南关打败法军,但由于清政府的腐败,最终造成了"中国不败而败,法国不胜而胜"的历史怪象。1894年甲午中日战争爆发,更是以中国的失败而告终,被迫签订了《马关条约》,中国赔偿日本军费2亿两白银;割让辽东半岛、台湾及所有附属岛屿和澎湖列岛给日本;开放沙市、重庆、苏州、杭州为通商口岸,日本船只可以沿内河驶入上述各口岸;中国承认朝鲜完全"独立自主"为日本的附属国。

　　《马关条约》是继《南京条约》以来最严重的丧权辱国条约,表明了日本企图瓜分和灭亡中国的野心。伴随国家危机的逐步加深,激发了各种救亡思想的产生。正如梁启超在《戊戌政变记》中所言:"唤起吾国四千年之大梦,实自甲午一役始也。"①甲午中日战争的惨败,又成为促进中华民族觉醒的重要契机,中华民族具有群体意义的觉醒也因此而开始。经过甲午中日战争后几年间血雨腥风的洗礼,一部分觉醒了的中国人清醒地认识到变法维新是挽救民族危亡的唯一选择。

---

　　①　梁启超:《戊戌政变记》,广西师范大学出版社,2010年,第61页。

1898 年,以康有为、梁启超、谭嗣同、严复等人为代表的资产阶级维新派,通过光绪皇帝进行了维新变法运动,提出了兴民权、启民智、发展资本主义经济的主张,但运动不过百日即宣告失败。

(二)经济背景:中国资本主义初步发展

洋务运动是中国资本主义的开端。随着国门的打开,外国的商品大量地向中国输入,导致中国自然经济在东部沿海地区逐渐解体,迫于财政困难和社会舆论压力,清政府不得不放松对民间开办工厂的限制,使得兴办工厂和企业曾火红一时,经过 20 多年的风风雨雨,中国民族资本主义得到了相应的发展。据有关资料统计,1895 年到 1898 年三年间,商办的厂矿企业就有58 家,资本总量达 1200 万银元。逐渐壮大起来的新兴资产阶级深受帝国主义和封建主义的双重压榨,迫切要求改变中国社会的现状,学习西方先进的政治制度,实行政治变革,为资本主义的发展扫清障碍,于是资产阶级开始作为一种政治力量登上历史舞台,戊戌变法由此而拉开了序幕。

(三)思想文化背景:维新思潮的发展

为挽救危亡,中国社会各阶级纷纷从自身立场出发,进行了救国救亡的各种尝试,从太平天国的"理想天国"到地主阶级的"求富求强"都挽救不了中国,于是向外全面学习便成了一种新的社会思潮。以进化论和社会政治种种学说,对中国延续了 2000 多年的封建等级专制制度和以孔孟思想为代表的封建礼教进行了猛烈抨击,认为只有效法资本主义,才能挽救中国于水火,实现民族独立,获得中华民族自身的解放。

在维新思想宣传中,出现了康有为、梁启超、严复、谭嗣同等主要代表人物。

康有为,1853 年出生于广东南海西樵山(今佛山)一个官僚地主家庭,他自幼聪慧过人,5岁便能熟诵唐诗数百首,少年时以曾国藩、左宗棠为榜样,立志向他们学习。1879年康有为开始接触西方思想和文化,此后先后到了香港、上海、北京等地,通过阅读大量书籍和亲历所见,使他的思想逐渐发生了转变。西方的强盛,使他萌生了向西方学习的思想,逐渐走上了宣传西方资本主义制度的道路。

1891年,康有为开始在广州万木草堂讲学,畅谈数千年来中国改革之得失,评议西方之改革,以图救国之法。1891年起康有为先后撰写了《新学伪经考》《孔子改制考》两部著作。《新学伪经考》从经学方面对传统的"古文"经学展开猛烈的攻击。《孔子改制考》认为人类社会按照"据乱世—升平世—太平世"的规律在依次更替,要解救当下苦难之中国,就应通过变法使"乱世"之中国发展到"升平世",而"太平世"("大同")则是没有压迫和剥削的理想社会。《孔子改制考》在当时沉闷的社会环境中犹如一枚重磅炸弹,在知识界产生了强烈的震撼和反响,被称作"火山喷发"的变法理论著作,是他倡导变法维新的理论根据。1895年8月,康有为在北京创办《中外纪闻》,这是维新派创办的第一份刊物,梁启超、麦孟华任编辑,宣传西学,倡导变法。与此同时,在康梁的推动下,1895年8月,翰林院侍读学士文廷式出面组织了"强学会",强学会每十天集会一次,发表种种演说,宣传维新思想,强学会得到了帝师翁同和、张之洞、刘坤一、王文韶等大官僚的支持,此时任天津小站陆军督办的袁世凯也加入了强学会。之后,康有为在上海又成立了分会,1896年出版了《强学报》。

梁启超,字卓如,号任公、饮冰子、饮冰室主人。1873年,梁启超出生于广东新会(今江门市)一个士绅家庭。自幼聪颖好学,9岁便能缀千言诗,17岁中举人,因才华出众,获主考官李端棻赏识,以亲妹相许。1890年拜康有为为师,接受了康有为的改革主张和变法理论,摒弃旧学,追求西学,逐渐走上了改良维新的道路,成为康有为得力的助手。1896年,梁启超应邀前往上海主编《时务报》,以犀利流畅的文笔,独到的视野和见解,写出了《变法通议》《论中国积弱由于防弊》《论君政民政相嬗之理》等系列文章,大声疾呼变法:"法者,天下之公器也,变者,天下之公理也"①,系统阐述维新变法思想。提出只要中国学习西方"设议院""兴民权","断无可亡之理"。梁启超以新颖的立论,出众的才华,使《时务报》一时名声大噪,成为备受欢迎的报刊和维新派的主要阵地,梁启超也因此走红,人们将之与康有为一起合称"康梁"。1897年10月,梁启超受邀任长沙时务学堂总教习,宣传维新思想,培养变法人才。

严复,原名宗光,字又陵,后改名复,字几道,1854年出生于福建侯官(今福州),近代著名的思想家、翻译家、教育家。1867年入福州船政学堂学习,1877年被派往英国学习海军,1879年从伦敦格林尼治的皇家海军学院毕业回国后,任福州船政学堂教习。1880年任北洋水师学堂总教习。在英国学习期间,严复广泛接触和阅读西方各种自然科学和社会科学理论。回国后,他翻译了许多西方思想和文化书籍,成为近代著名的翻译家。影响最大的要数翻译英国博物学家赫胥黎的《天演论》。《天演论》以生物界"物竞天择,适者生存"的进化规律阐释人类社会的演变,提出了当下资本主义吞噬中国是弱肉强食的客观必然,给国人敲响了民族危亡的警钟。《天演论》先后在《国闻报》上陆续发表,影响巨大。正如胡适所说:"《天演论》给了无数人一种绝大的刺激。几年之中,这种思想像野火一样燃烧着许多少年人的心和血。"②1897年,严复等人在天津创办了《国闻报》。

谭嗣同,1865年生于湖南浏阳一个官僚家庭,父亲为湖北巡抚。少年时期,深受爱国主义影响,曾与侠义之士"大刀王五"结为挚友。好讲经世济民

---

① 朱庆宝:《中国近现代史纲要》,航空工业出版社,2013年,第32页。

② 胡德坤、宋俭主编:《中国近现代史纲要》,武汉大学出版社,2006年,第61页。

的学问,对传统的八股文非常反感。1884 年,谭嗣同游历了甘肃、新疆、陕西、河南、湖北等十多个省,结识了不少名士,同时接触了许多介绍西方文化的书籍,扩大了自己的视野,使其忧国忧民的家国情怀逐渐萌发。1895 年,甲午中日战争战败,《马关条约》签订的消息传来,时年 30 岁的谭嗣同,以悲愤慷慨的家国情怀,遂提倡新学,呼号变法。1898 年 2 月,谭嗣同等人在长沙创办南学会,3 月创办了《湘报》作为南学会的机关报,推动了湖南维新运动的发展。

除北京、天津、上海、湖南几个重要的省份外,全国多地也出现了诸多学会、学堂和报刊。一时间,中国的思想界燃起熊熊大火,使众多爱国者为之奔走驰命,于是维新变法便成了不可抗拒的历史潮流。

二、变法的进行

1895 年 4 月,康有为、梁启超等在北京参加会试,丧权辱国的《马关条约》签订的消息传至北京,一时间群情激愤。康有为、梁启超联合在京举人 1300 多人联名向皇帝上了《万言书》,提出拒和、迁都、变法三项主张,论述了变法图强的具体措施。历史上将这次上书称为"公车上书"。公车上书拉开了维新变法的序幕,是资产阶级登上历史舞台的开端,是中国的知识分子第一次作为一种政治力量进行的一次爱国行动,在社会上产生了广泛的影响。

为推动变法的进行,在以康有为、梁启超等为代表的维新人士的宣传、发动和组织下,全国议政的风气开始形成,一场希望通过走改良道路实现救国梦想的序幕开始拉开。

1897 年,德国派兵占领胶州湾。康有为得知此消息后,立即赶赴北京,次月,第五次向皇帝上书,指出内忧外患已将中国推向生死存亡的境地,若再不变法,就会亡国,皇帝就会出现"求为长安布衣而不可得"。同时提出了变法的上、中、下三策。上策为效仿俄国彼得大帝、日本明治天皇实行改革；中策为招天下英才，商议变法；下策是让各省自行实行新政和改革。此次所奏的《上清帝第五书》虽由于顽固派的阻挠，没有送到光绪皇帝手中，但此后在天津、上海等地公开发表，产生了较大的影响。1898年1月，光绪皇帝令人对康有为的上书内容进行了问话，康有为将所写《日本明治变政考》《俄罗斯大彼得变政记》等著作呈送于光绪皇帝。

1898年1月29日，康有为第六次向皇帝呈送了《应诏统筹全局折》，提出颁发变法新大纲，主张效法日本进行变革，同时应做好皇帝宣誓变法、任何人不得违抗等，设制度局推行新政工作。

1894年4月，各省举人到京会试，康有为借此机会在北京发起成立了"保国会"，康有为起草《保国会章程》，《章程》规定在北京、上海设立总会，各省、府、县可设分会，对总会与分会的机构关系、入会手续等做了明确规定，已然是一个资产阶级性质的团体，许多爱国人士纷纷加入，在保国会的推动下，光绪皇帝也坚定了变法的信心，表示"我不能为亡国之君，如不与我权，我宁逊位"。

1898年6月11日，光绪皇帝颁布"明定国是"诏书，宣布变法。一场意欲效仿日本进行自上而下的改革在中国上演，只不过才延续了103天，故史称"百日维新"。

变法新政的主要内容有：

政治方面：裁撤闲散重叠机构，裁汰冗员；整顿吏治，提倡廉洁；提倡天下人上书言事；准许旗人自谋生计，取消由国家供养的特权等。

经济方面：保护和奖励农工商业，中央设立农工商总局、铁路矿务总局，保护农工商业的发展，修筑铁路，开采矿藏；各省设商务局；提倡开垦土地和私人兴办实业；允许组织农会、商会；办理邮政，裁撤驿站；改革财政，编制国家预、决算。

文化教育方面:废八股取士,改试策论,开经济特科;提倡西学;创办京师大学堂,各省书院改为高等学堂,各地设中小学堂;设立译书局,翻译外国新书;奖励发明创造;允许民众自由创立报馆和学会;派人出国留学、游历。

军事方面:精练陆军,改练洋操,各省军队皆使用洋枪;裁减绿营,节省兵饷;添造兵船,增设海军。

为推进变法的进行,光绪皇帝提拔和罢免了一些人员。赏梁启超六品卿衔,专管译书局,授予谭嗣同、刘光第、杨锐、林旭4人四品卿衔,参与新政,9月4日,把阻挠上书的礼部尚书怀塔布等6位大臣革职,把李鸿章赶出了总理衙门。

维新变法受到了维新派和开明进步人士的拥护和欢迎,但这些人基本上都是知识分子和没有实权的官员,变法是依赖一个没有实权的皇帝进行的,许多手握实权的官员如湖广总督张之洞、两江总督刘坤一等持观望态度,直隶总督荣禄、两广总督谭钟麟等则进行抵制,除湖南巡抚有一些实际行动外,变法几乎成了一纸空文。

变法触动了以慈禧为首的顽固派的利益。变法诏令颁布后,维新派与守旧派之间的斗争因帝后之间的权力之争显得更加激烈和复杂。一方面是变法的进行,另一方面顽固势力的反扑也在悄然地布置,一场反对变法的事件即将搬上历史的荧屏。

变法诏书颁布后,慈禧太后便胁迫光绪皇帝连下三道诏书:免去帝师翁同和的一切职务,遣发回原籍老家,以孤立光绪皇帝;规定新授二品以上的文武大臣,必须到皇太后面前谢恩,控制光绪再用维新人士;任命荣禄为直隶总督,统率北洋三军,以及北京周围地区。这三道诏书的颁布,让光绪皇帝成了光杆皇帝,慈禧则掌握了控制局势的主动权,接下来变法的失败是不可避免的了。

1898年9月,直隶总督荣禄调兵布防天津和北京外围长辛店,形势非常危急。光绪皇帝一时间乱了分寸,于9月15日传密诏,令维新派设法相救。毫无实权的维新派在万般无奈之中,寄托于外国列强的干涉和曾参加过强学会的袁世凯,但善于投机的袁世凯于9月20日前往天津,向荣禄告发。

9月21日凌晨,慈禧太后发动政变,将光绪皇帝囚禁于中南海瀛台,同时下令搜捕维新派人士。康有为、梁启超分别在英国人和日本人的保护下逃到了香港和日本。谭嗣同拒绝出走日本,决心为变法流血以醒国人,就义前神色坦然,愤慨地说道:"有心杀贼,无力回天,死得其所。快哉! 快哉!"①9月28日,谭嗣同、康广仁、杨深秀、刘光第、杨锐、林旭6人被杀于北京菜市口,史称"戊戌六君子"。参与维新人士或同情变法官员,或被囚禁,或被革职,或遭放逐。严复因没有实际参加变法,未被追究。百日维新期间推行的各项新政措施,除保留京师大学堂外,余则被取消了,戊戌变法因此落下了失败的帷幕。

三、变法的历史意义与失败的原因和教训

(一)戊戌变法的历史意义

戊戌变法虽然失败了,但它是中国历史上一次重要的历史事件,有着重要的历史意义。

1. 戊戌变法是一次爱国救亡运动

戊戌变法是在西方列强掀起瓜分中国狂潮背景下进行的,以康有为、梁启超为代表的维新派人士,希望通过改革来挽救中国的危亡,彰显着浓烈的爱国主义精神,提出的改革措施表达了当时先进的中国人希望通过发展资

---

① 《中国近现代史纲要》,高等教育出版社,2015年,第55页。

本主义来实现与西方列强并驾齐驱的梦想。变法期间创办的各种报刊、报纸,成立的各种学堂、学会,成为宣传资本主义和猛烈抨击封建制度的有力武器,通过他们奔走相告,国人逐渐从蜷伏了几千年的封建制度束缚下解放出来,思想解放逐渐汇为一股强大洪流,迸发出来的力量是不可低估的,预示着中国历史新时代的到来。

2.戊戌变法是一场资产阶级性质的政治改革运动

戊戌变法不是洋务运动基础上的一次简单的重复,而是历史发展中一次质的飞跃,它突破了洋务运动"中学为体,西学为用"的局限。戊戌变法想要从根本上改变腐朽的封建制度,为资本主义发展扫清障碍,它是一次资产阶级大胆的尝试。由于中国资产阶级出现的时间不长,力量还比较稚嫩,虽然未能推动中国建立资本主义制度,但它在一定程度上推动了中国现代化的进程,加快了社会前进的步伐。

3.戊戌变法是一场思想启蒙运动

维新派极力提倡资产阶级新文化,以前所未有的姿态对传统旧学和顽固旧思想进行了猛烈的批判。戊戌变法大力传播西方资产阶级社会政治学说和自然科学知识,倡导自由平等,提出了社会进化学说,批判封建君权和封建纲常伦理,大大提高了全社会的民主意识和参政意识,有利于民主思想在中国的传播,有利于人们思想解放,改变了中国思想文化面貌。京师大学堂、各省高等学堂和中小学堂的创立,奠定了我国的现代教育体系。戊戌变法还推动了社会风气的变革,主张革除吸食鸦片及妇女缠足等恶俗陋习,提出了"剪发易服"的主张,倡导讲文明、重卫生、反跪拜等,从根本上动摇了中国古老的封建文化对广大人民的桎梏,使中国社会的思想文化结构发生了重大变化,对中国社会的进步和文化思想的发展起到重要的推动作用。

（二）戊戌变法失败的原因和教训

戊戌变法在持续进行了 103 天后最终还是失败了，失败的原因和教训主要有：

1. 不敢从根本上否定封建主义

戊戌变法的实质是一次资产阶级改良运动，目的就是要为中国发展资本主义扫清障碍。要想使改革取得成功，就需要同腐朽的封建制度彻底决裂。但这次运动是在中国民族资本主义初见端倪的时代背景下发生的，资产阶级力量还比较微弱，使他们不得不把所有的希望都寄托在光绪皇帝身上。政治上，不敢从根本否定封建君主制度，幻想通过和平、合法的手段，实现自上而下的改革，让资产阶级和开明士绅的代表参加政权，逐步实现君主立宪。经济上，他们虽然要求发展民族资本主义，却未触及封建主义的经济基础——封建土地所有制。思想文化上，虽然提倡西学，批判旧学，却要抬出孔子这一封建思想的权威，借名"托古改制"。

2. 对帝国主义抱有幻想，缺乏本质的认识

近代以来，帝国主义成了中国最大的敌人，这些敌人来到中国，采取军事、经济、政治等多种形式对中国人民进行打压，从本质上来说，他们不希望中国走向强大，因为中国的强大意味着他们作威作福日子的终结。在维新变法中，他们希望通过西方列强的帮助让中国走上立宪道路，甚至有人曾提出聘请日本前总理大臣伊藤博文担任维新顾问。当慈禧太后向维新派准备举起屠刀之时，他们又把希望寄托于英、美、日公使的支持，结果都是与虎谋皮。

3. 缺乏军队的支持

军队是取得革命胜利的重要保证。无论是革命还是改良，都会不同程度触动一些阶级或集团的利益，利益受损的阶级或集团必然进行垂死的挣

扎和反抗,这种反抗既有政治的,也有经济的,更有军事的,一旦当利益冲突不可调和走向尖锐时,军队便是取得胜利的重要保证。戊戌变法一开始是在慈禧的默认下进行的,但后来新政中的措施触动了以她为首的顽固派的利益,他们便毫不犹豫地举起了屠刀,这时恐慌了的光绪皇帝只得向维新派求救,作为没有军队的维新派只得向袁世凯求助,结果反被袁世凯出卖。

4.敌视革命,脱离群众

就阶级力量来说,当时维新派的主要代表为思想开明却无权的官僚士大夫和知识分子,他们不但脱离群众而且惧怕群众,康有为在历次上书中都反复提醒光绪皇帝不要忘记百姓暴动的危险,正因为缺乏民众的支持,当反动势力向他们反扑时,他们只能选择逃亡和牺牲。

(三)戊戌变法的历史启示

戊戌变法是在中国到了民族危亡的重要历史关头,资产阶级维新派挺身而出进行的一次思想启蒙和救亡图存的爱国运动,由于资产阶级力量的弱小,这场运动转瞬之间就失败了。它的失败表明,在中国近代史的发展历程中,不仅农民阶级、地主阶级不可能带领中国人民完成近代历史所赋予的两大历史重任,求得民族独立和人民解放,同样,资产阶级也无法承担起这副沉重的历史重担,之后一个声音变得越来越响亮,那就是革命。20 世纪初,随着革命呼声的响起,这场改革最终被淹没在了历史前进的浪潮中。

【课后思考】

1.太平天国历时 14 载辗转 18 个省,掀起了革命的大风暴,为什么最后会走向失败? 它的失败给我们什么启示?

2.如何认识和评价《天朝田亩制度》和《资政新篇》?

3.试比较明治维新和洋务运动的区别。

4. 洋务运动的失败给我们什么样的启示？

5. 戊戌变法失败的原因是什么？它的失败说明了什么？

【学习拓展】

1. 许纪霖、陈达凯主编：《中国现代化史》，上海三联书店，1995年。

2. 马克思：《中国纪事》，1862年6月。

3. 马克思：《中国革命和欧洲革命》，1853年5月。

4. 梁启超：《戊戌政变记》，中华书局，1959年。

5. 电视剧：《太平天国》。

专题四　帝制的终结

——辛亥革命与清朝的覆灭

第一节　辛亥革命前夜的中国社会现状

一、辛亥革命发生的社会历史条件

恩格斯说过："任何地方发生革命震动总是有一个社会要求为背景的。"①我国 1911 年发生的辛亥革命也不例外,是有着深刻的历史背景的,它是近代以来中国社会矛盾激化和人民顽强斗争的必然结果。

(一)民族危机加深,社会矛盾激化

戊戌变法的失败表明改良主义在中国行不通,先进的中国人为寻找救

---

① 《马克思恩格斯选集》(第一卷),人民出版社,1995 年,第 483 页。

国救民的道路依然在苦苦地探索。以孙中山为代表的先行者为中国找到了一条新的出路,那就是走资产阶级革命的道路。辛亥革命的发生,不是革命党人臆想出来的,而是近代中国民族危机加深,社会矛盾激化的产物。

1. 帝国主义对中国的侵略日益扩大

中华民族是带着屈辱进入 20 世纪的,国家主权丧失,山河破碎,民族灾难日益深重,当时,资本主义列强相继完成了向帝国主义的转变,世界上残存的封建王朝大多成为他们的附庸,封建古老的中国也不例外。

1901 年 9 月,西方列强以武力相胁迫与清政府签订了《辛丑条约》,《辛丑条约》标志着中国完全沦为了半殖民地半封建社会。此后,帝国主义加强了对清政府的政治控制,多方扩展在华经济势力,外国在华投资规模急速扩张,包括扩大设厂规模和给清政府大量高息贷款等,而铁路、矿山的利权更成为帝国主义掠夺的重要目标。

1903 年至 1904 年,英国入侵西藏,企图使西藏从中国的版图中分离出去。1904 年,日本和俄国为了争夺中国东北而发动了一场意欲侵占中国东北的战争。腐朽的清政府对外却令人不可思议地宣布“中立”。1905 年,日本战胜俄国,俄国将所攫得的中国东北部所有一切侵略特权“转让”给日本。德国则企图将势力延伸到原属英国势力范围的长江流域。帝国主义列强对中国的侵略、控制进一步加深了。

2. 清政府横征暴敛,导致民怨沸腾

据统计,1840 年至 1949 年 100 多年的时间里,西方列强通过各种手段强加给中国的条约有 1000 多个,清政府签订的就有 500 多个。每一次条约签订都会包括相应的赔款内容。历次战争赔款,最终全部转嫁到普通百姓身上,10 多年间,清政府的财政开支激增 4 倍之多。在清朝的最后几年里,各种旧税一次又一次被迫增加,各种巧立名目的新税更是层出不穷,各级官吏还要从中中饱私囊,致使民怨沸腾。

3.各地民变四起,反抗斗争风起云涌

20世纪初,帝国主义把中国推向了苦难的深渊,使得人民已经不能照旧生活下去了,于是一场又一场为求得生存权利的起义在全国各地纷纷发生。从1902年至1911年间,各地民变多达1300余起,席卷了全国,整个社会处于动荡之中,主要包括社会各阶层人民反对外国传教士的斗争;农民、手工业者的抗捐、抗税、抗租斗争;工人不堪忍受资产阶级残酷剥削和压榨而发生的罢工斗争;以及拒俄、拒法、抵制美货等爱国运动及收回利权和保路运动等。

(二)清末新政及破产

20世纪初,整个中国社会处在了风雨飘摇的动荡之中,在各种社会矛盾激化之下,清政府的统治显得摇摇欲坠、岌岌可危。为缓解矛盾,清政府也不得着手实施一些改革来摆脱困境。1901年4月,清政府宣布"变法",推行了一系列"新政"措施。

在政治上,设立商部、学部、巡警部等中央行政机构,整顿吏治。

在经济上,颁布商法商律,奖励工商。

在文化教育上,改革学制,并下令从1906年废除科举考试。

在军事上,改革兵制,训练新军。1901年1月,停止武科取士,各省建设武备学堂。

在社会风俗上,破除社会陋习,提倡文明新风尚。颁布了禁止逼迫女孩缠脚、禁止吸食鸦片、废除惨无人道的严刑酷法、允许不同民族通婚等系列法令。

迫于当时国际国内的形势压力,清政府无奈之下于1906年宣布"预备仿行宪政"。1908年,参照日本君主立宪方案颁布了《钦定宪法大纲》,但又规定了九年的预备期。1911年5月,为形势所迫成立的责任内阁里,13名内阁大臣中满族就有9人,其中皇族占了7人,是个典型的"皇族内阁"。一切事实让原本对清政府抱有希望的立宪派也陷入了绝望的境地。孙中山把此时的清政府"比作一座即将倒塌的房屋,整个结构已从根本上彻底地腐朽了,难道有人只要用几根小柱子斜撑住外墙就能够使那座房屋免于倾倒吗?"①革命形势已完全成熟,只要稍微有一点火星,势必燃起熊熊的烈火。长沙海关税务司伟克非曾预言道:"我看在不久的将来,一场革命是免不了的。"②

(三)资产阶级知识分子成为革命的骨干力量

洋务运动是中国民族资本主义的开端,经过几十年的风风雨雨,20世纪初,中国民族资本主义有了相应的发展,设立厂矿的数目和投资额增加很快。据统计,1895年至1911年间,短短的16年时间,新设立的资本总额超过万元的厂矿达800家,资本总额超过1.6亿元,这在当时来说,是一个很了不起的数字。在发展起来的中国企业里,轻工业占的比重较大,以棉纺织、面粉加工等行业为主要代表,企业主要分布在江浙、两湖和广东三个地区,三地区共设厂近300家,超过了民族企业数量的50%以上。后来,同盟会领导的革命活动中心之所以在江浙、两湖、广东地区,是与这三个地区资本主义经济比较发达有着密切的关系。中国民族资本主义是在帝国主义和封建主义双重压榨的夹缝中发展起来的,帝国主义和封建主义成了阻碍中国民族资本主义的最主要障碍,于是新兴发展起来的资产阶级有着急切的革命要求,希望推翻顽固腐朽的封建制度和帝国主义的桎梏,从而为民族资本主义的发展扫清障碍。因而资产阶级成了辛亥革命的主要生力军和骨干力量。

---

①② 《中国近现代史纲要》,高等教育出版社,2015年,第62页。

资产阶级革命派的骨干是一批资产阶级、小资产阶级知识分子。1898年戊戌维新变法及 20 世纪初"清末新政"都有兴办学堂、鼓励留学生的相关措施。为学习西方先进的科学技术,寻找拯救中国的道路,于是出国留学成为一种潮流。中国留日学生最多时达近万人。有些人还远渡重洋,赴欧美留学。这些青年学生在学习的过程中,深受西方资本主义思想文化包括政治思想的影响,通过中西社会制度的差异比较,他们敏锐地认识到要使中国能与世界并雄,须改变现在腐朽的社会制度。怀揣着深深的忧患意识,他们自觉地站在了中国资产阶级革命的前列,成为资产阶级革命的排头兵。

二、资产阶级革命派的活动

(一)孙中山与资产阶级民主革命的开始

毛泽东说过:"中国反帝反封建的资产阶级民主革命,正规地说起来,是从孙中山先生开始的。"①早年的孙中山,和许多爱国人士一样,也是希望通过改良来推进中国社会进步的,但最后的事实说明,改良在中国是行不通的,在无计可施的情况下,才走上革命道路的。

1. 弃医从政,立志救国

孙中山,名文,字德明,号逸仙,1866 年 11 月 12 日出生于广东省香山县(今中山市)翠亨村一个农民家庭。幼年时家境贫寒,后来兄长孙眉到夏威夷茂宜岛开垦牧场和经商,家境才开始有所好转。广东是洪秀全的故乡,少年时的孙中山,就常听人讲起太平军的故事,打小在孙中山的心灵深处,就滋生了忧国忧民的爱国情怀。

---

① 《毛泽东选集》(第二卷),人民出版社,1991 年,第 563 页。

1879 年,孙中山和母亲一起到达檀香山,在兄长孙眉的资助下,先后在檀香山、广州、香港等地比较系统地接受西式近代教育。1886 年,孙中山偶遇一外国传教士医生,这位外国人对孙中山的英语能力极其欣赏,在这名传教士医生的介绍下,孙中山进入博济医院附属医校学习医学。博济医校是一所教会医学专业学校,也是中国境内第一所西医学校。第二年,孙中山转入香港西医学院(今香港大学的前身)继续学习医学。1892 年,26 岁的孙中山以全年级第一的优异成绩获香港西医学院授予的医学硕士学位,香港总督罗便臣为之颁发奖品(三本医书),教务长英国人康德黎为之颁发毕业证书。随后孙中山在澳门、广州等地行医,以精湛的医术和崇高的医德,二三个月后求医者络绎不绝。在满目疮痍的中国,孙中山认识到医术救人,所救有限,革命救人,才能救多数人,于是他决心投身革命,走上了弃医从政,立志救国的道路。

2. 上书遭贬,思想觉悟

1894 年,孙中山就写过《上李鸿章书》,提出"人能尽其才,地能尽其利,物能尽其用,货能畅其流"①的主张,并北上天津,希望能将上书递交李鸿章,但被拒绝,这对孙中山是一个深刻的教训和打击。上书的失败,加上甲午战争的惨败,使孙中山逐渐放弃对清政府的幻想,他后来谈到,自己原本也赞成"以和平之手段、渐进之方法请愿于朝廷,俾行新政"的,但经过现实的教育,方知"'和平方法,无可复施','积渐而知和平之手段不得不稍易以强迫'"②。

3. 建立组织,筹划起义

1894 年,孙中山到檀香山组织兴中会,提出了"驱除鞑虏,恢复中华,创立合众政府"的革命纲领,1895 年,筹划并发动了广州起义,这表明资产阶级

---

①② 《中国近现代史纲要》,高等教育出版社,2015 年,第 63 页。

革命派在踏上革命道路之时,就高举民主革命的旗帜,并选择了以武装起义推翻清王朝统治的斗争方式。这也是中国资产阶级革命派与改良派的根本不同之处。

4.伦敦遇难,声名鹊起

1895 年,孙中山筹划了广州起义,但因消息泄露,遭到搜捕,好友陆皓东牺牲,孙中山被清政府通缉,加上遭香港政府驱逐,只得流亡海外,继续从事反清革命活动。1896 年,孙中山在英国被清政府驻英国大使馆盯上,随后秘密抓捕了孙中山,准备将孙中山秘密押解回国,后经孙中山在香港西医学院学习时的英国老师康德黎先生多方营救,终于脱险。清政府在英国抓人,这是无视英国主权与外交权的做法。此后这件事在国际上闹得沸沸扬扬,孙中山应各方要求用英文写了《伦敦蒙难记》,后出版发行,译成多种文字,产生了很大的影响。多国媒体也争相报道了此事,纷纷谴责清政府的行为,使得孙中山从一个无名人物变为声名远播、名扬全球。

(二)资产阶级革命派的宣传与组织工作

在孙中山走向革命道路的同时,我国在 20 世纪初,又兴起了一场留学热潮,留学生的人数以几倍乃至几十倍的速度直线上升。

1.涌现一批民主革命的思想家

进入 20 世纪,随着一批新兴知识分子的产生,各种宣传革命的书籍报刊纷纷涌现,民主革命思想得到广泛传播。著名的人物有廖仲恺、陈天华、秋瑾、邹容、黄兴、鲁迅、吴玉章等,当时吴玉章曾写下这样一首诗:"东亚风云大陆沉,浮槎东渡起雄心,为寻富国强兵策,强忍抛妻离子情。"[1]

---

[1] 刘华明、孙云、邱恭志主编:《中国近现代史纲要十二讲》,合肥工业大学出版社,2011 年,第 111 页。

1903 年,章炳麟发表了《驳康有为论革命书》,反对康有为的保皇观点,歌颂革命为"启迪民智,除旧布新"的良药,强调中国人民完全有能力建立民主共和制度。邹容写了《革命军》,以"革命军中马前卒"的名义,热情讴歌革命,阐述在中国进行民主革命的必要性和正义性,号召人民推翻清朝统治,建立"中华共和国"。陈天华写了《警世钟》《猛回头》两本小册子,痛陈帝国主义侵略给中国带来的沉重灾难,揭露清政府已经成了帝国主义统治中国的工具,号召人民奋起革命,推翻清政府这个"洋人的朝廷"。

2. 反清革命团体不断建立

在资产阶级革命思想的传播过程中,资产阶级革命团体也在各地依次成立。从 1904 年开始,出现了 10 多个革命团体,主要有 1904 年 2 月,由黄兴、宋教仁、陈天华等在长沙成立的华兴会;1904 年,由吕大森、刘静庵、张难先等在武汉成立科学补习所;1904 年 10 月,陶成章、蔡元培等在上海成立的光复会;1905 年 2 月,由陈独秀、柏文蔚等人在安徽芜湖成立的岳王会等。这些革命团体的成立为革命思想的传播及革命运动的发展提供了不可缺少的组织力量。

3. 组建资产阶级革命政党

1905 年 8 月 20 日,孙中山和黄兴、宋教仁等人在日本东京成立中国同盟会,孙中山被推选为总理,黄兴被任命为执行部庶务,实际主持日常工作。同盟会以《民报》为机关报,并确定了革命纲领,这是中国第一个领导资产阶级革命的全国性政党,它的成立标志着中国资产阶级民主革命进入了新的阶段。

三、三民主义学说和资产阶级共和国方案

同盟会提出了十六字的政治纲领:"驱除鞑虏,恢复中华,创立民国,平

均地权。"1905 年 11 月,在同盟会机关报《民报》发刊词中,孙中山将同盟会的纲领概括为三大主义,即民族主义、民权主义、民生主义,后被称为三民主义。

民族主义包括"驱除鞑虏,恢复中华"两项内容。一是要以革命手段推翻清朝政府,改变它一贯推行的民族歧视和民族压迫政策;二是追求独立,建立"民族独立的国家"。但是同盟会纲领中的民族主义没有从正面鲜明地提出反对帝国主义的主张。当时的革命派对于帝国主义的本质认识不清,害怕帝国主义干涉,甚至幻想以承认不平等条约"继续有效"为条件来换取列强对自己的支持。同时,他们也没有明确地把汉族军阀、官僚、地主作为革命对象,从而给了这部分人后来从内部和外部破坏革命以可乘之机。

民权主义的内容是"创立民国",即推翻封建君主专制制度,建立资产阶级民主共和国,这就是孙中山所说的政治革命。不过,民权主义虽然强调了要建立民主共和国,却忽略了广大劳动群众在国家中的地位,因而难以使人民的民主权利得到真正的保证。

民生主义在当时指的是"平均地权",也就是孙中山所说的社会革命。孙中山主张核定全国土地的地价,其现有之地价,仍属原主;革命后的增价,则归国家,为国民共享。他认为,西方资本主义发展中的诸多社会问题,其根源在于未能解决土地问题,因此他试图探讨一种一劳永逸的办法,既使中国富强,又避免产生贫富悬殊的现象,避免社会危机。为此,他希望"举政治革命、社会革命毕其功于一役"。但是孙中山的"平均地权"的主张,没有正面触及封建土地所有制,不能满足广大农民的土地要求,在革命中难以成为发动广大工农群众的理论武器。

孙中山的三民主义学说,初步描绘出中国还不曾有过的资产阶级共和国方案,是一个比较完整而明确的资产阶级民主革命纲领,它的提出,对推动革命的发展产生了重大而积极的影响。

第二节 武昌起义与辛亥革命

一、清王朝的覆灭

（一）武装起义与保路风潮

1. 同盟会领导的各地武装起义

1905 年同盟会成立之后，以孙中山为首的革命党人，先后组织和发动了10 多次的武装起义。1906 年 12 月，在湖南醴陵、浏阳和江西萍乡的起义，是同盟会成立之后发动的第一次武装起义。1907 年，先后在潮州黄冈、惠州七女湖、钦州防城港、广西镇南关等地发动了起义，1908 年，又在广西钦廉上思、云南河口、安徽安庆等地发动了起义，这些起义虽然相继失败，但是产生了广泛的社会影响。在这些起义中，影响最大的是广州起义。

1911 年 4 月 27 日，起义军总指挥黄兴率 120 余名敢死队员冲入两广总督府，总督张鸣岐仓皇逃走，起义军占领和焚毁了总督府，后因清军援军赶到，寡不敌众而失败。战斗中，总指挥黄兴英勇作战，受伤后几经辗转到香港进行医治，喻培伦、方声洞、林觉民等革命志士牺牲，牺牲的中国同盟会会员有名可考者 86 人，当中 72 人的遗体被集体埋葬于广州城外的黄花岗，因而这次起义又被称为"黄花岗起义"。

2. 波澜壮阔的保路风潮

1911 年 5 月，清政府宣布"铁路干线收归国有"，企图以铁路修建权为担保，与英、法、德、美四国银行团订立粤汉、川汉铁路借款合同。这一出卖国家主权的做法立即激起了湖北、湖南、广东、四川四省轰轰烈烈的保路风潮。

当中以四川的保路风潮最为激烈,规模也是最大的,各府州县纷纷响应,参加者达 10 万人之众。四川总督赵尔丰在镇压中竟下令军警向手无寸铁的请愿群众开枪,造成"成都血案"。1911 年 9 月,吴玉章等组织发动了荣县起义,建立了革命政权,清政府急忙调集湖北部队入川进行镇压,从而为辛亥革命的发生创造了条件。

(二)武昌起义与各地响应

武汉是长江的重要口岸,历史上有"九省通衢"之称,战略位置非常重要,社会经济相对发达,各路商贾云集,自然也是革命党人活动的中心。当时在湖北活跃着科学补习所、日知会、文学社、共进会、群治学社、振武学社等多个革命团体,他们都把新军作为革命活动的主要对象,做了许多宣传、动员和组织工作,为辛亥革命的发生奠定了基础。

由于革命形势已经成熟,湖北新军中的共进会和文学社两个革命团体决定联合行动,在武昌举行武装起义。起义原定于 10 月 6 日进行,但由于准备不充分,决定推延 10 天进行。10 月 9 日,孙武等人在汉口俄国租界配制炸弹时,不慎引起爆炸,俄国巡捕闻声而至,搜去革命党人名册、起义文告等并随之转交给了湖北当局。湖广总督下令搜捕革命党人。危急之下,革命党决定立即于 10 月 9 日晚 12 时发动起义,但武昌城内戒备森严,各标营革命党人无法取得联络,当晚的计划落空。

1911 年 10 月 10 日晚,驻武昌的新军工程第八营的革命党人打响了起义的第一枪。起义军激战一整夜,占领武昌,取得首义的胜利。革命军在 3 天之内就光复了武汉三镇,成立了湖北军政府。

为什么过去的武装起义都失败了? 而武昌起义能成功呢? 主要原因是:

第一,组织工作比较扎实。武汉地区是帝国主义侵华的重要据点和清政府的反动统治中心,也是资产阶级革命力量迅速发展的地区和各省革命党人联系的枢纽,反清思想广泛传播,原来的科学补习所在日知会基础上发展起来的文学社和后来建立的共进会,长期在湖北新军和学界进行活动,产生了广泛的影响。

第二,革命基础较好。新军中许多士兵参加了革命党,革命思想和民族主义情绪迅速增长,新军不但失去了捍卫清王朝的功能,而且普遍参加反清革命,成为起义的主力军。

第三,清军力量比较空虚。四川保路运动的兴起,武昌地区清军的大部分力量援助四川,致使武昌地区清军的力量比较空虚,为这次起义提供了极为有利的机会。

武昌起义后,大江南北、长城内外,到处燃起革命的烈火。在一个月内,就有 13 个省(包括上海)及许多州县宣布起义,纷纷宣布脱离清政府的统治。腐朽的清王朝就像摧枯拉朽般迅速瓦解。1912 年 2 月 12 日,清帝被迫宣布退位。在中国延续了 2000 年的封建帝制终于走向了覆灭。

二、中华民国的建立

1911 年 11 月 25 日,孙中山风尘仆仆从海外归来,受到了上海各界的热烈欢迎,成为众望所归的领袖。12 月 29 日,独立的 17 省代表在南京进行了选举,当时有三个候选人,即孙中山、黄兴和黎元洪。孙中山以 16 票当选临时大总统。1912 年 1 月 1 日,孙中山在南京宣誓就任中华民国临时大总统,宣告中华民国临时政府的成立,改国号为中华民国,改用公历纪年。1 月 3 日,选举黎元洪为副总统,同时公布了各部总长和次长的名单。1 月 28 日,成立了临时参议院,作为立法机关。

（一）南京临时政府是一个具有资产阶级性质的革命政权

第一，从南京临时政府的组成人员来看，它是一个以资产阶级革命派为主的政府。首先，孙中山作为临时大总统拥有统治全国和统率海、陆军的大权。同时陆军、外交等重要部的总长和所有各部的次长全由革命党人担任。在作为国家立法机关的临时参议院中，同盟会会员也占多数，表明它是一个以资产阶级革命派为主体的政府。从各部总长、次长的情况来看，虽然以革命党人为总长的只有三个部，别的都为立宪派或旧官僚，但是根据同盟会确定的部长取名，次长取实的原则，孙中山十分注意各部次长的人选，各部次长中，除海军次长外，全部由革命党人担任，他们都是同盟会的重要骨干人物。

第二，南京临时政府制定的各项政策措施，集中代表和反映了中国民族资产阶级的愿望和利益，在相当程度上也符合广大中国人民的利益。如废除严刑酷罚和奴婢制度；不准买卖人口，保护人权；保护华侨在国内投资；学校不拜孔子，不读四书五经，废止旧教科书；提倡"自由平等"，革除旧的风俗习惯等。

第三，《中华民国临时约法》是具有资产阶级共和国宪法性质的法典。1912 年 3 月 11 日，南京临时参议院颁布的《中华民国临时约法》，是中国历史上第一部具有资产阶级共和国宪法性质的法典。

《临时约法》按照"三权分立"原则明确规定，"'中华民国之主权，属于国民全体'，而'以参议院、临时大总统、国务员、法院行使统治权'"①。

《临时约法》规定，增设国务总理，作为政府首脑。内阁辅佐临时大总统，为行政机关，行使行政权；增设法院，行使司法权；参议院为立法机关，行

---

① 《中国近现代史纲要》，高等教育出版社，2015 年，第 70 页。

使立法权,参议院还有弹劾大总统和国务员的权利。

《临时约法》还规定,中华民国国民一律平等,享有人身、财产、集会、结社、出版、言论等自由,以及请愿、考试、选举与被选举等民主权利。

《临时约法》以根本大法的形式废除了 2000 年来的封建君主专制制度,确认了资产阶级共和国的政治制度。毛泽东说:"民国元年的《中华民国临时约法》,在那个时期是一个比较好的东西;当然,是不完全的、有缺点的,是资产阶级性的,但它带有革命性、民主性。"

(二)辛亥革命的历史意义

辛亥革命是在以孙中山为代表的资产阶级的领导和组织下发动的,以反对封建君主专制制度和建立资产阶级共和国为目的的一次轰轰烈烈的民主革命,是中国人民探索救国救民道路中的一个重要里程碑,在近代中国历史上具有伟大的历史意义。

第一,推翻了清王朝,结束了 2000 多年的封建君主专制制度。在辛亥革命的作用之下,1912 年 2 月 12 日,清朝最后一个皇帝宣统帝被迫宣布退位,至此,在中国持续了 2000 多年的封建君主专制制度宣告终结。同时建立了中国历史上第一个资产阶级共和国政府,虽然这个政府仅仅持续了两个多月的时间,但它使民主共和观念深入人心,逐渐汇聚为一股不可逆转的思想潮流,一切逆历史潮流而动的行为必将受到人民群众的唾弃和坚决反抗。之后袁世凯、张勋复辟帝制的失败,就是最好的说明。

第二,沉重地打击了外国侵略势力。辛亥革命推翻了封建势力的政治代表、帝国主义在中国的代理人——清王朝的统治,沉重打击了中外反动势力,使中外反动统治者在政治上乱了阵脚。在这以后,帝国主义和封建势力在中国再也不能建立起比较稳定的统治,从而为中国人民斗争的发展开辟了道路。

第三，是人民思想上的一次大解放。辛亥革命给人们带来一次思想上的大解放。自古以来，皇帝被看作是至高无上、神圣不可侵犯的绝对权威，如今连皇帝都可以被打倒，那么还有什么陈腐的东西不可以被怀疑、不可以被抛弃？辛亥革命激发了人民的爱国热情和民族觉醒，打开了思想进步的闸门。

第四，推动了社会变革，引领了社会风气的改变。南京临时政府成立后，以振兴实业为目标，设立实业部，先后颁布了一系列有利于工商业发展的政策和措施，以推动民族资本主义经济的发展，使随后的几年成了资本主义发展的"黄金时代"。革命政府还提倡社会新风，革除社会陋习。如：以公元纪年，改用公历；下级官吏见上级官吏不再行跪拜礼；男子以"先生""君"的互称取代"老爷"等的称呼；男子剪辫、女子放脚之风迅速席卷全国等。这些变化不仅改变了社会风气，也有助于人们的精神解放。

第五，冲击了帝国主义的殖民统治，鼓舞了亚洲各国人民的解放斗争。辛亥革命在沉重打击帝国主义的侵略势力的同时，给被西方列强殖民奴役的亚洲邻邦以一个很好的榜样示范。它向世人展示，任何一个民族通过自身的革命，必然会获得自身的解放，有力地推动了亚洲民族解放运动的高涨。正如列宁指出的那样："中国人民的革命斗争具有世界意义，因为它将给亚洲带来解放并将破坏欧洲资产阶级的统治。"①

第三节　辛亥革命失败的原因和教训

毛泽东指出："辛亥革命有它胜利的地方，也有它失败的地方。你们看，辛亥革命把皇帝赶跑，这不是胜利了吗？说它失败，是辛亥革命只把一个皇

---

① 《列宁全集》（第21卷），人民出版社，1990年，第163页。

帝赶跑了,中国仍旧在帝国主义、封建主义的压迫之下,反帝反封建的革命任务并没有完成。"①从这个意义上来说,辛亥革命胜利了,也失败了。

一、袁世凯窃国与辛亥革命的失败

(一)南京临时政府的危机

1912 年建立起来的南京临时政府从一开始就面临种种危机。一是在外交上,没有取得各列强国的承认。帝国主义列强调动军舰在长江游弋,为袁世凯助威,并攻击孙中山"缺乏管理国家的经验",认为只有袁世凯才是最好的管理国家的人选。二是经济困窘,几乎寸步难行。资产阶级虽然建立起了临时政府,但脆弱的经济基础无法支撑起共和国这座大厦,帝国主义的封锁和国内民众的贫困,使共和国连基本的行政开销都无法保证,最终使这座大厦坍塌了。三是在革命党人内部,意见不统一。混入革命中的立宪派、旧官僚等则从内部破坏革命,给革命党人施加压力,极力主张袁世凯上台。一些革命党人为使革命早日结束,甚至也主张只要袁世凯能赞成共和和逼清帝退位,就应该让他当大总统。四是袁世凯在帝国主义的支持下,威胁要武力讨伐。袁世凯巧妙地利用了南北对峙的局面,一方面借用南方的革命力量来威胁清政府,进一步向他让权,另一方面对革命党人又打又拉,软硬兼施。1911 年 12 月 18 日,南北双方在上海开始正式谈判,双方约定,只要袁世凯逼迫清帝退位,即推举他为共和国第一任大总统。在会谈期间,英、美、俄、法、日、德六国驻上海总领事向南北和谈代表提出了"使目前冲突归于停止"的照会,压迫革命党人向袁世凯妥协。

---

① 《毛泽东选集》(第二卷),人民出版社,1991 年,第 564 页。

（二）孙中山的顽强抗争

面对中外反动势力的压力和革命党人内部的妥协倾向，孙中山不得不表示只要清帝退位、袁世凯宣布拥护共和，就可以把临时大总统的职位让给袁世凯。袁世凯在得到此许诺后，随即加紧"逼宫"。1912 年 2 月 12 日，清帝被迫宣布退位。第二天，袁世凯致电南京临时政府，宣布"共和为最良国体"。同日，孙中山向参议院提出辞职咨文，但附以南京为首都、总统在南京就职、遵守临时约法三个条件，力图以此制约袁世凯。

（三）袁世凯玩弄两面手段

北京是袁世凯的老巢，袁世凯为不离开北京，同样能当上大总统，于是唆使陆军士兵在北京、天津地区发动兵变，一些立宪派、旧官僚和北洋将领趁机叫嚷袁世凯不能南下，西方列强也调兵进京配合，以迫使革命派让步。革命派再次妥协。1912 年 3 月 10 日，袁世凯在北京宣誓就任临时大总统。4 月 1 日，孙中山正式卸去临时大总统职务，随后，临时参议院决定将临时政府迁往北京，至此辛亥革命宣告失败。

辛亥革命失败后，袁世凯在政治、经济及思想文化上，恢复和重建了一整套封建帝制，把曾经看到一线希望而欢欣鼓舞的中国人重新投入了黑暗的深渊。正如曾经参加辛亥革命的资产阶级革命者邹永成所说："轰轰革命几十年，志灭胡儿着祖鞭。不料袁猴筋斗出，共和成梦我归天。"

二、辛亥革命失败的原因和教训

辛亥革命在持续了短短的两个多月就失败了，它的失败既有外部原因，也有资产阶级自身的软弱性和局限性，在内外因的共同作用下葬送了这场伟大的革命。

第一，资产阶级共和国方案在中国行不通。中国是一个典型的小农经济国家，20世纪初，虽然中国民族资本主义在江浙、两广及东南沿海地区有了一些发展，但它在全国所占的比重是极小的，无力支撑起共和国这座大厦。虽然辛亥革命将共和国大厦在中国大地上建立了起来，但由于经济的脆弱，使得这座大厦转瞬之间就倒塌了，这种倒塌在当时的中国是不可避免地要发生的。

第二，帝国主义的威胁和干涉。帝国主义来到中国，就是要让中国永远沉沦，成为他们的附庸，为他们永远提供生产商品的原料和倾销商品服务，他们不希望中国成为强大的资本主义国家，从而使他们失去奴役和榨取占世界四分之一人口的机会，因而在革命即将走向成功时，他们便和以袁世凯为代表的封建势力联起手来，共同绞杀了这场革命。

第三，对封建主义认识不清。孙中山三民主义中的民族主义就是要"驱除鞑虏，恢复中华"。即以革命手段推翻清政府，建立中华民族独立的国家。这里的"鞑虏"并非是指所有的满族人和封建势力，而是指以皇帝为代表的清王朝。因此在革命的纲领中缺乏彻底的反对封建主义的内容，致使许多旧官僚、旧军官也在一夜之间摇身一变伺机混进了革命的队伍，以致出现了用枪顶着黎元洪的脑袋让他当上了湖北军政府都督这样古怪的事情，最终把革命政权交给了袁世凯这样的封建人物。

第四，没有发动广大的人民群众。毛泽东指出，兵民是胜利之本。人民群众是社会变革的决定力量，革命的力量深深埋藏于广大的民众之中，因此要使革命取得成功，必须首先将最广大的人民群众动员和组织起来。然而辛亥革命的行动纲领中缺乏体现人民群众利益的内容，同时他们害怕人民群众的斗争，因而使革命的力量显得极为单薄，自然无法同触角延伸到各个角落的强大的封建势力做斗争。

第五，没有一支独立掌握的革命武装。辛亥革命的主要武装力量是清政府中的新军，由于思想上没有经过革命思想的洗礼和严格改造，往往容易倒向封建势力一边，接受立宪派和旧官僚的领导。随着革命的进行，立宪派和旧官僚又成为革命的破坏力量。武昌起义后，革命党人不仅解散了几十万的农军和保路同志军，而且将南京临时政府的十几万人的队伍也解散了，这样就失去了同袁世凯抗衡和谈判的本钱，因而妥协、退让成为接下来的必然选择。

辛亥革命虽然失败了，但孙中山不屈不挠、一如既往的革命精神，在中国近代史上续写了辉煌的篇章，使得"振兴中华"的口号成为那个时代最有力的号角。辛亥革命虽然失败了，但民主共和思想得到了广泛的传播，引领着无数的志士仁人沿着革命的道路，继续进行着中国道路的探索。

【课后思考】

1. 为什么说辛亥革命的发生是当时社会矛盾激化的产物？

2. 为什么说孙中山是资产阶级民主革命的先行者？

3. 袁世凯为什么能窃取辛亥革命的胜利果实？

4. 如何认识和评价《中华民国临时约法》？

5. 辛亥革命为什么会失败？它的失败说明了什么？

【学习拓展】

1. 习近平:《在纪念孙中山先生诞辰 150 周年大会上的讲话》(2016 年 11 月 11 日)。

2. 孙中山:《三民主义》，东方出版社，2014 年。

3. 尚明轩:《孙中山传》，文化艺术出版社，2008 年。

4. 张琳璋:《袁世凯》，现代出版社，2017 年。

5. 纪录片:《孙中山》。

专题五　碰撞中升华

——历史和人民对马克思主义的选择

第一节　新旧思想的荡涤

一、新文化运动

辛亥革命的失败,把中国又重新投入了封建专制的黑暗之中,北洋军阀统治的建立,使人们再次陷入了深深的绝望、苦闷和彷徨之中。正如吴玉章所说:"辛亥革命给长期黑暗无际的中国带来了一线光明,当时的人们是多么的欢欣鼓舞啊!但是,转瞬之间,袁世凯窃去国柄,把中国重新投入黑暗的深渊,人们的痛苦和失望,真是达到了极点,因此有的便走向了自杀的道路。"①中国的出路在哪里?如何才能救中国?先进的中国人,又陷入了深深

---

① 张神根:《中国共产党成立前后两个一百年的巨大转变——从落后挨打到走向伟大复兴》,《人民论坛》,2021 年第 11 期。

的思考和探索。

一部分先进的中国人认为,中国要变化,必须要革命,中国要革命,首先要在思想文化上进行革新。他们认为以往的革命之所以屡屡失败,是因为中国的国民"若观对岸之火,熟视而无所容心"①。中国国民头脑中的"顽疾"与行为上的"堕落",是资产阶级共和国大厦转眼间轰然倒下的根本原因。陈独秀指出:"我们中国多数国民口中虽然是不反对共和,脑子里是在装满了帝制时代的思想……如今要巩固共和,除非先将国民脑子里所有反对共和的旧思想,一一洗刷干净不可。"②"欲图根本之救亡",必先改造中国的国民性,他们决心在思想领域发动一场启蒙运动,以清除国民头脑中的蒙昧思想,启发民智,让人们从封建思想的桎梏下解放出来,后来历史上把这场思想上的启蒙运动称为新文化运动。

1915 年 9 月,陈独秀在上海创办《青年杂志》,标志新文化运动的兴起。新文化运动既是当时政治经济在文化思想上的反映,同时也是 19 世纪末 20 世纪初以来,中国民主主义思想在新的条件下的继承和发扬。

新文化是对于旧文化而言的,是对中国几千年来长期积淀和形成的旧文化的批判和超越,它的主旨是对资产阶级民主思想的宣扬和传播。新文化运动的主要代表人物有陈独秀、李大钊、胡适、蔡元培、鲁迅、钱玄同、刘半农、周作人等。

陈独秀,字仲甫,安徽怀宁人。早年东渡日本留学,1905 年,创建了安徽第一个资产阶级革命团体岳王会,辛亥革命后回国,创办了《国民日报》《安徽俗话报》等报纸,积极进行革命思想宣传,1911 年,任安徽都督府秘书长,1913 年因参加反对袁世凯的"二次革命"遭到通缉而逃亡日本。1915 年陈

---

① 《中国近现代史纲要》,高等教育出版社,2015 年,第 100 页。
② 陈独秀:《旧思想与国体问题》,新浪新闻中心,http://news.sina.com.cn/c/2009 - 04 - 21/153217656533.shtml。

独秀回到上海,9 月,创办了《青年杂志》(第二期改名为《新青年》),成为新文化运动的主要阵地。1917 年,应蔡元培邀请,到北大任文科学长,从而成为新文化运动的领军人物。先后在《新青年》上发表了《文学革命论》《复辟与尊孔》《偶像破坏论》《新文化运动是什么?》《关于社会主义论》等文章,1918 年又和李大钊创办了《每周评论》,宣传社会主义和马克思主义,同时对中国封建思想和文化进行了猛烈的抨击。

李大钊,字守常,河北人,1907 年就读于天津北洋法政专门学校,1913 年考入日本早稻田大学,开始接触社会主义思想,1916 年 5 月回国,先后任北大图书馆主任、《新青年》和《每周评论》编辑,成为新文化运动的主要代表。俄国十月革命后,非常关注和热情宣传十月革命,先后发表了《法俄革命之比较》《庶民的胜利》《布尔什维主义的胜利》,特别是 1919 年发表的《我的马克思主义观》对马克思的唯物史观、剩余价值学说、阶级斗争理论做了系统的介绍,标志着李大钊已经由民主主义者转变为马克思主义者,成为共产主义的先驱和中国最早传播马克思主义的第一人。

胡适,安徽绩溪人,字适之。1910 年考取官派留美学生,先在康奈尔大学学习,后转入哥伦比亚大学,受教于著名教育家、实用主义哲学家杜威,1917 年获哲学博士学位。回国后任北大教授、《新青年》编辑,先后发表《文学改良刍议》《历史的文学观念论》《建设的文学革命论》,是新文化运动中白话文的主要倡导者。

蔡元培,浙江绍兴人,同盟会元老,清末进士,中华民国南京临时政府教育总长,1917 年任北京大学校长,不拘一格聘任陈独秀、李大钊、胡适、鲁迅、钱玄同、刘半农、吴虞、周作人、高一涵等知名学者到北大任教,提倡"兼容并包",使北大成为新文化运动的主要阵地和全国一流高校。

鲁迅,浙江绍兴人,原名周树人,1902 年赴日本留学学习医学,后弃医从文,希望从精神上拯救国人,曾任南京临时政府教育部部员,曾在北京大学、女子师范大学等学校任教。1918年以"鲁迅"的笔名发表了白话小说《狂人日记》,开始了新文学运动的先河,成为反对封建礼教的主要战士。

"五四"前,新文化运动的主要内容是:

第一,提倡民主,反对专制、旧礼教、旧道德。新文化运动一开始就高举民主主义大旗,向封建专制制度、旧礼教、旧道德,展开了猛烈的攻击。

民主,英文译称"德先生",是新文化运动打出的两面鲜明的旗帜之一。民主既指资产阶级民主制度,同时也指资产阶级民主思想。民主在新文化运动中起初称为"人权"。在当时的中国,几千年来的封建专制思想几乎浸透了每个国人的骨髓,专制似乎就是天底下最大的道理。国人不知何谓"民主",因此要建立共和,必须提倡民主,陈独秀在《青年杂志》一期一号发表的具有发刊词性质的《敬告青年》一文指出,君权、男权之束缚,实有解放之必要。必须抛弃官僚的、专制的个人政治,易以自由的、自治的国民政治。李大钊也指出,自由与专制不并存,是故君主生则国民死,专制活则自由亡。

新文化运动提出了"打倒孔家店"的口号。陈独秀、李大钊、鲁迅等人对以孔教为代表的封建文化思想,展开了全面的、空前的猛烈批判。他们认为要倡导平等之人权,提倡新社会、新国家、新信仰就必须打破旧礼教、旧道德,充分显示出与旧礼教、旧道德势不两立、与之斗争到底的决心。

第二,提倡科学,反对迷信。科学这个口号,同民主这个口号一起,在新文化运动一开始就提了出来。科学,取之英文音译称之为"赛先生"。陈独秀认为科学包含狭义和广义两个方面,"狭义是指自然科学而言,广义是指社会科学"[①]。提倡科学,反对迷信,主要是从如下两个方面进行的:

一方面,以唯物主义和无神论思想,批判了封建迷信和偶像崇拜。以唯物主义和无神论观点,在坚持主观能动性的基础上探求事物发展的本质规

---

① 《中国近现代史纲要》,高等教育出版社,2015年,第101页。

律,力求使民众从愚昧中解放出来。另一方面,传播自然科学知识。用实证的观念对人们的思想、哲学、世界观的转变起了巨大的推动作用。

第三,提倡新文学,反对旧文学,开展文学革命。文学革命是新文化运动的一个重要方面,是反封建的思想斗争在文学上的反映。新文化运动开展以后,1917年,《新青年》打出了文学革命的旗帜。文学革命包括文学内容和文学形式两个方面。

1917年1月,胡适在《文学改良刍议》一文中,提出了以白话文代替文言文的主张,同时也涉及文学内容问题,指出文学应以现实为根本,反映现实之问题。同年2月,陈独秀在《文学革命论》一文中,提出推倒贵族文学,建设国民文学;推倒古典文学,建设写实文学;推倒山林文学,建设社会文学的主张,这"三大主义"成为引领文学革命的纲领。鲁迅的《狂人日记》和《阿Q正传》,为中国新文学的发展奠定了稳固的基础。

"五四"前的新文化运动,以资产阶级的人权平等自由为主要内容,还是属于资产阶级旧民主主义的思想革命。在社会观上,他们宣扬的主要是进化论,而不是马克思主义的阶级论。那时马克思主义还没有进入中国,中国先进的知识分子还不具备辩证分析问题的能力,因此存在不加分析地肯定一切或否定一切的缺点,他们以一种前所未有的昂扬姿态,极力地试图从思想观念上革除旧思想、旧礼教的"命"。陈独秀曾说过,所谓新者,就是外来西洋文化,所谓旧者,就是中国固有之文化。鲁迅则更偏激地说道,从几千年的传统文化中只看到二字"吃人",这些观点显然都是没有辩证看待问题的体现。

早期新文化运动沉重打击了封建主义传统思想,他们对民主和科学两个基本口号的提倡,是适应了当时的时代需求。在当时封建主义旧观念还占绝对优势的中国,要建立资产阶级民主制度,必须首先要把国民从封建主义思想的桎梏下解放出来。他们对资产阶级民主思想的宣扬和传播,促进了国人的觉醒,让国人开始关心国家和民族的命运,具有积极的时代意义。

新文化运动是中国的先进知识分子在思想领域进行的一次救亡图存的尝试,在社会上掀起了一股思想解放的潮流,禁锢思想的闸门一旦打开,生动活泼的新思想便如潮水般涌了进来,为后来的五四运动做了思想动员,为中国迅速接受十月革命影响创造了条件,为马克思主义在中国的传播开辟了道路。

二、五四运动的兴起及历史意义

(一)五四运动的导火索

1918年第一次世界大战结束,一战摧毁了沙俄、德国、奥匈和土耳其四大帝国,苏俄建立了世界上第一个社会主义国家。1919年1月,战胜国在巴黎召开了维持世界的会议,中国作为一战的战胜国参加了会议,会上中国代表提出了七项条件:取消帝国主义国家在华的特权,放弃势力范围;撤退外国军警;撤销外国邮政电报机关;取消领事裁判权;归还租借地;归还租界;关税自主。同时废除日本强加于中国的"二十一条"和把日本在大战期间获取的山东权益归还给中国。巴黎和会以不在"会议权限以内"为借口拒绝讨论"七项条件"和废除"二十一条"的要求。在山东问题上,巴黎和会拒绝了中国代表的要求,竟然决定把德国在山东的权益转让给日本,企图以牺牲中国的权益为代价来维持他们之间所谓的公平和正义。巴黎和会上的外交失败,进一步激化了帝国主义同中华民族与封建军阀同人民大众的矛盾。

(二)五四运动的爆发

巴黎外交失败的消息传至北京,长期积累在中国人民内心深处的愤怒彻底爆发了。1919年5月4日,北京各大中院校的学生走向街头,高举"还我青岛""取消二十一条""宁为玉碎,不为瓦全"等标语,呼喊着"外争国权,内惩国贼""拒绝合约签字""抵制日货"等口号进行了声势浩大的示威游行,要求惩办交通总长曹汝霖、币制局总裁陆宗舆、驻日公使章宗祥。爱国学生向北京学子发出了倡议书《北京学界全体宣言》,宣言中痛切地呼唤道:"山东大势一去,就是破坏中国的领土! 中国的领土破坏,中国就亡了! 所以我们学界……今与全国同胞立两个信条道:中国的土地可以征服而不可以断送! 中国的人民可以杀戮而不可以低头! 国亡了! 同胞起来呀!"①北洋政府出动军警镇压了群情激愤的爱国学子,逮捕了学生32人。在社会各界的抗议下,5月6日,北洋政府不得不释放被捕学生。然而爱国的火种一经点燃,便迅速地在全国燃烧起来。北京学生的爱国热情得到了天津、上海、济南、长沙、武汉、南京、成都等全国各地学生的积极支持,纷纷罢课进行集会游行。在法国、日本和南洋的华侨学生也都以不同的形式表达了爱国要求,形成了一场规模空前的反帝爱国革命洪流。

从6月开始,社会各界以积极昂扬的姿态支援了这场声势浩大、波澜壮阔的学生运动。首先,上海的工人阶级以高度的爱国热忱举行了政治大罢工,参加者达六七万人。在工人罢工的推动下,商人也举行了罢市,使得五四运动进入一个新的阶段,超出青年知识分子的范围,形成一个以工人阶级为主力,包括城市小资产阶级和民族资产阶级在内的广泛的群众爱国运动,运动的中心也由北京转到上海。

从上海开始的工人罢工、学生罢课、商人罢市的"三罢"运动,迅速遍及全国20多个省区、100多个城市。除上海的工人罢工斗争外,唐山、长辛店、

---

① 罗家伦:《北京学界全体宣言》,中国社会科学网,http://www.cssn.cn/zt/zt_xkzt/zt_lsxzt/hywshsxzgm/wsyxyy/bjxjqtxy/201404/t20140425_1125503.shtml。

九江等地的工人相继举行罢工,天津、津浦铁路等处的工人也在酝酿罢工。继上海商人之后,其他各大中城市的商人也举行了罢市。这样,工人、学生以及商人的斗争汇合一起,形成了一个波澜壮阔的全国革命运动高潮,充分显示了人民群众的巨大力量。

面对如此轰轰烈烈的革命洪流,北洋政府被迫解除了曹汝霖、陆宗舆、章宗祥三人的职务,出席巴黎和会的中国代表,在全国人民及巴黎的华侨和留法学生的反对和压力下,拒绝在合约上签字。五四爱国运动取得重大胜利,充分彰显了工人阶级和广大民众的社会力量。

(三)五四运动的历史意义

五四运动是中国历史上一次重大的爱国救亡运动,在近代中国史上具有浓墨重彩的一笔,在中国历史上有着重要而深远的历史意义。

1. 中国工人阶级独立地登上了历史舞台

中国工人阶级诞生于西式的工厂、矿山,进而存在于民族资产阶级和官僚资产阶级的厂矿中。随着近代工矿业的发展,中国工人阶级的规模也在逐步扩大,工人阶级是先进生产力的代表,但是缺乏正确的理论和思想引导。五四运动的爆发,提高了工人阶级的政治觉悟,使他们认识到帝国主义和封建军阀才是中国最主要的敌人,从而以积极的姿态声援和支持了学生的爱国运动。五四运动中,工人通过罢工的形式,表达了他们在政治和经济上的诉求,显示了这一阶级强大的社会力量,中国工人阶级在五四运动中开始独立地进行着民族解放和自身解放的斗争,从此改变了资产阶级追随者的角色,为马克思主义在中国的广泛传播提供了阶级基础。

2. 彻底暴露了帝国主义的侵略本质

巴黎和会的分赃,中国的被出卖,日本帝国主义在中国的侵略,唤醒了中国人民对帝国主义的认识。近代以来,中国人民对帝国主义的认识主要表现为以义和团为代表的感性的排外斗争。五四之后,这种认识才逐渐上升到理性阶段,即认清了帝国主义联合封建势力共同压榨中国人民的实质,使得继此之后的中国人民的反帝斗争上升到了一个新的水平和新的阶段。

3. 唤醒了中国的知识分子

五四运动展现了人民群众伟大的革命力量,具有初步共产主义思想的中国知识分子从五四运动中看到了工人阶级才是中国革命最为可靠的力量,认识到只有发动群众,才能有苏俄那样改造社会的强大力量。五四运动标志着中国知识分子特别是青年学生政治意识的觉醒,是 1840 年以来中国知识青年以群体的形式第一次全身心地投入社会的政治生活中,由此揭开了中国革命的新篇章。中国的政治已不再限于职业政治家范围,而是扩大到了知识分子特别是青年学生层面,从而为中国的知识分子率先提出向苏联学习和最终成为革命的排头兵打下了基础。

4. 促进了马克思主义在中国的传播

五四运动促进了马克思主义与工人运动的结合,为中国共产党的成立做了思想上和干部上的准备。五四运动充分彰显了中国工人伟大的革命力量,正如上海学生联合会告同胞书中所说的那样:"学生罢课半月,政府不惟不理,且对待日益严厉","工界罢工不及五日,而曹、陆、章去。"①一些初步接触了马克思主义的知识分子,穿上粗布衣,脱下学生装,开始深入工人和民众中去开展思想宣传和组织动员工作。知识分子与工人运动相结合的过程,实则也是马克思主义与中国实际相结合的过程,这种结合为中国共产党的诞生创造了组织与思想上的充分准备。

五四运动是一场在知识分子引领之下,广大人民群众积极参与的爱国救亡运动,它的目的是挽救民族于危亡。在这场轰轰烈烈的运动中,中华民

---

① 《中国近现代史纲要》,高等教育出版社,2015 年,第 101 页。

族展现出了近代以来从未有过的尊严,它以彻底反帝反封建的革命性向帝国主义充分展现了中国民众的力量,充分论证和说明了只有人民群众才是社会变革的主体,人民群众才是社会发展的决定力量,这种潜在的力量一旦爆发出来,影响将是无法估量的。五四运动以磅礴之力鼓舞了中国人民向帝国主义宣战的勇气和信心。

五四运动促进了马克思主义在中国的传播,促进了马克思主义同中国工人运动的结合,为中国共产党的成立做了思想上和干部上的准备。五四运动后,中国革命的性质和任务发生了变化,它是中国旧民主主义革命与新民主主义革命的分水岭,在中国历史进程中具有里程碑意义。

五四运动孕育了以爱国、进步、民主、科学为主要内容的伟大五四精神。五四精神的核心是爱国主义,一批追求进步的知识分子,以自身的行动唤醒了全国民众的爱国意识,从而使得广大的工人、商人、社会各界群众积极投身这场运动中,从而迸发出了前所未有的革命力量,这种浓烈的爱国主义情绪是中华民族团结奋斗、自强不息的精神纽带。

第二节　马克思主义在中国的传播

一、马克思主义的诞生

马克思主义诞生于 19 世纪中期,这正是欧美工业革命发生乃至于完成时期。由农业革命到商业革命再到工业革命的转换,使欧美各地发生着巨大的变化,社会的巨大变化促进了各种社会思潮的出现。马克思主义就是当时一支影响较大的社会思潮。马克思主义是卡尔·马克思同他的战友弗里德里希·恩格斯在深刻揭示资本主义的发展规律,在吸收整个人类文明成果的基础上形成的,为了天下工人阶级和劳苦大众,为了实现人人平等的共产主义理想社会而形成的思想理论体系。1848 年,马克思、恩格斯合作撰写的《共产党宣言》的发表,标志马克思主义的诞生。《共产党宣言》一经问世就震动了世界,恩格斯说,《共产党宣言》是"全部社会主义文献中传播最广和最具有国际性的著作,是从西伯利亚到加利福尼亚的千百万工人公认的共同纲领"①。1867 年问世的《资本论》是马克思主义最厚重、最丰富的著作,被誉为"工人阶级的圣经"。在马克思晚年,他依然密切关注世界发展新趋势和工人运动新情况,努力从更宽阔、更广泛的视野思考人类社会发展问题。

二、马克思主义在中国的传播

马克思主义在中国的传播有其历史必然性。西方各主要资本主义国家由自由资本主义国家向垄断性质的资本主义国家过渡之时,主要资本主义国家为了掠夺世界市场和资源的再分配,彼此之间产生深刻矛盾并爆发了第一次世界大战。中国作为半殖民地半封建国家,在经过不断的斗争之后,依然没有摆脱被奴役和被压迫的地位,这样,摆在中国人民面前是一项极端重要、极端迫切的任务。怎样挽救我们的国家?什么样的思想才是中国最需要的?中国需要什么样的理论指导我们的革命并走向胜利?一系列的问题需要中国人民去回答,去解决。正如毛泽东所言:"以前有人如梁启超、朱执信,也曾提过一下马克思主义……不过以前在中国并没有人真正知道马

---

① 习近平:《学习马克思主义基本理论是共产党人的必修课》,新华网,http://www.xinhuanet.com/2019 – 11/15/c_1125236929.htm。

克思主义的共产主义。"①事实上,五四运动与马克思主义在中国传播是一个论题的两个方面,前者从实践上证明了工人群众的巨大力量并标志着新民主主义革命时期的到来,后者从理论上揭示了在中国依靠人民群众力量进行救亡图存的必要性与必然性。马克思主义在中国传播正是适应了近代以来中国救亡图存实践主旋律的需要,才能与中国革命实践达成高度的共鸣与契合,进而为马克思主义理论的广泛传播创造条件。

从鸦片战争至1919年,世界整体上是以资本主义为主导的,作为东方帝国的中国也不例外被纳入其中。中国近代以来在思想和行动上主要还是倾向于向英、美等西方国家学习,带有资产阶级民主主义的性质。一战结束,世界格局为之一变,苏俄建立了世界上第一个社会主义国家,马克思主义在世界得到广泛传播。巴黎和会对中国的不公正对待促成了五四运动的爆发,通过这场运动,中国人民看到了苏俄民众的力量,看到了马克思主义的正确指引。对中国人而言,俄国的十月革命所带来的精神力量是巨大的,毛泽东曾对十月革命与五四运动之间的关系做了阐释:"五四运动是在十月革命的影响之下发生的。十月革命对世界的觉醒,对中国的觉醒,影响是很大的。"②五四运动是马克思主义在中国由分散传播走向聚合传播、由局部传播转向整体传播、由小众学说转向主导理论的关键时间节点。因此五四运动后,马克思主义被广泛的中国知识分子所认知,成为他们思考中国社会问题的世界观和方法论,使新文化运动进入一个崭新的发展阶段。五四运动后,一大批知识分子和学生领袖,成为学习宣传马克思主义的骨干力量,他们深入民间,跑到工人中去办夜校、办工会,使马克思主义成为指引广大知识分

---

① 姜秀荣:《马克思主义在中国的早期传播》,人民网,http://dangshi.people.com.cn/n1/2018/0718/c85037 - 30155034.html。

② 熊杏林:《毛泽东谈学习党史》,人民网,http://dangshi.people.com.cn/n1/2021/0210/c85037 - 32027666.html。

子和劳苦大众思考问题的新思潮。

(一)宣传社会主义新思潮的报刊大量出现

五四运动前的新文化运动打开了思想进步的闸门,五四运动推动了中国知识分子重新以新的视角来观察和思考中国问题,五四运动之后,各地出现的刊物、报纸较以往有了增加,覆盖的范围更加广泛,视角也更加新颖,可以说这一时期是中国思想文化相对鼎盛的时期。五四运动后,人们接受新事物的思想比以往要积极的多,也深刻得多。许多刊物和报纸包括一些具有社会主义倾向的报刊成了宣传马克思主义的阵地。《新青年》是宣传马克思主义最主要的刊物和阵地,除此之外,北京的《每周评论》《晨报副刊》《少年中国》《国民》《新潮》《少年》,天津的《天津学生联合会报》《觉悟》,上海的《星期评论》,武汉的《武汉星期评论》,杭州的《浙江思潮》,成都的《星期日》,长沙的《湘江评论》等都是传播新思潮最有影响力的刊物。这些报刊发表了大量介绍俄国革命和宣传马克思主义的文章。

(二)马克思列宁主义经典著作的翻译出版

伴随马克思主义学习热潮的兴起,马克思列宁主义的经典著作陆续通过节译、全译的形式陆续出版。李大钊、恽代英、蔡和森、张太雷、李汉俊、陈望道、李达等,在翻译马克思列宁主义著作方面,都做了积极的努力和贡献。《共产党宣言》《社会主义从空想到科学的发展》《雇佣劳动与资本》《国家与革命》等著作就是在这一时期相继翻译出版的。这些著作的翻译和出版,对于马克思主义在中国的传播、中国知识分子对马克思主义的信仰都起着重要的作用。

（三）进步社团的成立

在五四运动时期各种思潮的影响下,各种组织和团体也纷纷相继成立。李大钊创办的"马克思学说研究会"和"社会主义研究会"一直在宣传研究马克思主义。毛泽东、蔡和森创办的"新民学会"原为研究社会新思潮的社团,后逐渐成为信仰马克思主义、讨论建党等问题的社团。陈独秀、李达等人创办的"马克思主义研究会",则是专门学习、研究马克思主义的组织。周恩来等人发起组织的"觉悟社",也是一个由研究新思潮而逐渐转变为学习和研究马克思主义的团体。同时,国内其他进步社团和赴法勤工俭学学生建立的社团和组织,也都团结了一批进步青年,进行许多革命活动和社会活动,引导青年接受马克思主义思想。

（四）思想争论为马克思主义传入中国提供了正确指引

1.问题与主义之争

五四运动后,实用主义在中国盛行,这种思想反对社会主义革命,主张以点滴和改良的方式改造中国。胡适主张研究中国具体的社会问题,不要空谈主义,要多研究这个问题如何解决,那个问题如何解决,不要高谈这种主义如何新奇,那种主义如何奥妙。李大钊发表《再论问题与主义》对胡适一点一滴改良的思想进行了批判,认为问题与主义不能分离,研究实际问题和宣传主义必须相结合,改造社会必须"根本解决",只有"根本解决"了,才有解决具体问题的希望。问题和主义之争实质上是社会改良思想和社会改造思想的争论,意义在于说明要改造中国的问题,必须在马克思主义指导下才能彻底解决。

2.关于社会主义的辩论

张东荪宣扬各种非马克思主义的社会主义,梁启超批评十月革命,反对阶级革命,主张只有依靠绅商兴办实业才能救中国,他们认为由于中国是一个农业大国,所以中国的劳工革命不会发生,不具备成立工人阶级政党的条件。共产主义者批判了这种言论,认为社会主义并不反对实业,但是资本主义制度并不适合中国,中国的出路在社会主义。从二者争论的实质看,区别在于究竟是以社会改良还是以社会革命来改造中国。

3. 关于无政府主义的辩论

五四运动时期,马克思主义同反马克思主义思潮之间展开了一次规模较大的论战,即无政府主义的论战。无政府主义者宣扬绝对的个人自由,反对组织纪律和一切外来因素的干扰,主张废除政府的行政手段,代表人物有黄凌霜、区声白等。马克思主义者则运用历史唯物主义的基本观点,阐述了马克思主义的国家观,批判了无政府主义。通过这次辩论,反驳了无政府主义的谬论,阐述了马克思主义的国家学说,为后来确立中国共产党的宗旨和纲领打下了牢固的基础。

五四运动后的这三次争论,核心是如何改造中国社会的问题。真理越辩越明。通过辩论,中国先进知识分子对中国问题的认识不断深化,使得更多的知识分子不断地转而接受了马克思主义,为马克思主义在中国的传播打下了基础。

(五)一大批共产主义知识分子对马克思主义的广泛宣传

五四运动后,一大批知识分子完成了由民主主义者向社会主义者的转变,成为早期的共产主义知识分子,广泛地开展了马克思主义宣传工作。1919年,李大钊发表的《我的马克思主义观》一文,首次对马克思主义基本原理做了详细的阐述。陈独秀也发表了系列阐述马克思主义基本原理的文章和讲演。毛泽东主张知识分子与工人群众相结合、马克思列宁主义与中国革命实践相结合。李大钊、陈独秀、毛泽东等是中国早期的共产主义运动的杰出代表。正如毛泽东所说的那样："在'五四'以后,中国产生了完全崭新的文化生力军,这就是中国共产党人所领导的共产主义的文化思想,即共产主义的宇宙观和社会革命论。"①周恩来、邓中夏、瞿秋白、蔡和森、恽代英、赵世炎、彭湃等,也都进行了革命思想的宣传和马克思主义的传播,使得马克思主义成为那时最耀眼的思想光芒。罗章龙曾经回忆道:"在五四运动时期,在反对旧道德、旧文化、旧思想和反帝反军阀的万丈光芒中,还闪耀出一道灿烂的红光普照神州大地,这就是马克思列宁主义在中国的传播。"②正是由于一大批共产主义知识分子的奔走相告,才使马克思主义学说在中国扎下根,发出芽,显示出蓬勃发展的盎然生机。

第三节　中国共产党的成立

新文化运动和五四运动,为中国共产党的成立提供了思想基础和阶级基础。随着工人阶级开始登上政治舞台,建立一个以马克思主义为指导的工人阶级政党逐渐成为时代的呼唤。

一、各地共产主义小组的成立

在马克思主义政党出现之前,领导中国革命的主要是中国同盟会及后来成立的中国国民党。辛亥革命后,一些革命党开始对中国革命的前途感到迷茫,对革命采取了消极的态度甚至退出了革命队伍。五四运动时期,国

---

① 《毛泽东选集》(第二卷),人民出版社,1991年,第663页。
② 项久雨:《五四运动与马克思主义在中国传播的特点及规律》,《马克思主义研究》,2019年第4期。

民党并没有发挥他们在革命中应有的引领作用,没有和广大的民众站到一起,这种状况表明,要指引中国革命获取新的胜利,首先必须要组建一个广大民众的政党或无产阶级政党。1920年初,李大钊、陈独秀等开始探讨成立中国共产党的问题。4月,列宁领导的共产国际派代表维经斯基等来中国帮助建党,他们首先在北京找到李大钊、张太雷,又经李大钊介绍到上海会见了陈独秀、李汉俊等,向他们介绍俄国十月革命和苏维埃情况,同时研究了中国的情况,交换了建党意见。

1920年8月,陈独秀、李达、陈望道、李汉俊和俞秀松等在上海成立了全国第一个共产主义小组,陈独秀任书记。5月,原新文化运动的刊物《新青年》改组为上海共产主义小组的机关刊物。11月,上海共产主义小组秘密创办了《共产党》月刊,由李达任主编。这样共产主义的旗帜在全国就竖立起来了,它和全国各地革命团体建立联系,在它的帮助下,各地的共产主义小组如雨后春笋般建立了起来。

1920年9月,董必武、陈潭秋等在武汉成立了湖北共产主义小组。1920年10月,李大钊、张申府、张国焘、刘仁静、高君宇等在北京成立了北京共产主义小组。1920年10月,毛泽东、何叔衡等在湖南成立了共产主义小组。在李大钊等北京共产主义小组的帮助下,山东的王尽美、邓恩铭也成立了山东共产主义小组。1921年3月,陈独秀、陈公博、谭平山、谭植棠成立了广东共产主义小组,谭平山任书记,陈公博任宣传员。除此之外,施存统、周佛海等在日本和张申府、周恩来、刘清扬、赵世炎等在法国的中国留学生和侨民中,也建立了这样的小组。

二、中国共产党的诞生

各地共产主义小组的相继建立,表明在中国建立一个无产阶级自己的政党的条件已经成熟。在共产国际驻中国代表马林和共产国际远东书记处代表尼科尔斯基的建议下,1921年7月21日,中国共产党第一次全国代表大会在上海召开。出席大会的有各地共产主义小组推举的代表13人,分别来自全国7个地区,他们是湖南代表毛泽东、何叔衡;武汉代表董必武、陈潭秋;山东代表王尽美、邓恩铭;上海代表李达、李汉俊;北京代表张国焘、刘仁静;广东代表陈公博;旅日支部代表周佛海,参加大会的还有陈独秀指派的代表包惠僧,他们代表全国50多名党员。在这些代表中,刘仁静是最年轻的代表,时年19岁,邓恩铭是唯一的少数民族(水族)、唯一的中学生代表、唯一来自西部省份(贵州)的代表。共产国际代表马林和尼科尔斯基也出席了会议。当时,在法国的共产主义小组还没有和国内取得联系,所以没有派代表参加大会,直到1922年才与中共中央取得联系,成立了中国共产党旅欧总支部。

大会是在上海法租界望志路106号(现兴业路76号)秘密举行的。会议的最后一天,移至浙江嘉兴南湖的游船上举行。

大会通过了中国共产党的党纲,规定党的奋斗目标是:以无产阶级的革命军队推翻资产阶级,建立无产阶级专政,废除私有制,直至消灭阶级差别。党纲还规定了民主集中制的组织原则和党的纪律。大会还通过了关于当前实际工作的决议,确定党成立后的中心任务是组织工人阶级,领导工人运动。

大会选举陈独秀、张国焘、李达组成中央局,陈独秀为中央局书记。中国共产党第一次全国代表大会的召开,庄严地宣告了中国共产党的成立。从此,在中国出现了完全新式的、以共产主义为目的的、以马克思列宁主义为行动指南的、统一的工人阶级政党。

中国共产党的成立,是在中国人民和中华民族的伟大觉醒中,在马克思列宁主义同中国工人运动的紧密结合中产生的,它的成立是中国历史上开天辟地的大事变，"自从有了中国共产党，中国革命的面目就焕然一新了"，中国共产党的成立，是中国革命走向胜利的伟大起点。

近代以后，中国人民的反帝反封建斗争之所以屡屡失败，最根本的原因是没有一个先进的革命政党的正确领导，没有形成坚强的领导核心，没有指引中国人民认清革命的对象和敌人。中国共产党成立之后，这种局面被彻底改变了。

中国共产党的成立，开启了中国历史发展的新征程。中国共产党成立之后，就把为中国人民谋幸福、为中华民族谋复兴作为自己的初心和使命，义无反顾地带领中国人民投入了反帝反封建的革命洪流之中。中国共产党以实现共产主义和无产阶级的解放作为自己的最高理想和奋斗目标，在它的带领下，中国人民从此踏上了争取民族独立和实现国家繁荣富强的新征程。

中国共产党的成立，形成了伟大的建党精神。中国共产党成立之后，在领导和团结中国人民进行革命的征程中形成了坚持真理、坚守理想，践行初心、担当使命，不怕牺牲、英勇斗争，对党忠诚、不负人民的伟大建党精神。建党精神与井冈山精神、长征精神、遵义会议精神、延安精神、抗美援朝精神等一起构建起了中国共产党人的精神谱系。中国共产党人的精神谱系是中国共产党的力量之源，正是因为有了这些精神谱系的力量支撑，我们的党才能在生死斗争和艰苦奋斗中经受住了各种风险考验，以自我革命的精神锤炼出了鲜明的政治品格，保持了党的先进性和纯洁性，才能无愧为伟大光荣而正确的党。

中国共产党的成立，深刻影响了中华民族发展的方向和进程，同时也影响着世界历史发展的趋势和格局。

中国共产党成立后，以独有的志气、骨气、底气带领中国人民彻底摆脱了被欺负、被压迫、被奴役的命运，创造了经济快速发展和社会长期稳定两大奇迹,书写了中国人民发展史上一页页辉煌篇章,走出了一条中国式现代化道路,创造了人类文明新形态,为发展中国家走向现代化提供了榜样和示范。党的十八大以来,中国共产党积极推动构建人类命运共同体,为建设开放包容、互利共赢的世界新秩序贡献了中国力量、中国智慧和中国方案,成为推动人类共同繁荣与发展的重要力量。

中国共产党的成立,向我们雄辩地证明:

第一,只有以马克思主义武装起来的中国共产党,才能为中国革命指出正确的道路。历史的事实和经验表明,农民的绝对平均主义和资产阶级的民主主义,都不能救中国。要完成反帝反封建的革命任务,必须寻找新的革命真理。中国共产党成立后,在马克思列宁主义的指导下,认识和掌握了中国社会和革命发展的规律,制定出正确的路线、方针和政策,指明中国革命走向了正确道路,一步一步地把革命引向胜利。

第二,中国共产党是中国人民革命斗争的坚定领导力量。中国共产党是中国无产阶级政党,中国无产阶级是中国最先进最革命的阶级。中国近代历史表明,单纯的农民战争和资产阶级领导的革命斗争,都不能取得胜利,要完成反帝反封建的革命任务,必须寻找新的领导力量,这个新的领导力量就是中国共产党。中国共产党集中地体现了中国无产阶级的优秀阶级品质和彻底的革命精神,是无产阶级革命的核心力量和战斗司令部。

中国共产党的成立,给灾难深重的中国人民带来了光明和希望,照亮了中国革命的航程。中国共产党的诞生,是近现代中国历史发展的必然产物,是中国人民在救亡图存斗争中顽强探索的必然产物,是中华民族发展史上一个开天辟地的大事变。

【课后思考】

1. 新文化运动的主要代表人物有哪些? 它有哪些历史意义?

2. 中国先进分子为什么和怎样选择了马克思主义？

3. 中国共产党人的初心和使命是什么？为什么必须"不忘初心、牢记使命"？

4. 为什么说中国共产党的成立是"开天辟地的大事变"？

5. 中国共产党成立后,中国革命呈现了哪些新面貌？

【学习拓展】

1. 耿云志:《从启蒙运动到马克思主义在中国的传播》,人民出版社, 1983 年。

2. 张静如、马模贞:《李大钊》,上海人民出版社,1981 年。

3. 电视剧:《觉醒年代》。

4. 电视剧:《大浪淘沙》。

专题六　星火燎原

——中国革命的新道路

中国共产党的成立为中国革命寻找新道路起到了重要作用,使中国革命在组织建设、领导力量、指导思想和阶级基础方面发生了翻天覆地的变化。由于中国共产党尚处在幼年时期,对革命的性质、目标还在摸索的阶段,因此不可避免地出现了一些挫折,但这些经验与教训为中国共产党在实践中不断发展自己提供了宝贵的经验。

第一节　大革命的失败与教训

一、国共第一次合作

经过新文化运动和五四运动的洗礼,中国社会面貌焕然一新,但中国的两大矛盾一个都没有解决,帝国主义在华代表北洋军阀依旧控制着中国。

为了打倒封建军阀、打倒帝国主义就必须联合所有积极的力量去完成资产阶级革命。孙中山经过多次的失败和经验教训,认为中国共产党是能帮助他和他的政党建立真正民族资产阶级共和国的盟友,从而促进了国共两党的合作。

1924 年 1 月 20—30 日,在孙中山主持下,中国国民党在广州举行了有共产党人参加的第一次全国代表大会。在指派与推选的代表中,有李大钊、毛泽东、林伯渠、瞿秋白、李维汉、王尽美、夏曦等共产党员,大会的几个审查委员会都有共产党员参加,李大钊还参加了五人组成的大会主席团,发挥了积极作用。大会在共产党和国民党左派的共同努力下,经过与国民党右派分子的斗争,确立了联俄、联共、扶助农工三大政策,承认共产党员和社会主义青年团员以个人身份加入国民党,通过了新的国民党党纲、党章和改组国民党使之革命化的各项具体办法。

大会通过了有共产党人参加起草的以反帝反封建为主要内容的宣言。宣言重新解释了三民主义,把旧三民主义发展为同联俄、联共、扶助农工三大政策相结合的新三民主义。民族,一则解放、二则平等;民权,为平民共有、变资产阶级专政的纲领为建立反帝反封建的各革命阶级联合专政的纲领;民生,为地权与资本,国家有权经营管理。新的三民主义,把反帝反封建的宗旨和工农群众的迫切要求联系了起来。

新三民主义的政治原则和中国共产党的民主革命纲领基本上是相同的,是反帝反封建的,是同联俄、联共、扶助农工三大政策相结合的,因而成了国共两党和各个革命阶级统一战线的政治基础。但是新三民主义和共产主义之间在民主革命阶段、世界观、革命的彻底性上都有着不同。

大会选举李大钊、谭平山、毛泽东、林伯渠、瞿秋白等 10 名共产党员参加国民党中央执行委员会。孙中山改组国民党中央党部,下设秘书处和组织、宣传、青年、工人、农民、妇女、海外、军事等 8 个部,共产党人担任了组织部和农民部的部长,工人部实际上也由共产党员领导。随后,全国大部分地区以共产党员和国民党左派为骨干改组或建立了各级国民党党部。这样,国民党就由资产阶级性质的政党开始转变为工人、农民、城市小资产阶级和资产阶级的民主革命联盟。

中国国民党第一次全国代表大会在中国现代史上有着重大意义。这次大会,在政治上重新解释了三民主义,把旧三民主义发展成为反帝反封建的、同三大政策相结合的新三民主义,成为国共两党和各革命阶级联合的基础。在组织上把国民党改组为工人、农民、城市小资产阶级和资产阶级的民主革命联盟。因此,它标志着以国共合作为基础的革命统一战线的正式建立,为广泛发动工农群众,组织革命政府和革命武装,团结各民主阶级和各族人民开展反帝反封建的斗争,创造了有利条件,加速了革命的步伐。

二、革命形势的发展

(一)黄埔军校和革命武装的建立

经历数次革命的经验教训,孙中山认识到掌握革命的军队是革命能否成功的主要因素。1924 年 5 月,孙中山在苏联和中国共产党的帮助下,为培养革命军事人才,在广州黄埔岛建立了黄埔陆军军官学校。蒋介石为校长、廖仲恺为党代表,周恩来、毛泽东、恽代英、萧楚女、熊雄、聂荣臻等共产党人,先后担任该校政治领导工作及其他工作。军校的许多学员是中国共产党从各地选送来的共产党员和青年团员,后来陆续成为军校的革命骨干。军校聘请的苏联军事顾问在教学计划的制定、训练场上的示范和教习、赠送武器和经费等方面,给予大力的支持和帮助。黄埔军校为中国革命培养了大批高级军事干部和政治人才,建立了一支革命的武装。孙中山在 6 月 16

日举行的第一期学员开班典礼中指出,开办军校"就是要从今天起,把革命的事业重新来创造,要用这个学校内的学生做根本,成立革命军"①。

1925年8月下旬开始,以黄埔军校学生为骨干,联合广东的粤军、湘军、滇军组建了国民革命军,全军共6个军,8.5万人。黄埔学生军和粤军一部编为第一军,军长蒋介石;谭延闿的湘军编为第二军;朱培德的滇军编为第三军;李济深的粤军编为第四军;李福林的福军编为第五军。第二次东征后,程潜的湘军改编为第六军。北伐前夕,李宗仁的部队改编为第七军。国民革命军各军先后建立了党代表制度和政治工作制度。周恩来任第一军政治部主任,其他各军的党代表和政治部主任,也多由共产党员和国民党左派担任。成为后来统一广东革命根据地和进行北伐战争的基本力量。

(二)镇压商团叛乱,初步稳定了广东革命政权

革命统一战线的建立,为中国共产党组织和领导工农群众运动创造了有利条件,却引起了英帝国主义的恐慌。为镇压革命,他们唆使和发动了商团叛乱。广州商团成立于1912年,原本是商人的自卫组织。1919年,英国汇丰银行广州分行买办陈廉伯和佛山大地主陈恭受担任正副团长,商团演变成了英帝国主义操纵的拥有3000人的反革命武装。国民党改组后,英帝国主义妄图扑灭广东的革命势力,一面援助陈炯明向广州进攻,一面在广州内部进行颠覆活动。商团在英帝国主义支持下,大肆购买军火,阴谋推翻广东革命政府。1924年8月,商团向广东革命政府"发难",并在全省各地煽动罢市。1924年10月10日,辛亥革命纪念大会在广州举行,周恩来等参加了纪念大会,商团向参加纪念大会的革命群众开枪,造成了严重的流血事件。

---

① 孙中山:《在黄埔军校开学典礼的演说》,中国作家网,http://www.chinawriter.com.cn/2005/2005-03-04/49166.html。

随后嚣张地张贴了"驱逐孙文""打倒孙政府"等反动标语,意欲与陈炯明配合,夺取广东革命政权,英帝国主义也开来军舰为商团助威,广东革命政权处于风雨飘摇之中,危机重重。孙中山在中国共产党的帮助和广大革命群众的坚决支持下,决定采取果断措施,镇压商团叛乱。1924 年 10 月 15 日,政府军和黄埔学生军在工农武装和广大人民群众协助下,经数小时激战,将商团军全部歼灭,首恶分子逃亡香港,大部分缴械投降,反革命商团叛乱遂被平定,广东革命政府转危为安,革命政权得到初步稳定,为广东革命根据地的统一创造了条件。

(三)废除不平等条约运动的兴起

1924 年 5 月 31 日,苏联政府和北京政府签订了《中俄解决悬案大纲协定》。苏联政府正式宣布无条件废除沙俄政府与中国签订的一切不平等条约,放弃沙俄政府在中国的一切租借地,放弃庚子赔款,取消治外法权和领事裁判权,取消中东铁路商业事务以外的一切特权,协定规定两国建立外交关系。中国自鸦片战争以来,在外国列强压迫之下签订了许多丧权辱国的条约,只有这一协定,才是第一个平等条约,因此,它受到中国人民的热烈欢迎,鼓舞了中国人民反帝斗争的决心。中国人民在中国共产党正确领导的推动和影响下,以中苏协定签订为起点,掀起了一场废除不平等条约的运动。北京、天津、上海、武汉、广州、长沙、济南、太原等地都召开了群众大会,进行了废约宣传。废除不平等条约的口号,深入人心,从通都大邑到穷乡僻壤,群众纷纷响应。到 10 月间,废约运动和国民会议运动汇合一起,声势更加浩大。

(四)中国共产党第四次全国代表大会

革命统一战线建立后革命形势的迅速发展,表明全国性的革命高潮即将到来。为了迎接和促进全国革命高潮,1925 年 1 月 11—22 日,中国共产党在上海召开了第四次全国代表大会。出席大会的有陈独秀、蔡和森、瞿秋白等 20 人,代表党员 994 人。

大会讨论的主要问题是如何加强对日益高涨的革命运动的领导和迎接革命高涨的准备工作。大会通过了关于中央委员会报告的决议案,以及民族革命运动、职工运动、农民运动、青年运动、妇女运动、组织问题、宣传工作等决议案,通过了中国共产党第二次修正章程和大会宣言,大会推选陈独秀为总书记。

大会分析了中国社会各阶级在民族革命运动中的地位,提出了无产阶级领导权问题和工农联盟问题,大会总结了一年来国共合作的经验教训,批评了"左"右倾错误,确立了党在国民党中的工作策略。大会制定了开展工人、农民、青年、妇女等群众运动的计划,并决定在全国建立和加强党的组织以适应革命大发展的需要。中国共产党第四次全国代表大会,提出了以前党的历次大会所没有解决的无产阶级领导问题和农民同盟军问题,为即将到来的革命高潮做了准备。

三、第一次国共合作时期的革命高潮

(一)五卅运动

中国共产党第四次全国代表大会以后,党的工作迅速深入到了广大群众之中。1925 年 1 月 26 日,中国社会主义青年团改为中国共产主义青年团,全国的革命群众运动,特别是工人阶级的反帝斗争,迅速发展起来。1925 年 5 月 1 日,中国工人阶级全国统一的工会领导机关即中华全国总工会成立,选举林伟民、刘少奇为正副委员长,邓中夏为秘书长兼宣传部部长。

5月初,在中国共产党领导和影响下的工会就有166个,拥有有组织的工人54万多人。在广东,已有20余县成立了农民协会,会员达20多万人。工人、农民和学生已经比较普遍地具有反帝反封建的觉悟,从而为即将来临的大革命风暴作了组织上和思想上的准备。

面对蓬勃发展的工人运动,帝国主义和封建军阀企图用血腥的屠杀政策来镇压日益高涨的革命运动。1925年5月15日,上海日资纱厂枪杀工人顾正红,这一暴行激起了工人、学生和民族资产阶级的愤怒,引起工人罢工反抗。中共决定把工人的经济斗争发展成为反对帝国主义的政治斗争。5月30日,上海学生及其他群众举行反帝游行、讲演,遭到镇压,酿成五卅惨案。中共中央决定建立各阶级的统一战线,决定成立上海总工会,发动工人罢工、学生罢课,商人罢市。6月1日,上海总工会成立,选李立三、刘华为正副委员长,并宣布实行总同盟罢工。是日,上海工人举行政治大罢工,学生、商人纷纷以罢课、罢市响应,形成"三罢"高潮。

五卅惨案后,中国历史上前所未有的大革命风暴迅速由上海席卷全国,形成了全国范围的反帝斗争高潮,严重地打击了帝国主义在华势力。五卅运动的伟大实践,为中国共产党人正确认识和分析中国社会各阶级状况提供了客观依据,对新民主主义革命思想的提出起到了重要作用。

(二)省港大罢工

五卅惨案后,全国掀起了反帝怒潮,在全国反帝斗争的高潮中,影响最深、规模最大、时间最长的罢工斗争,是广州和香港工人的大罢工,即省港大罢工。罢工发生于1925年6月,是在著名工人运动领袖苏兆征、邓中夏的领导下,为支援上海工人反对枪杀工人领袖顾正红而发生的一次反帝运动,参加者达10万人之众。在罢工的打击下,香港交通运输中断,香港成为"死港""臭港"。省港大罢工,历经16个月之久,它和五卅运动中各地罢工斗争一样,充分显示了中国工人阶级的伟大力量,在政治上、经济上打击了帝国主义,对帮助广东革命政府肃清广东内部的反动势力,促进广东革命根据地的巩固和统一做出了相应贡献。

(三)北伐战争

1925 年 7 月,国民政府在广州成立,形成了与北洋政府相对峙的政权。从全国的统治来看,北洋政府仍然掌控着全国的大部分地区,直系军阀吴佩孚有 20 万部队,控制着两湖和河南三省及河北保定一带;奉系军阀张作霖有 30 万部队,控制着东北三省、察哈尔、热河、京津和山东地区;直系分出来的另一大军阀孙传芳有部队 20 万人,占据着江苏、浙江、福建、江西、安徽 5 个省份。军阀间的混战,经济凋敝,民不聊生,革命群众越来越把希望寄托在新成立的具有革命性的广州国民政府身上。

1926 年 7 月 9 日,国民革命军正式出师北伐。北伐初期,国民革命军的革命性是彰显的,他们在中国共产党和广大工农群众的拥护和支持下,不断取得了北伐中一个又一个的胜利,不到半年,便摧毁了吴佩孚、孙传芳两大军阀的主力,革命范围迅速拓展到了长江中下游的大部分地区,把革命从珠江流域推进到长江流域,极大地动摇了帝国主义及其走狗封建军阀在中国的统治。

北伐战争,是在中国共产党的帮助、推动和组织下的中国人民第一次大规模的反帝反封建的革命战争。这次战争的胜利,与中国共产党在北伐军中的思想政治工作有着密切的联系,是中国共产党员和青年团员充分发挥了先锋模范作用的结果,同时国民革命军的英勇善战、工农群众对战争的有力支援、苏联的援助、军阀内部的腐败和矛盾等,也是北伐迅速取得胜利的重要原因。

（四）收回租界和上海工人武装起义

随着北伐战争的胜利进军,各地工会组织迅速扩大,罢工斗争不断高涨。汉口、九江英租界的收回和上海工人三次武装起义,是工人运动发展的高峰。中国工人阶级和各界群众依靠自己的力量收回了汉口、九江英租界,这是中国人民反帝斗争史上的一个壮举。上海工人第三次武装起义的胜利,打击了帝国主义和封建军阀的反动统治,表现了工人阶级的英雄气概和伟大力量,在世界工人武装起义史上和中国革命史上写下了光辉的一页。

（五）农民运动的开展

随着北伐战争的胜利进军,由广东开始的农民运动迅速地发展到全国。北伐战争开始后,毛泽东从广州到上海,担任中共中央农民运动委员会主任,领导全国农民运动。1926 年 9 月,毛泽东在《国民革命与农民运动》一文中指出:农民问题是国民革命的中心问题,没有农民从乡村中奋起打倒地主阶级,军阀和帝国主义势力是不会从根本上倒塌的。农村大革命,使一切革命的人们感觉到一种从来未有过的痛快,然而也引起了土豪劣绅、不法地主、国民党右派和北伐部队中反动军官的极端仇视,在他们的影响下,资产阶级和上层小资产阶级也表现了极大的动摇,随之附和反动派,指责农民运动,要求取缔和限制农民运动,并以分裂统一战线相威胁,企图迫使无产阶级放弃对农民运动的领导。

1927 年 3 月 5 日,毛泽东发表了《湖南农民运动考察报告》,提出了解决中国民主革命的中心问题即农民问题的理论和政策。这篇报告是第一次国内革命战争时期中国共产党领导农民革命的科学总结,它有力地驳斥了反动派对农民运动的攻击和污蔑,深刻批判了陈独秀的右倾投降主义错误,鼓舞和推动了正在高涨的农民运动,从根本上解决了无产阶级领导权和农民同盟军问题,是中国共产党领导农民运动的经典文献,是对马克思列宁主义关于农民问题理论的重大发展。

由于中国共产党还处在幼年时期,对马克思列宁主义还缺乏系统深刻的理解,毛泽东代表的正确思想被陈独秀右倾投降主义者所拒绝和压制,致使广大群众运动受到打击,使蒋介石得以乘势攫取了政权。

四、大革命的失败

北伐战争的胜利进军和工农运动的猛烈发展,引起了帝国主义和封建势力的恐慌。为了夺取革命的主导权,消灭工农运动于萌芽之中,就必须扶持自己的代理人,于是帝国主义加紧了对中国革命的干涉。一是武装干涉,二是分化革命阵营,瓦解革命,于是蒋介石在帝国主义及上海买办资产阶级的支持下策划了反革命政变。

1927 年 3 月,蒋介石制造了"中山舰事件"。1927 年 4 月 12 日,蒋介石在上海以"清党"为名,在东南各省大肆捕杀共产党员和革命群众。四一二反革命政变导致上海牺牲 5000 多人,陈延年、赵世炎、汪寿华等党的领导人先后牺牲。在广东的四一五惨案中,萧楚女、熊雄等被害。接着,在南京、无锡、宁波、杭州、厦门、福州等地也先后发生反革命大屠杀。4 月 28 日,奉系军阀将李大钊等 20 位革命者秘密杀害。

陈独秀错误地认为工农依靠自己的力量尚不能完成革命,必须在民主资产阶级革命之后方能完成社会主义革命,犯了右倾机会主义的错误,放弃了对资产阶级和革命群众的领导权,特别是武装力量的领导权,导致了大革命的失败。

1927 年 4 月 18 日,蒋介石在南京建立国民政府。四一二反革命政变后,中国国内形势的基本特点是,出现了三个政权:一个是盘踞在北京的张作霖的旧军阀政权;一个是南京的蒋介石的新军阀政权;一个是武汉的革命政权。

武汉政府起初在国民党左派的支持下依然保持着反帝反封建的革命性质,制定和执行了符合革命利益和人民要求的内外政策。在政治上,坚持反对帝国主义和封建势力,反对蒋介石的军事独裁,支持工农运动。在军事上,继续进行北伐。在经济上,采取了一些积极措施,如没收军阀及党徒的财产,恢复和发展生产,统一财政,整理金融,发行公债及国库券。武汉政府的上述政策和措施,得到了革命军民的拥护和欢迎,同时引起了帝国主义、军阀、土豪劣绅、贪官污吏和大地主买办阶级的仇视,于是帝国主义和蒋介石南京政府一起向武汉政府施压和发难,在帝国主义和蒋介石集团的封锁和进攻下,加上地主豪绅等反动分子对工农运动的攻击和污蔑,武汉地区的反革命气焰日益嚣张,一些反动军官如夏斗寅、许克祥之流相继叛变革命,反动气焰异常嚣张。

1927年6月10日,汪精卫同冯玉祥在郑州举行会议,决定公开反共。郑州会议后,蒋介石、胡汉民、冯玉祥在徐州秘密集会,决定"清党反共""宁汉合作"。7月15日,汪精卫等控制的武汉国民党不顾以宋庆龄为代表的国民党左派的坚决反对,悍然举行"分共"会议,公开背叛了孙中山所确定的国共合作政策。在"宁可枉杀千人,不可使一人漏网"的反革命口号下,使大批共产党员和革命群众倒在了血泊之中,生机勃勃的大革命遭到了惨重失败。

大革命是在国共合作的条件下中国人民进行的一次反帝反封建的革命斗争。由于中国共产党的领导、帮助和推动,实现了国共合作,建立了革命统一战线,组建了国民革命军,广泛深入地开展了工农运动,胜利地进行了统一广东革命根据地和北伐战争,沉重地打击了帝国主义和封建势力在中国的统治,在中国革命史上写下了光辉的一页。

在大革命的伟大实践中,中国共产党人初步地运用马克思列宁主义理论分析了中国社会及各阶级的状况,探讨了中国民主革命的基本问题。毛泽东集中了当时党内的正确主张,提出了关于中国新民主主义革命的初步思想,展现出马克思列宁主义普遍原理同中国革命实践相结合的初步成果,第一次国内革命战争锻炼了中国无产阶级及其政党,扩大了中国共产党在群众中的影响,提高了中国人民的觉悟,同时,使中国共产党从血的教训中吸取了宝贵的经验,为以后革命的胜利发展打下了基础。

大革命的失败,一方面是因为帝国主义和国内封建反动势力大大超过了革命力量,特别是蒋介石、汪精卫集团的相继背叛;另一方面是因为中国共产党尚处于幼年时期,特别是在革命的紧要关头,陈独秀的右倾投降主义在党的领导机关中占了统治地位,从而放弃了革命领导权,致使轰轰烈烈的大革命遭到失败。

五、大革命失败的启示和教训

大革命虽然失败了,然而它是中国革命过程中一次伟大的演习,使得新生的中国共产党从中汲取了深刻的历史教训,开始认识到了武装斗争的重要性,为"工农武装割据"思想的提出打下了基础,为把中国革命引向一个更高的阶段准备了必要的社会条件。大革命失败的经验说明:

(1)在中国民主革命中,必须建立包括工人阶级、农民阶级、小资产阶级和民族资产阶级的广泛的革命统一战线,没有革命统一战线,革命就不能胜利。同时,在统一战线中,又必须坚持无产阶级的领导权,必须对资产阶级实行又联合又斗争的政策,否则,统一战线势必破裂,革命必然失败。

(2)在中国民主革命中,无产阶级领导权的中心问题是农民问题。无产阶级只有发动广大农民群众,满足农民土地要求,建立牢固的工农联盟,才能增强革命实力,保持和巩固无产阶级的革命领导权,保证革命的胜利。

（3）中国革命的主要斗争形式是武装斗争,主要的组织形式是军队。在武装斗争中,中国共产党如果不建立一支自己直接领导的、拥有一定数量的革命军队,革命就不能胜利。

（4）加强中国共产党的建设,首先是加强党在思想上、政治上的建设,坚持马克思列宁主义普遍真理与中国革命具体实践相结合的原则,对于党和革命事业具有头等重要的意义。

大革命失败后,中国共产党吸取了经验教训,清算了陈独秀的右倾投降主义,领导中国人民又开始了新的战斗。

第二节　中国革命新道路的开辟

一、南昌起义和八七会议

第一次国内革命战争的失败,中国共产党人开始清醒地认识到要挽救革命,就必须走工农武装斗争的道路,从此,中国革命"进入了创造红军的新时期"。

面对国民党血雨腥风的大屠杀,1927 年 7 月,中央临时政治局常委召开会议确定了三件大事:决定发动南昌起义;组织湘、鄂、赣、粤四省的农民,在秋收季节发动起义;面对国民党的白色恐怖,召开中央会议,讨论当前重要方针和政策。

1927 年 8 月 1 日深夜 2 时,周恩来、李立三、叶挺、贺龙、朱德、刘伯承等领导了著名的南昌起义,打响了武装反抗国民党反动派的第一枪,2 万人的起义部队经过 5 小时激战,消灭守卫南昌的敌军3000 人,取得了南昌起义的胜利。南昌起义的预先计划是迅速撤离南昌,经赣南、闽西,奔赴广东潮汕地区,与广东农民起义军会合,建立广东革命根据地,同时占领出海口,以便获得共产国际的支持。但后来由于遭到国民党重兵围剿,加上长途行军,起义部队损失很大,一部分队伍后来到达了海陆丰地区与当地农民军会合,开展游击战争。另一部分队伍在朱德、陈毅率领下到达了湘南地区,后来与毛泽东领导的秋收起义的队伍在井冈山胜利会师,形成了工农红军主力。南昌起义是中国共产党用武装的革命反对武装的反革命和创建人民军队的开端,因此,8 月 1 日成为中国人民军队诞生的光荣节日。

1927 年 8 月 7 日,中共中央在汉口召开紧急会议,到会代表有瞿秋白、李维汉、邓中夏、蔡和森等中央委员 10 人,毛泽东等候补中央委员 3 人,还有两湖代表、军委、团中央、共产国际代表罗明兹等 20 余人。会议总结了大革命失败的经验教训,确定了土地革命和武装反抗国民党反动派的总方针,并把发动农民举行秋收起义作为当前党的最主要任务,会议选举了瞿秋白、李维汉、苏兆征组成临时中央政治局,毛泽东在会上提出了著名的"枪杆子里出政权"的思想。八七会议反对了右倾的错误,但没有注意和防止"左"倾,致使之后"左"倾蔓延,给党和军队的发展带来了极大的危害。

二、秋收起义和三湾改编

1927 年 8 月 3 日,中共中央作出了在湘、鄂、赣、粤四省的农民中发动秋收起义的决定。八七会议结束后,毛泽东作为中共特派员被派往湖南领导秋收起义。1927 年 8 月 18 日,毛泽东组织召开了湖南省委会议,传达了八七会议精神,并讨论了关于秋收起义的有关事项,会议决定以长沙为中心,发动各县起义,同时成立了起义组织机构,毛泽东任前敌委员会书记。

1927 年 9 月 9 日,秋收起义爆发。各路参加起义的武装队合编为中国工农红军第一军第一师,共约 5000 人,卢德铭任总指挥,下辖三个团。起义军曾占领了浏阳、醴陵两个县城和一些集镇,但由于反动军队力量远超于起义部队,故而会攻长沙的目标无法实现。

1927 年 9 月 19 日,毛泽东组织起义队伍汇集于文家市,召开前委会讨论红军行军方向问题,会上毛泽东全面分析了敌我态势,认为会师长沙目标已不可能实现,提出要到敌人力量薄弱的农村去寻求新的发展,虽有师长余洒度、团长苏先骏等人反对,但多数人赞同了毛泽东的主张,于是毛泽东带着起义的队伍朝着三省交界的井冈山进军。

当部队到达江西省永新县三湾村时,毛泽东进行了著名的"三湾改编"。三湾改编主要是将原来的一个师的建制缩编为一个团;确立"支部建在连上"的制度;成立士兵委员会;实行政治民主,经济公开,建立新型官兵关系。三湾改编确立了党对军队的绝对领导,充分发挥了党员的先锋模范作用,为建设一支新型人民军队奠定了基础。

1927 年 12 月 11 日深夜 3 时,张太雷、叶挺、叶剑英、聂荣臻、周文雍等领导了广州起义。起义部队力量主要是叶剑英领导的第四军教导团和周文雍率领的工人赤卫队,总兵力约 4300 人。起义虽然占领了广州市的许多地方,但由于敌我力量悬殊,部队在激战三天两夜后最终失败,张太雷英勇牺牲。广州起义是中国共产党挽救革命的又一次重要尝试,它表明在革命低潮时期和敌强我弱的条件下,革命人民想占据敌人统治中心的大城市,已是不可能。继此之后,在党的领导下,许多地区相继发动武装起义,但都因敌人的残酷镇压或准备不足而宣告失败。这些起义虽然失败了,但都不同程度打击了敌人,扩大了革命影响,为以后农村革命根据地的建立创造了条件。

三、井冈山革命根据地的创建

1927 年 11 月,毛泽东率领秋收起义的部队到达井冈山,开始了井冈山革命根据地的创建。井冈山具有开辟农村革命根据地的诸多显著优势。它位于湘赣两省边界,距中心城市较远,敌人统治力量薄弱;革命影响可以扩及两省;这里经历过第一次大革命的洗礼,群众觉悟较高,群众基础好;有黄洋界等险要的地势,进可攻,退可守;周围盛产粮食,便于红军筹集粮草,经济条件良好。在井冈山,红军充分发动群众,打土豪分田地,建立赤卫队、暴动队,规定了"三大纪律、八项注意",将袁文才、王佐的部队改编为第一师第二团,从政治上、经济上解放广大农民群众,极大地提高了他们的革命积极性。1928 年 2 月,以井冈山为中心的革命根据地初步建立起来,胜利地开创了湘赣边界工农武装割据局面。

1928 年 4 月,朱德、陈毅率领南昌起义保存下来的部队和湘南农民军于宁冈砻市与毛泽东领导的井冈山部队会师,将两支部队合编为工农革命军第四军,毛泽东为党代表,朱德任军长,全军共 1 万多人。5 月,湘赣边界特委和工农兵苏维埃政府成立,毛泽东任书记,袁文才为政府主席。在井冈山,红军屡次打退了国民党围剿部队的进攻,逐步总结和形成了"敌进我退,敌驻我扰,敌疲我打,敌退我追"的 16 字游击战略战术,为我党我军灵活的游击战的铺开做出了积极的贡献。

除井冈山根据地外,当时全国形成了大大小小十几块革命根据地,突出的有:1928 年 7 月,彭德怀、滕代远率领平江起义队伍创建的湘鄂赣根据地;1928 年 1 月,方志敏等创建的闽浙赣根据地;1929 年 1 月,毛泽东、朱德率红四军主力创建的赣南、闽西革命根据地,即中央革命根据地,1931 年根据地有 250 万人,5 万平方千米;1929 年,邓小平、张云逸等创建的广西左右江根据地等,这些革命根据地的建立开辟了星火燎原的革命形势,逐渐汇聚为强大的革命洪流。

四、中国革命新道路的形成

1927 年,大革命的失败,让中国共产党从与国民党的合作中逐渐清醒过来,开始了中国革命新道路的探索。通过带兵上井冈山,创建井冈山革命根据地等伟大实践,以毛泽东为主要代表的中国共产党人,为中国革命找到了一条适合于自己的革命新路,那就是农村包围城市、武装夺取政权。毛泽东是寻找这条新路的最卓越代表。

1928 年 10 月,针对"红旗到底能打多久"的疑问,毛泽东撰写了《中国的红色政权为什么能够存在?》一文,论证了中国红色政权发展的原因、条件,深刻分析了半殖民地半封建的中国社会政治经济的特点,论证了红色政权能够建立和存在的缘由。第一,中国是一个政治经济发展不平衡的半殖民地半封建的大国,农业经济的地方分割和帝国主义在中国划分的势力范围,造成了长期的分裂和战争,使得红色政权能够在国民党内部不统一的局面下存在。第二,红色政权首先发生并能长期存在的地方,是在革命有基础有影响的地方。第三,红色政权能否长期存在,还取决于全国革命形势是否向前发展。第四,相当力量的正式红军的存在,是红色政权存在的必要条件。第五,共产党组织的正确决策,是保证红色政权长期存在和发展的重要主观条件。

1928 年 11 月,毛泽东撰写了《井冈山的斗争》提出了武装斗争、土地革命和根据地建设相统一的"工农武装割据"思想,为农村包围城市理论的提出,打下了基础。

1930 年 1 月,毛泽东撰写著名的《星星之火,可以燎原》一文,文中进一步论述了"工农武装割据"思想的重要意义和在中国革命中的作用,明确指出中国革命必须要以农村为中心的思想,标志着农村包围城市、武装夺取政权革命新道路理论的形成。后来以毛泽东为书记的前委会还明确地提出了"农村工作是第一步,城市工作是第二步"的思想。农村包围城市、武装夺取政权理论的提出,标志着毛泽东思想初步形成。

1930 年 5 月,毛泽东在《反对本本主义》一文中,明确提出了"没有调查就没有发言权"的著名论断,这一论断表明了毛泽东不唯书,不唯上,坚持把马克思主义同中国具体实践相结合的革命创新精神,是马克思主义在中国的具体运用和发展。

毛泽东在中国革命新道路的探索中做出的积极贡献对于社会主义现代化建设有着重要的启示。它向我们表明,要正确解决中国的实际问题必须坚持马克思主义同中国的具体实践相结合,穿适合的鞋,走自己的路;要有创新精神,不能拘于历史已有的框框或模式;要有远大的革命理想和抱负,以毛泽东为主要代表的共产党人,在革命处于低潮的情况下,没有被党内军内存在的一些悲观情绪所困扰,而是积极地转兵井冈山,创造性地为中国革命找到了一条新路;同时要敢于同错误倾向做斗争。农村包围城市、武装夺取政权的理论,是对 1927 年大革命失败后中国共产党领导的红军和根据地斗争经验的科学概括,它是在以毛泽东为主要代表的中国共产党人同当时党内盛行的把马克思主义教条化、把共产国际决议和苏联经验神圣化的错误倾向做坚决斗争的基础上逐步形成的。

随着革命新道路的形成,中国革命开始走向复兴。此后中国共产党领导人民军队创建了大大小小十几块根据地,红军和地方武装迅猛发展到 10 万人。红军的发展和根据地的存在,意味着中国革命进入了一个崭新的时期。

第三节 土地革命的兴起与发展

革命根据地的建立为土地革命的兴起创造了条件。由于"左"倾教条主义的危害,中国工农红军被迫长征。长征的胜利会师为后来中国革命形势的发展奠定了基础。

一、热火朝天的土地革命

中国共产党人经过大革命失败的教训,深刻认识到土地革命的重要性,在八七会议上,把土地革命和武装斗争作为中心课题提了出来。土地革命以井冈山根据地开展打土豪、分田地为起点,在赣东北、闽西、赣南、鄂豫皖、湘鄂西、湘鄂赣等革命根据地陆续展开,这是中国革命历史上无产阶级领导的第一次伟大的土地革命运动。

1928年12月,毛泽东总结了一年来土地革命的经验,制定了《井冈山土地法》,这是我党历史上第一个土地法,对发动农民参加革命捍卫胜利果实起了很大作用。但《井冈山土地法》的规定也有缺陷,即没收一切土地而不是只没收地主土地。1929年4月制定了《兴国土地法》,它把"没收一切土地"改为"没收一切公共土地及地主阶级土地",这是一个原则的改正。1931年2月,在进一步总结经验的基础上,毛泽东、邓子恢等制定了土地革命战争时期的土地路线,即依靠贫农、雇农,联合中农,限制富农,保护中小工商业者,消灭地主阶级;以乡为单位,按人口平均分配土地,在原有耕地的基础上,实行抽多补少、抽肥补瘦。

土地革命的广泛开展,调动了广大农民的革命积极性,最重要的是广大农民在政治、经济上的翻身,激发了他们的革命积极性,为武装斗争和根据地建设奠定了雄厚的群众基础。以兴国县为例,23~50岁翻身农民基本参加了赤卫队;16~23岁,参加少年先锋队;8~15岁,参加劳动儿童团。兴国县共有23万人,8万多踊跃参军,被编入主力红军的就有5万多人。长冈乡只有1600多人,当红军和调县以上工作的干部就达320人,占全乡青壮年男子的80%。中国革命之所以得到发展就是紧紧依靠了农民,领导农民进行了土地革命。

二、红军反围剿及中华苏维埃共和国的成立

红军的发展和革命根据地的扩大,引起了蒋介石和南京国民政府的极大震惊和不安。1930年,中原大战结束,蒋介石调集重兵对井冈山等革命根据地和红军发动了大规模的"围剿"。

1930年10月,蒋介石以江西省主席鲁涤平为总司令,十八师师长张辉瓒为前线总指挥,调集了8个师10万人的部队,长驱直入、气势汹汹向中央苏区开展了第一次"围剿"。红一方面军约4万人在毛泽东、朱德的率领下,采取"诱敌深入"等灵活战略战术,活捉了张辉瓒,打死打伤敌人1.5万人,取得了第一次反"围剿"的胜利。

1931年2月,蒋介石又以何应钦为总司令,调集20万的兵力,采取"稳扎稳打,步步为营"的战术向中央苏区发动了第二次"围剿"。红军采取"集中优势兵力,先打弱敌"的战术,消灭敌人3万余人,取得了第二次反"围剿"的胜利。

1931年7月,蒋介石自任司令,调集了30万的部队,向中央苏区发动了第三次"围剿"。当时红军只有3万余人,面对来势凶猛的敌人,红军采取了避敌主力、打之虚弱的战术,把国民党几十万的部队拖得精疲力竭,无力再

战,在运动中,红军消灭敌人 3 万余人,取得了第三次反"围剿"的胜利。

1932 年底,蒋介石又调集 30 个师的兵力,向中央革命根据地发动了第四次"围剿",红军在周恩来、朱德的领导下,根据毛泽东的战略思想,集中优势兵力,消灭敌军 4 万余人,取得了第四次反"围剿"的胜利。

反"围剿"的胜利,鼓舞了红军和广大群众的革命斗志,广大群众革命热情高涨,参加红军的人员不断增多,至 1933 年,全国红军发展到 30 万人,达到了第二次国内革命战争时期的最高峰。

在全国革命形势胜利发展的情况下,为了巩固革命的胜利成果,加强对全国革命根据地的统一领导,1931 年 11 月 7—20 日,中华苏维埃共和国第一次全国工农兵代表大会在江西瑞金县叶坪村召开。会议通过了《中华苏维埃共和国宪法大纲》,发表了对外宣言,宣告中华苏维埃共和国临时中央政府正式成立,会议选举毛泽东为中华苏维埃共和国主席,项英、张国焘为副主席。

中华苏维埃政府实行工农兵代表大会制度,注重发展农业生产,努力打破敌人经济封锁,大力发展文化教育事业,开办各种识字班、夜校、补习学校和马克思共产主义学校、列宁师范学校等,努力提高红军和革命群众的思想觉悟、文化水平和马克思主义理论素养,同时苏维埃政府还扎实开展反腐倡廉斗争,明确规定"依法公款在 500 元以上者处以死刑"。新生的苏维埃政府以历朝历代前所未有的新气象与国民党反动政府形成了鲜明的对比,吸引了无数的有志青年和革命群众积极投身到它的保卫与建设中来,产生了巨大的革命号召力。

三、教条主义的危害

伴随革命的顺利发展,党内却产生了以王明为代表的"左"倾教条主义的错误。1931年1月7日,中共六届四中全会在上海召开,在共产国际代表米夫的操作下,王明取得了中共中央领导权。以王明为代表的"左"倾教条主义的错误主要表现在:①在革命性质和统一战线问题上混淆民主革命与社会主义革命的界限,将反帝反封建与反资产阶级并列,将民族资产阶级视为中国革命最危险的敌人,一味排斥和打击中间势力。②在革命道路问题上,继续坚持以城市为中心。将准备城市工人的总同盟罢工和武装起义作为党最主要的任务;指令根据地的红军采取"积极进攻的策略",配合攻打中心城市。③在土地革命问题上,提出坚决打击富农和"地主不分田,富农分坏田"的主张。④在军事斗争问题上,实行进攻中的冒险主义、防御中的保守主义、退却中的逃跑主义。⑤在党内斗争和组织问题上,推行宗派主义和"残酷斗争,无情打击"的方针。此后以王明为代表的"左"倾教条主义在党内的统治和影响长达4年之久,致使党和红军的革命事业在白区和根据地都遭到重大损失。

1933年10月,蒋介石自任总司令,在德、意、美等帝国主义军事顾问的参与策划下,纠集50万兵力、200架飞机再次向中央革命根据地和相邻苏区发动第五次"围剿"。红军在博古和李德的错误指挥下,以单纯防御代替积极防御;以阵地战代替运动战;以分散兵力代替集中兵力;实行进攻中的冒险主义和防守中的保守主义,意欲"御敌于国门之外""不让苏区丢失一寸土地"。1934年10月,中央根据地的兴国、宁都、石城一线相继失陷,粉碎围剿的机会完全丧失。1934年10月,红一方面军主力连同后方机关共约8.6万人,被迫从闽西的长汀、宁化和赣南的瑞金、于都地区出发,开始了长征。

长征开始后,"左"倾教条主义又犯了逃跑主义的错误。出发前,不做政治动员,转移时不敢也不打算机动地争取有利时机去消灭敌人,单纯让红军掩护庞大的后方机关,进行大规模搬家,忙乱地沿直线向湘西撤退。1934年12月,红军突破湘江,却付出惨重的代价,人员损失过半,锐减至3万余人。

1934 年 12 月 11 日,红军占领湖南省通道县城。12 日,中华苏维埃中央革命军事委员会临时决定在这里召开紧急会议,与会者有博古、周恩来、张闻天、毛泽东、王稼祥和李德,会议着重讨论红军战略转移的前进方向问题,毛泽东极力说服博古等主要领导人,建议放弃与红二、六军团会合的原定计划,改向敌人力量薄弱的贵州前进。这次会议虽然通过了毛泽东的建议,但由于中央领导层意见不统一,故未能对战略转移的大方向作出决定。

1934 年 12 月 18 日,中共中央政治局在黎平召开会议。参加者有周恩来、博古、毛泽东、陈云、刘少奇等。会议重点讨论红军的进军路线问题。会上展开了激烈的争论,与会大多数肯定了毛泽东的正确主张,通过了《中央政治局关于战略方针之决定》,决定放弃与红二、六军团会合的原定计划,黎平会议确定了向贵州转兵的战略决策,使红军摆脱了绝境。1934 年 12 月 31 日至 1935 年 1 月 1 日,中共中央在贵州瓮安县猴场镇召开了著名的猴场会议。李德、博古、朱德、周恩来、王稼祥、张闻天、毛泽东、李富春、伍修权参加了会议。会议重申了黎平会议精神;通过了《关于渡江后新的行动方针的决定》;表达了对博古、李德在军事瞎指挥的不满;撤销了李德的军事指挥权,猴场会议为遵义会议的召开奠定了坚实的基础,被称为伟大转折的前夜。1935 年 1 月,红军横渡乌江天险,乘胜攻占黔北重镇遵义。在遵义,部队进行了修整,中共中央召开了具有伟大历史意义的遵义会议。

四、遵义会议

湘江战役的惨败使广大干部和战士对王明军事路线的怀疑和不满到达了极点,要求改换领导的呼声越来越高。1935 年,红军占领黔北重镇遵义得到适当的休整后,解决红军的军事路线和组织问题便成为当时急需解决的首要问题。

1935 年 1 月 15—17 日,中共中央在遵义召开了政治局扩大会议。会议通过了《中共关于反对敌人五次"围剿"的总结的决议》(即遵义会议决议);增选毛泽东为中央政治局常务委员;批评了博古、李德在第五次反"围剿"中的错误,撤销了博古、李德的最高军事指挥权,由周恩来、朱德负责军事。

遵义会议结束了王明"左"倾教条主义在党内的统治,实际上确立了毛泽东在党中央的领导地位,使得红军的军事路线得以转变到正确的轨道上来。遵义会议在最危急的时刻挽救了党,挽救了红军,挽救了中国革命,是生死攸关的转折点。

遵义会议向我们表明,作为一个严肃的、对人民负责任的马克思主义政党,中国共产党敢于正视自己的错误,并注意从自己所犯的错误中学习并吸取教训。由于经验不多、错误思想的影响和共产国际的瞎指挥,致使党和党的领导人难免会犯这样那样的错误甚至严重的错误。但是错误有两重性。它一方面损害了党,损害了人民;另一方面又很好地教育了党,教育了人民。中国共产党正是通过总结成功的经验和错误的教训,"一方面反对右倾机会主义,又一方面反对'左'倾机会主义",使自己"从两条战线斗争中巩固和壮大起来",从而把党领导的革命事业坚持下来并推向前进。遵义会议表明中国共产党再次坚持了把马列主义普遍真理同中国革命具体实践相结合,第一次独立自主地解决本国革命问题,标志着中国共产党开始由幼年的党转变为成熟的党。遵义会议开启了中国共产党独立自主地解决和处理中国革命问题的新阶段。

第四节 长征的胜利与陕甘革命根据地的创建

一、扎西会议和苟坝会议

红军离开遵义后,1935 年 2 月 5 日,在云、贵、川交界处云南省扎西(威信)一个名为"鸡鸣三省"的村子里,中央政治局常委进行分工,确定由张闻天代替博古负总责,毛泽东、周恩来负责军事。3 月 12 日,在贵州省鸭溪、苟坝一带,根据当时的形势,又成立了以毛泽东、周恩来、王稼祥参加的三人军事指挥小组(即新三人团)作为全军的最高指挥机构,统一指挥红军的行动。新三人团是当时全党全军最重要的领导核心,这表明毛泽东在全党全军的领导地位已经进一步确立起来。

遵义会议后,红军在毛泽东和党中央的领导下,从不断变化的战争情况出发,谱写了一个个军事史上的神来之笔,使红军绝处逢生、转危为安。四渡赤水,使红军完全跳出数十万敌军的围追堵截,取得了战略转移中具有决定意义的胜利。1935 年 5 月,中央红军渡过金沙江,顺利通过大凉山彝族地区,抵达大渡河南岸的安顺场。5 月 29 日,红军飞夺泸定桥,强渡大渡河,翻越夹金山。6 月 14 日与红四方面军在懋功胜利会师。

二、两河口会议、沙窝会议、巴西会议、俄界会议和班罗镇会议

懋功会师后,中共中央根据会师后的形势,确立了北上建立川陕甘根据地的战略方针。张国焘对革命前途悲观失望,反对中央北上的决定,主张红

军向川、康边退却。为了统一战略方针,6月26日,中央政治局在两河口召开会议,否定了张国焘的错误主张,明确指出两军会合后的战略方针,张国焘被迫同意北上。8月6日,中共中央政治局在毛儿盖附近的沙窝召开会议,继续对张国焘进行耐心说服工作。同时中央还决定组织左路军(包括红一方面军的一、三军和红四方面军的四军、三十军及军委纵队一部)、右路军(包括红四方面军的九军、三十一军和红一方面军的五、九军及军委纵队一部),经草地北上。中共中央随右路军行动,红军总司令朱德、总参谋长刘伯承随张国焘率领的左路军行动。红军穿越茫茫草地,于8月下旬到达阿坝和巴西地区。9月,张国焘拒绝中央北上方针,并要挟右路军和党中央南下,甚至企图危害党中央。为此,中央政治局在巴西举行会议,决定迅速脱离危险区,率领红一、三军团继续北上。12月,中共中央又在俄界召开政治局扩大会议并再次电告张国焘改正错误,率领部队北上。会后,红一、三军改组为中国工农红军陕甘支队,继续北上,迅速突破天险腊子口。后来,中共中央政治局在班罗镇召开会议,正式决定以陕北作为领导中国革命的大本营。

10月,红军翻越六盘山,于10月19日抵达陕北吴起镇,与红十五军团会师。中共中央及时纠正了陕北肃反扩大化的错误,释放了刘志丹等一大批被迫害、被拘捕的干部,挽救了陕北的党、红军和革命根据地。11月21—22日,红军在中共中央和毛泽东直接指挥下,取得直罗镇战役的胜利,给中共中央把全国革命大本营放在西北的任务,举行了一个奠基礼。

三、长征的伟大胜利

张国焘在武力威胁中央的阴谋破灭后,擅自命令左路军和右路军中的四军、三十军南下。10月5日,张国焘公然在卓木雕另立"中央",自任"主席",至此,张国焘的右倾分裂主义的反党活动已经发展到顶峰。朱德、刘伯承等坚持党的团结,在艰难的处境下与张国焘的反党分裂主义错误进行了不懈斗争。1936年7月2日,由湖南桑植出发长征的红二、六军到达四川甘孜地区与先期来到的红四方面军会合。这时红二、六军奉中共中央命令,改称为中国工农红军第二方面军,贺龙任总指挥,任弼时任政治委员。红二、四方面军会师后,在朱德、任弼时、贺龙、关向应、刘伯承等的斗争和红四方面军指战员的要求下,张国焘被迫放弃反党分裂活动,同意与红二方面军北上。7月,红二、四方面军从甘孜出发,再次翻越雪山、过草地,8月到达甘南。此时,中共中央已派聂荣臻等率部西征,迎接红二、四方面军北上。1936年10月,红二、四方面军到达甘肃会宁,同一方面军胜利会师,三大主力的会师,标志着红军长征胜利结束。

长征的胜利,是中国革命转危为安的关键。"长征的胜利是以我们的胜利,敌人的失败而告终"。经过长征,中国共产党的党员从30万人减少到4万人左右,红军由30万人减少到不到3万人,这些保存下来的、经历了千锤百炼的骨干,是党和红军极为宝贵的精华。中国共产党正是依靠这3万人作基干,使革命力量逐步恢复、发展、壮大,直到取得全国的胜利。

长征是一部伟大的革命英雄主义的史诗。它向全中国和全世界宣告,中国共产党及领导的人民军队,是一支不可战胜的力量。共产党员和红军将士在长征中所表现出来的坚定的共产主义理想、革命必胜的信念、艰苦奋斗的精神和一往无前、不怕牺牲的英雄气概,构成了伟大的长征精神,永远激励着中国共产党人、中国人民和人民军队奋勇前进。

长征的胜利形成了伟大的长征精神。长征精神就是把全国人民和中华民族的根本利益看得高于一切,坚定革命的理想和信念,坚信正义事业必然胜利的精神;就是为了救国救民,不怕任何艰难险阻,不惜付出一切牺牲的精神;就是坚持独立自主、实事求是,一切从实际出发的精神;就是顾全大局、严守纪律、紧密团结的精神;就是紧紧依靠人民群众,同人民群众生死相依、患难与共、艰苦奋斗的精神。

四、陕甘革命根据地的建立

中央红军到达陕北后,在刘志丹、习仲勋、谢子长等领导的陕甘边根据地的基础上,进一步扩大和巩固了根据地。1935 年 12 月,在陕北成立了中华苏维埃共和国中央工农民主政府西北办事处。在建设发展根据地的同时,毛泽东和党中央花了很大的精力和时间总结历史经验教训,进行党的思想理论建设,努力提升干部的马克思主义理论素养和看待问题的辩证思维能力。1935 年 12 月,毛泽东作了《论反对日本帝国主义的策略》的报告,阐明了党的抗日民族统一战线政策的重要性。1936 年 12 月,毛泽东撰写的《中国革命战争的战略问题》,系统地总结了土地革命时期党在军事问题上的问题,阐明了中国革命的战略问题。1937 年 7 月、8 月,毛泽东又撰写了著名的《实践论》和《矛盾论》,总结了以往的经验和教训,批判党内教条主义的错误,深入论证马克思列宁主义基本原理同中国具体实际相结合的原则,论述了理论指导对于实践的重要意义,用辩证唯物主义和历史唯物主义的观点武装了全党,在政治上、思想上、理论上进行了拨乱反正,为凝聚力量开展全民族的抗战奠定了扎实的基础。

【课后思考】

1.20 世纪 20 年代后期至 30 年代前期,中国共产党为什么会连续出现三次"左"倾错误?

2.什么是长征精神? 为什么要弘扬和传承长征精神?

【学习拓展】

1.毛泽东:《反对本本主义》(1930 年 5 月)。

2. 毛泽东:《中国革命战争的战略问题》(1936 年 12 月)。

3. 习近平:《在纪念红军长征胜利 80 周年大会上的讲话》(2016 年 10 月 21 日)。

4. 习近平:《在庆祝中国人民解放军建军 90 周年大会上的讲话》(2017 年 8 月 1 日)。

5. 电视剧:《伟大转折》。

专题七　众志成城

——中华民族艰苦卓绝的抗日战争

第一节　艰苦卓绝的抗日战争

一、抗日战争的爆发

　　1868 年明治维新以来，在军事优先的国策之下，日本培养了大批职业军人。依据 1921 年华盛顿会议，日本开始大规模裁军，军费由 1921 年的 7.3 亿日元锐减到 1930 年的不足 5 亿日元，裁幅达 40%。大规模的裁军和缩减军费引起了以东条英机、冈村宁次、石原莞尔为首的右翼势力的强烈不满，他们纠集激进军人秘密集会，组建了天剑党、樱会、一夕会等组织，极力维护先军政策，意欲保住军人在日本社会中的特殊地位。

　　1927 年，日本时任首相田中义一主持召开了秘密的"东方会议"，会议制定了侵略中国的总方针——"田中奏折"，即要把"满蒙"同"中国本土"分离开来,自成一区,置日本势力之下。田中义一向天皇奏呈的奏折中称:"惟欲征服支那,必先征服满蒙;惟欲征服世界,必先征服支那。"对外侵略总战略是:第一期夺取台湾,第二期夺取朝鲜,第三期夺取满蒙,第四期征服全中国,第五期征服全世界。而东方会议时第一期与第二期侵占台湾、朝鲜的计划已经实现。两年后,横扫资本主义世界的经济危机也波及了日本,1931年,日本的经济陷入了极端困难的境地,社会危机四伏,一触即发。日本政府急于发动一场战争,借以缓和国内矛盾,转移人民的视线。

自此,日本完全走上法西斯道路,积极备战。以"田中奏折"为蓝本,1931年发动九一八事变,侵占中国东北,1932年上海"一·二八"事变,1933年日本侵略长城入关,1935年发动华北事变企图策动"华北自治",1937年七七事变,全面侵华,1941年偷袭珍珠港发动太平洋战争。

1931年9月18日夜,蓄谋已久的日本关东军指使南满铁道(该铁路为沙俄修建,后被日本所占)"守备队"炸毁位于沈阳柳条湖附近的南满铁路路轨,并栽赃嫁祸于中国军队。日军遂以此为借口,悍然炮轰沈阳东北军北大营,是为九一八事变(又称奉天事变、柳条湖事件)。九一八事变是日本在中国东北蓄意制造并发动的一场侵华战争,是日本帝国主义长期以来推行对华侵略扩张政策的必然结果,也是企图把中国变为其独占的殖民地而采取的重要策略。九一八事变是日本帝国主义侵华的开端,同时标志着世界反法西斯战争的开始,揭开了第二次世界大战东方战场的序幕。装备精良的东北军除调到华北的10万人以外,还有15万人以上,而此时驻扎在东北的关东军只不过2万人,最后日军用500人的独立守备队就攻下了东北军第七旅7000人驻守的北大营。东北军由于执行蒋介石"绝对不抵抗"的命令,一枪未发,使得日军仅以一个连的兵力就占领了沈阳城,9月底占领了辽宁、吉林两省。仅经过4个月零18天,辽宁、吉林、黑龙江三省全部陷入敌手。1932年2月,东北全境沦陷。此后,日本在中国东北建立了伪满洲国傀儡政权,开始了对东北人民长达14年之久的奴役和殖民统治。日本强占东北后,不屈不挠的中国人民开始了漫长而艰苦卓绝的武装反抗日本帝国主义侵略的斗争,但直到1937年卢沟桥事变(七七事变)前夕,未能形成全国性的民族抗日战争。

轻而易举占领东北大大助长了日本帝国主义的嚣张气焰,日军继续向南推进,企图占领华北。从1937年6月起,驻丰台的日军有预谋地连续举行军事演习。1937年7月7日夜,驻卢沟桥的日军在未通知中国地方当局的情况下,径自在中国驻军阵地附近极具挑衅性地举行所谓军事演习,随后借口一名日军士兵于演习时失踪(实际上那名士兵是去上厕所了并在随后不久归队),要求进入北平西南的宛平县城搜查。中国守军断然拒绝了这一无理要求,日军随即向卢沟桥一带开火,向城内的中国守军进攻,这就是著名的七七事变。中国守军第二十九军三十七师二一九团奋起予以还击,团长申仲明亲赴前线,指挥作战,最后英勇战死,驻守在卢沟桥北面的一个连仅剩4人生还,余者全部壮烈牺牲。7月8日早晨,日军包围了宛平县城,并向卢沟桥的中国驻军发起进攻,国民革命军第二十九军官兵奋力反击,在北平南苑的战斗中,二十九军副军长佟麟阁,一三二师师长赵登禹先后壮烈牺牲。随后日本向北平、天津等地发起了大规模的进攻。7月底,天津沦陷。8月13日,日军又进攻上海,同样遭到中国守军的顽强抵抗。至此,中国结束了对日本侵略者步步退让的不正常状况,开始了有组织的全面抗战。

面对民族危亡的严重形势,中国共产党率先摒弃前嫌,主张国共停止内战,一致对外,共同挽救中华民族。1935年8月1日,在长征途中,中国共产党根据共产国际第七次代表会议上有关在各国建立反法西斯统一战线的精神要求,以中华苏维埃中央政府、中共中央的名义在莫斯科发表《为抗日救国告全体同胞书》,即著名的《八一宣言》,并就此同国民党进行了多次谈判。《八一宣言》是推动第二次国共合作的重要文件,意味着中共实行抗日民族统一战线策略的开始。

1937 年 8 月 22—25 日,中国共产党在陕北洛川召开中央政治局扩大会议,会议通过了由毛泽东提议的《抗日救国十大纲领》,作为领导全国人民争取抗战胜利的根本方针,充分体现了中国共产党的人民战争路线。《抗日救国十大纲领》全面概括了中国共产党在抗日战争时期的基本政治主张,是共产党全面抗战路线的具体化,给全国人民指明了争取抗战最后胜利的道路。在中国共产党的倡议和督促下,1937 年 9 月,国共两党抗日民族统一战线正式宣告成立。

二、抗战的三个阶段

(一) 第一阶段:从 1931 年九一八事变到 1938 年 10 月广州、武汉相继失守,是战略防御阶段

九一八事变后的第一时间,中国人民就开始了反对日本侵略者的战争,打响了捍卫民族主权的正义之战。九一八事变之夜,驻守北大营的东北军爱国官兵在突围战中,违抗"不抵抗"命令奋起反击日军的侵略。对于中国军人在第一时间进行的有效反抗,在日方史料中得以印证。1933 年,日本《靖国神社忠魂史》记载:"北大营内,中国守军虽然被不抵抗命令束缚了手脚,但并没有陷入完全被动挨打的局面",九一八纪念馆收藏的"关东军纪念写真贴"同样印证了这一史实。全国各族人民高度自觉、广泛参与。中国共产党、东北军爱国官兵、公安警察、地主、乡绅、知识分子、工人、农民、学生纷纷投入抗战洪流,"天下兴亡,匹夫有责"的古训得到空前彰显,也在事实上揭开了全民族抗战的序幕。

起初,日本帝国主义把国民党作为主要作战对象,所以在整个抗战初

期,国民党军担负的正面战场是抗击日军进攻的主要战场。在全面抗战初期,国民党先后进行了平津会战、淞沪会战、忻口会战、徐州会战、太原会战、武汉会战、长沙会战等重要战役,并取得了台儿庄战役的胜利,成功阻滞了日军向南推进的步伐。特别是淞沪会战更是有力地打击了敌人。蒋介石为了打乱日军的作战计划,在上海采取主动反击,以此把日军由北向南的入侵方向引导改变为由东向西,以利于长期作战。淞沪会战开始于 1937 年 8 月 13 日,中日双方共有约 100 万军队投入战斗,战役持续了三个月,日军投入 8 个师团和 2 个旅团 20 万余人,宣布死伤 4 万余人;中国军队投入最精锐的中央教导总队及八十七师、八十八师及 148 个师和 62 个旅 80 余万人,统计死伤 30 万人。淞沪会战中日军因遭到国民党的顽强抵抗而损失惨重,这场战役对于中国而言,标志着九一八事变后的地区性冲突升级为全面战争和两国之间不宣而战、全面战争的真正开始,淞沪会战彻底粉碎了日本"三个月灭亡中国"的计划。

由于国民党在政治上脱离群众,实行单纯依靠政府和军队的片面抗战路线,在军事上不是主动出击,而是采取单纯防御的战略方针,在整个抗战期间,尽管国民党军队的许多官兵对日军的进攻进行了英勇的抵抗,但正面战场的战局却是节节败退,先后丢失了华北、华中的大片国土,国民政府亦被迫从南京迁都重庆。与国民党的片面抗战不同的是,中国共产党代表着中华民族的根本利益,一开始便明确提出了一条依靠人民群众的全面抗战的路线。1937 年 8 月下旬,共产党领导的红军主力改编为国民革命军第八路军,简称八路军,后改称国民革命军第十八集团军,属于国民革命军战斗序列,开赴华北抗日前线;同年 10 月,南方各省的红军游击队也改编国民革命军陆军新编第四军,简称新四军,属于国民政府战斗序列,开赴华中前线。八路军和新四军深入敌后,积极开辟敌后战场,主要从战略上配合正面战场的国民党军作战。

（二）第二阶段：从1938年10月至1943年12月，是战略相持阶段

随着战局的扩大，战线的延长和长期战争的消耗，日本国小、人少、资源有限的问题逐渐显现出来，致使日军财力、物力、兵力严重不足，已无力再发动大规模的战略进攻。随着中国共产党领导的敌后游击战争的发展和抗日根据地的扩大，使日军只能退缩在其占领区内的主要交通线和一些大城市，广大农村均控制在以八路军、新四军为主的人民军队手中。

中共六届六中全会于1938年9月29日至11月6日在延安桥儿沟召开。全会根据毛泽东的报告通过了《中共扩大的六中全会政治决议案》《关于各级党委暂行组织机构的决定》《关于中央委员会工作规则与纪律的决定》《关于各级党部工作规则与纪律的决定》等重要文件；批准了以毛泽东为代表的中央政治局的路线；总结了抗战以来的斗争经验，批判并纠正了王明右倾投降主义的错误，统一了全党的思想，推动了党的各项工作迅速发展；明确了党在民族战争中的地位，坚持了独立自主的原则，为争取抗日战争的胜利打下了基础。

在此阶段，日本在迫不得已的情况下对侵华方针做了重大调整：逐渐将主要兵力用于打击在敌后战场的八路军和新四军，而对正面战场的国民党政府则采取以政治诱降为主的方针，敌后战场逐渐成为抗日战争的主要战场。日本侵略军随即集中大部分兵力和几乎全部伪军，对中国共产党领导的敌后抗日根据地进行了残酷的"大扫荡"。抗日根据地军民开展了艰苦卓绝的斗争，坚决地进行反"扫荡"、反"蚕食"斗争。

1939年和1940年，日本分别发动了随枣会战和枣宜会战，企图迫使国民政府投降。在这场危及战时陪都重庆的战役中，国民革命军第三十三集团军司令张自忠将军殉国。在日本政府的诱降下，国民政府内部迅速分裂，

亲日派头子汪精卫公开投降日本。1940年3月,他在南京成立了伪国民政府,组织大量伪军,协同日本侵略军进攻抗日根据地。随着中国共产党领导的人民武装日益壮大和抗日根据地的扩大,国民党的反共倾向也日渐增长,蒋介石采取"消极抗日,积极反共"的政策,掀起了新一轮反共高潮,妄图消灭共产党和敌后抗日根据地。

面对内外夹击,中国共产党坚持"发展进步势力,争取中间势力,孤立顽固势力"的方针,领导解放区军民一面抗击日伪军的"大扫荡",一面打退了国民党的反共高潮,巩固和发展了抗日根据地。至1943年12月,日军在兵力严重不足,特别是在根据地军民的顽强反击下,被迫收缩战线,华北方面军停止了向抗日根据地的进攻。

在欧洲,1939年9月,纳粹德国向波兰不宣而战,标志着绥靖政策的破产,引发法国、英国极大的不安,随即向纳粹德国宣战,第二次世界大战在欧洲正式爆发。欧美列强为了防止德日法西斯结成联盟,缓解自身压力,便放弃了将欧亚两洲的法西斯国家力量引向苏联的企图,一反早先要求中日和谈的态度,认为强大的中国有助于稳定亚洲局势,从而使英法两国可以专心对付德国法西斯,于是开始支持中国进行抗战。

1940年7月,共产党领导下的新四军第一师兼苏中军区所属部队在江苏省淮安县东南车桥地区(今江苏省淮安市淮安区车桥镇),对日伪军展开了进攻。此役在抗战时期敌后战场对日战争具有重要意义,采取围点打援的掏心战术,解放了淮安、宝应以东二百里地区,使苏中、苏北、淮南、淮北根据地连成一片,打乱了日伪"清乡""屯垦"计划,巩固和扩大了苏中根据地,实现了苏中形势的根本转变,揭开了苏中战略反攻的序幕。

在广大的敌后战场,中国共产党领导的人民武装得到了空前的发展壮大。到1941年底,中国共产党拥有约1亿人口的抗日根据地和近200万的民兵武装。面对强劲的敌后抗日力量的发展势头,特别是百团大战后,日军在华北迅速集结了近50万的兵力,并纠集大量伪军,在占领区推行治安强化运动。全面侵华战争爆发后,日军在沦陷区即占领地采取种种防范控制措施,以应对八路军的游击战术,实施的"保甲制"便是沦陷区社会控制系统中的重要环节,即设立无人区,断绝共产党领导的人民军队与当地民兵和群众的联系,同时还进行极为野蛮残暴的"三光政策",甚至使用违反国际法的生化武器来残害中国军民。面对日军的"扫荡",八路军、新四军实行战略大转移,化整为零保留实力,并利用环境、地形积极开展各种形式的反"扫荡"斗争,如著名的地道战、地雷战、麻雀战、破袭战等,对日寇进行了坚决的回击。

1941年12月7日珍珠港事件后,日本帝国主义的战略重心从亚洲转向美国。翌日,美国向日本宣战,并呼吁世界各国对日本实施严格的贸易制裁。12月9日,中国政府正式向德、意、日法西斯宣战。此时,除了与日本保持中立的苏联以外,英国等同盟国也对日本宣战。几乎在发动珍珠港事件的同时,酒井隆指挥日本军队从中国深圳向香港发起进攻,香港保卫战由此开始。1941年12月25日,迫于力量对比悬殊,时任港督杨慕琦率驻港英军投降,香港沦陷。各大国先后对德、意、日法西斯宣战,预示着国际反法西斯联盟成立。自此,抗日战争正式成为第二次世界反法西斯大战的一部分,中国不再独立对日作战。美国加入二战后,出于太平洋战场的考虑,通过滇缅公路和"驼峰航线",分别从缅甸、印度向中国运送了大批战略物资,支持中国继续抗战,对日军形成了东西夹击的有利态势。

在大战中,英美出于本身利益考虑而希望中国军队拖住日本陆军主力,在为中国运送大量抗战物资的同时,英美两国先后与中国签订了友好同盟条约,并废除了部分不平等条约,使国民党政府的国际地位迅速上升。对中国军民在抗战中所表现出的顽强精神,美国总统罗斯福在1942年2月7日致蒋介石的电文中,给予高度赞扬:中国军队对贵国遭受野蛮侵略所进行的英勇抵抗已经获得美国和一切热爱自由民族的最高赞誉,中国人民,武装起来和没有武装的都一样,在十分不利的情况下,对于装备上占极大优势的敌人,进行了差不多五年的坚决抗击所表现出来的顽强,乃是对其他联合国家军队和全体人民的鼓舞。[①]

由于美国参战,日本帝国主义压力陡增,不得已在国内进一步征兵动员。为供应战争消耗,夺取当地产量丰富的石油、橡胶等战略资源,日本迅速将战场扩大至荷属婆罗门(今印度尼西亚)、菲律宾等英、荷、美在东南亚的殖民地。并派兵向英国驻缅甸远东军进攻,接连攻克英国统治下的殖民地;并在暹罗湾决战中,将威尔士亲王号战列舰击沉,标志着日本在东南亚地区的扩张势头达到顶峰。

1943 年,在世界反法西斯战争胜利曙光初露的时候,中美英三国首脑蒋介石、罗斯福、丘吉尔于 11 月 22—26 日在埃及首都开罗举行会议,通过著名的《开罗宣言》,宣示了协同对日作战的宗旨,要求战后日本归还占领中国的所有领土,包括台湾及其附属岛屿,承诺了处置日本侵略者的安排。1943 年12 月,日军在盟军的猛烈攻击下,已无力展开大的战役,加之兵力严重不足,被迫收缩战线,华北方面军不得不停止了向抗日根据地的进攻。

(三)第三阶段:从 1944 年 1 月解放区战场局部反攻至 1945 年 8 月 15 日日本宣布无条件投降,是战略反攻阶段

1939 年夏季,日本帝国主义为了打击共产党领导的抗日武装在华北敌占区日益发展壮大势头,分散在长城、华北、东北的部分日本军队,以铁路、公路等主要交通线为依托,实行"以铁路为柱,公路为链,据点为锁"的"囚笼政策",对华北地区的抗日力量连续发动大规模扫荡,试图消灭共产党领导的抗日武装。持续的扫荡,特别是 1939 年、1940 年夏季的两次大扫荡,不断

---

① [美]罗斯福:《罗斯福选集》,关在汉编译,商务印书馆,1989 年。

增加的据点将集中于华北地区30余万日军和伪满洲国军队化整为零,力量分散,这对华北地区的八路军集中优势力量逐个击破,并为下一步展开大规模进攻创造了有利条件。1944年,中国大片国土,如河南、湖南、广西、广东等省的大部分和贵州省的一部分落入日寇魔掌。与国民党正面战场出现的大溃败局面相反,共产党领导的敌后军民在华北、华中、华南等敌占区,发起百团大战等战役,纷纷以排山倒海之势开展反攻,局部上对日伪军造成了重创。

百团大战,又称晋南游击战,是由中国共产党所率领的八路军在1940年8月至1941年1月间在华北地区发动的对日战役。百团大战以破坏华北日军占领区的铁路、公路等交通线和矿山为目的的破袭作战。据战争初期战报统计,八路军共投入兵力达一百零五个团20余万人,故名百团大战。百团大战经历了两个主动进攻阶段和一个反"扫荡"阶段。

第一阶段(1940年8月20日至9月10日),主要作战任务是破坏日军在华北的主要公路、铁路交通线。八路军在正太、同蒲、平汉、津浦等主要交通线发动总攻击,重点破坏了正太铁路。经过20天的战斗,预定计划全部完成,正太铁路线的路轨、桥梁、隧道、水塔、车站等均被破坏;平汉、同蒲(北段)、石德、北宁铁路,以及主要公路也被切断;华北各交通线陷于瘫痪。

第二阶段(1940年9月22日至10月),主要目标是继续扩大战果,拔掉交通线两侧和深入各抗日根据地的敌伪据点。在为期近一个月的时间里,八路军发动一系列战役,晋察冀军区主要进行的涞灵战役,第一二九师主要进行的榆辽战役,第一二零师主要破袭了同蒲路。这些战役都有效地打击了敌人,获得了重大战果。

第三阶段(1940年10月6日至1941年1月24日),这一阶段的主要任务是反击日伪军的报复扫荡。在这段时间里,八路军先后粉碎了日伪军对太行、太岳、平西、北岳、晋西北等抗日根据地的大规模扫荡。在为期三个半月的战斗中,我敌后军民共进行大小战斗 1800 多次,共计毙伤日军 2 万多人,伪军 5000 多人;俘获日军 280 多人、伪军 1.8 万多人;破坏铁路 900 多里、公路 3000 里;破坏桥梁、车站 258 处;并缴获了大批武器和军用物资。从歼敌(日军)数字看,八路军独自发起的百团大战不亚于 1939 年国民党正面战场在全国 10 个战区 71 个师发起的对日冬季攻势的战果,加上歼灭伪军数字,八路军的战果甚至还超过了国军在冬季攻势的歼敌数字。

百团大战是抗战时期八路军主动出击日军的一次最大规模的战役,它打出了敌后抗日军民的声威,振奋了全国人民争取抗战胜利的信心,在战略上有力地支持了国民党正面战场。百团大战是抗日战争中八路军参加兵力最多、规模最大、时间最长、战果最丰富的一次战役。百团大战的胜利,沉重打击了日寇的嚣张气焰,鼓舞了中国人民的抗战斗志,在我国抗日战争史上写下了光辉的一页,在国际上也产生了巨大的影响。

在第三阶段的反“围剿”作战中,尤其是 1940 年底彭德怀在柳家垴和关家垴系列对日战役中,华北日军在八路军的突袭之下伤亡惨重。据日军的战报记载,1940 年 9—12 月,日军在华北的伤亡是 5801 人,华北沦陷区的交通也一度被截断。战役中,我八路军也付出了很大的代价。百团大战给日军造成的沉重打击,使东京参谋本部不得不重新审视占领区的稳定问题,临阵换将,派出在华北战区颇有战绩的冈村宁次指挥后方的清剿行动。在冈村宁次一系列疯狂的清剿之下,中国抗战进入漫长而又残酷的反扫荡作战时期。

1945 年,国际国内反法西斯战争局势露出胜利的曙光。1945 年 5 月,苏军攻克柏林,德军正式向盟军投降,宣告欧洲战场战争结束。1945 年 8 月,美国军队在太平洋战场上对日作战获得决定性胜利,逼近日本本土。8 月 6 日和 9 日,美国在日本的广岛、长崎投掷了两颗原子弹。共产党领导的八路军、新四军于 1945 年向日军发动了大规模的春、夏季攻势,压缩敌占区,扩大了解放区,把许多之前孤立的解放区连接成片。当时,由于国民党军队主力远离抗战前线,主要分散在中国的西南、西北大后方地区。日军侵华期间占领的大城市、主要交通线和沿海地区都处在我人民军队的包围之中,因此对日全面反攻的任务,自然地主要由我党领导的人民军队来进行。

8月8日,苏联政府对日宣战,出兵中国东北。1945年8月14日,日本政府照会美、英、苏、中四国政府,宣布接受《波茨坦公告》。次日,日本天皇裕仁通过广播"终战诏书"的形式正式宣布日本无条件投降。9月2日,日本投降的签字仪式在停泊于日本东京湾的美国战列舰"密苏里号"上举行。9月9日,二战中国战区投降仪式在南京举行,在南京陆军军官学校大礼堂举行的中国战区受降仪式上,日本中国派遣军总司令冈村宁次代表日本大本营在投降书上签字,并交出他的随身佩刀,以表示侵华日军正式向中国缴械投降。至此,抗日战争胜利结束。整个抗日战争期间,中国军队共进行大规模的会战22次,重要战役200余次,大小战斗近20万次,总计歼灭日军150余万人、伪军118万人。战争结束时,接收投降日军128万余人,接收投降伪军146万余人。

关于14年抗战中国的损失,抗战胜利后,抗战赔偿委员会作出的《中国责令日本赔偿损失之说帖》指出,沦陷区有26省1500余县市,面积600余万平方千米,人民受战争损害者至少在2亿人以上。自1937年7月7日至战争结束,我军伤亡331万余人,人民伤亡842万余人,其他因逃避战火,背井离乡,颠沛流离,冻饿疾病而死伤者更不可胜数。直接财产损失313亿美元,间接财产损失204亿美元,此数尚不包括东北、台湾、海外华侨所受损失及41.6亿美元的军费损失和1000余万军民伤亡损害。此外,七七事变以前中国的损失未予计算,中共敌后抗日所受损失也不在内。1995年以来最权威的数据表明,直接财产损失为1000亿美元,间接损失5000亿美元,军民伤亡3500万人以上。

第二节 正面战场和敌后战场的关系

面对日本帝国主义的入侵,在中国共产党倡导的抗日民族统一战线旗帜下,国民党领导的正面战场和共产党领导的敌后战场相互配合、分工协作,最终取得了抗日战争的胜利。正面战场和敌后战场共同构成了世界反法西斯战争的中国战场,这也是中国抗日战争的重要特点之一。

一、两个战场

从1931年9月开始到1945年8月胜利的中华民族抗日战争,是中国人民共同进行的一次反对帝国主义、实现民族解放的战争,是世界反法西斯战争的东方战场。抗日战争期间,中华各族儿女勠力同心、前赴后继,为战争的最终胜利做出了巨大的牺牲,也为世界人民的正义事业做出了贡献。1931年,日本侵略者侵占东北以后,东北人民最先进行了抗击侵略者的斗争,同时得到全国人民的支持,中国共产党独立领导的东北抗日联军更在冰天雪地的白山黑水之间同敌人展开了旷日持久的战斗。卢沟桥抗战开始后,中国掀起了全民族抗战的高潮,国民党和共产党摒弃前嫌,停止内战,团结一致,共赴国难。

共产党领导的红军统一改编为国民革命军第八路军、国民革命军陆军新编第四军,陆续开赴抗日前线,在东北和华南广大抗日区域内,共产党领导的人民武装力量,在敌人的侧翼和后方广泛开展游击战争,形成了敌后战场。毛泽东曾指出:"外国仍然有许多人不十分明白,过去二十三年的中国政治进程中的关键问题,一直是国共两党的关系问题。将来依然如此。"①共产党领导的敌后战场同国民党指挥的正面战场密切配合,协同作战,使日本侵略者深陷人民战争的泥潭,给日本法西斯以沉重的打击。"如果没有国共合作,我们就不可能进行抗日战争,至少不会坚持这么长久。再说,如果国民党继续同共产党合作,至少像战争初期那样的合作,中国的作战能力比现在就不知要强大多少了。"②中国战场上两个战场的形成和配合作战,反映了在强敌面前,中华民族团结一致、同仇敌忾的精神和决心,谱写了中华儿女敢于战斗、敢于胜利的历史新篇章,为世界反法西斯战争的胜利做出了重要贡献。

(一)国民党的正面战场

1937 年西安事变后,国共两党同心协力,共赴国难,国民党在中国控制的连片国土与日军侵华推进线上,与日控区对峙交战而形成了正面战场,为取得抗战的最后胜利做出了重要贡献,正面战场是这场规模空前的中华民族艰苦卓绝抗战历史中的一个重要组成部分,由于在正面战场上作战的中国军队主要是国民党的军队,因此一般也称其为国民党正面战场。

1. 在战略防御阶段(1937 年 7 月 7 日至 1938 年 10 月),国民党正面战场曾发挥了较好的作用

1937 年 7 月 7 日,日军发动全面侵华战争后,疯狂地叫嚣要在短时间内灭亡中国,于是把攻击的矛头对准国民党军队主力和我国主要的政治经济中心地区,因此这一阶段国民党正面战场是我国抗战的主战场。到 1938 年 10 月,国民党军队在正面战场对日军展开积极的战斗,先后展开了淞沪会

---

①② 《同英国记者斯坦因的谈话》(一九四四年七月十四日),中国社会科学网,http://www.cssn.cn/sjxz/xsjdk/mkszyjd/mzdsx/840204/84020402/201311/t20131124_878341.shtml。

战、南京保卫战、太原会战、徐州会战、兰封会战等一系列著名会战,发挥了显著作用。在历时 1 年零 4 个月的时间里,国民党军队共毙俘日军 250730 人,牵制日军 70 万人以上,同时国民党军队也付出了较大牺牲,正规军损失达 1044268 人。当时的正面战场,对于打破日本帝国主义速战速决,"三个月灭亡中国"的战略企图,消耗日军兵力和战争资源,迫使日军由战略进攻转为战略防御起了重要的作用。国民党军队在正面战场英勇作战,在客观上为共产党领导的八路军、新四军等人民抗日武装挺进敌后,开辟抗日根据地创造了条件。

在中国抗日战争由第一阶段进入第二阶段(相持阶段)过渡阶段的 1939—1940 年,国民党军队在正面战场的抗战仍较为积极。在此阶段,日本侵略者为了稳定大后方,开始部分地转移兵力到共产党领导的解放区战场,但进攻的重点还是放在国民党正面战场;为进一步牵制消耗敌人,国民党军队在继续开展对日军的有限进攻进行较为坚决的抵抗外,还主动捕捉战机,对日军展开了有限度的攻势与反击,取得了一定的效果,给予日军较大打击,共毙伤俘日军 263251 人,同时也付出 1019911 人的伤亡代价。在这一时期,由于日本的诱降、希特勒席卷西欧、德意日三国法西斯军事同盟的成立等因素,给国民党政府带来消极的影响,导致国民党政府抗战决心有所摇摆,既抗战又反共,对日军既抵抗又动摇。因此,当中国的抗战成为亚洲太平洋地区的主战场的时候,国民党正面战场却在我国抗战中逐渐下降为次要的战场,且在许多作战中出现溃败的被动局面。

2. 在战略相持阶段(1941 年至 1945 年 8 月),国民党政府的抗战走向了消极

由于战线太长,国内资源有限,这一时期,日本帝国主义无力持续发动大规模的进攻,开始收缩战线,中国抗战进入战略相持阶段。太平洋战争爆发后,随着日军作战重心逐渐由中国转移到南太平洋地区,日本对华战争不

得不采取守势,同时把作战的重点对准了敌后人民解放区。而此时国民党政府却对抗日显得消极,甚至把战争的胜败完全寄托在美英盟军身上。在整个相持阶段,国民党军队和日本军队基本上都没有实施过主动的战略或战役性攻势,1942 年下半年以后的两年多时间里,国民党正面战场基本上呈现与日军互不相扰的休战状态。国民党军队在 1941—1945 年的伤亡总数计853603 人,不仅不及 1937 年至 1938 两年的伤亡数 1084379 人,也比 1939 年至 1940 两年的伤亡数(1019911 人)少。这些数据从一个侧面反映出国民党政府在 1941 年后消极抗日的事实。相反,在反共方面国民党却非常积极,蒋介石集团在 1939 年 1 月召开的国民党五届五中全会上成立了防共委员会,确定了"防共、限共、溶共、反共"的方针,随后于 1941 年 1 月发动了震惊世界的"皖南事变",1943 年又扩大了对陕甘宁边区的封锁,并掀起反共高潮。

3. 在战略大反攻阶段(1945 年 8 月后),国民党疯狂抢占抗战胜利果实

1945 年 8 月 8 日,苏军出兵东北,次日,苏联对日宣战。之后,中国战局发生了急剧的重大变化。8 月 9 日,毛泽东发表了《对日寇的最后一战》声明,声明指出,对日战争已处在最后阶段,最后战胜日本侵略者及其一切走狗的时间已经到了。中国人民的一切抗日力量应举行全国规模的反攻,密切而有效力地配合苏联及其他同盟国作战。八路军、新四军及其他人民军队,应在一切可能条件下,对于一切不愿投降的侵略者及其走狗实行广泛的进攻,歼灭这些敌人的力量,夺取其武器和资财,猛烈地扩大解放区,缩小沦陷区。

面对中国人民抗日战争开始进入战略大反攻的有利局面,国民党对我军的反攻作战行动不但不予配合,反而采取了无理的阻挠和破坏。8 月 10—11 日,为抢占抗战成果,蒋介石连续发布三道命令,要八路军及一切抗日军队应就原地驻防待命,其在各战区作战地境之部队并应接受各战区司令长官之管辖,勿擅自行动,各地伪军,应就现驻地点负责维持地方治安,同时命

令各战区以主力挺进解除敌军武装,接受日伪军投降,同时积极向解放区推进。例如,胡宗南以主力3个军向山西推进,一部已过黄河;傅作义部进入包头并沿平绥路东进;李品仙、何柱国等部向徐州、蚌埠推进;王仲廉、高树勋等部向郑州、洛阳、许昌一线推进,等等。在美国的帮助下,国民党几乎垄断了受降权,对原日军侵占的重要战略地点,除东北及张家口、承德、赤峰、多伦、古北口为我八路军解放外,其余大多为国民党军抢占,全民族抗战的胜利果实大都被国民党攫取,目的就是为日后发动反人民的内战做准备。

(二)中国共产党领导的敌后战场

九一八事变后,中国共产党率先举起了武装抗日的旗帜。九一八事变的第三天,中共中央就发表反对日本帝国主义侵略中国的宣言。1931年9月22日,中共中央作出《关于日本帝国主义强占满洲事变的决议》。1932年4月15日,毛泽东以中华苏维埃共和国临时中央政府的名义,发表《中华苏维埃共和国临时中央政府宣布对日作战宣言》,正式决定对日本帝国主义宣战。中国共产党还直接领导了东北人民的抗日武装斗争。东北抗联第一路军总司令杨靖宇、第二路军副总指挥赵尚志、第三军二团政委赵一曼等共产党员,率领英勇的东北人民在冰天雪地里穿行于白山黑水之间与敌人血战到底,最后英勇牺牲,谱写了可歌可泣的抗战精神。

1937年8月,中国共产党在陕北洛川召开政治局扩大会议,提出了抗日救国十大纲领,指出要打倒日本帝国主义,必须发动全民族的抗战,实行全国总动员。在中国共产党看来,战争的伟大力量深藏在人民之中,只有动员和组织群众,紧紧依靠人民,才能打赢这场以弱胜强的战争。会议提出,在中国,农民是中国革命的主力军,进行人民战争,首先要深入敌后,充分发动农民开展独立自主的游击战争,创建抗日民主政权,让农民在战争中受到锻炼,从而把农村建成革命的大本营。

抗日民族统一战线形成后,八路军开赴前线,深入敌后,配合国民党军队作战,取得了诸多胜利。

1937 年 9 月 25 日,八路军一一五师主力在平型关伏击日军,消灭日军 1000 多人,取得了抗战以来中国军队的第一次胜利,打破了日军不可战胜的神话,有力配合了阎锡山第二战区的防御作战。

1937 年 10 月 18 日,八路军一二〇师为配合国民党保卫太原,切断敌人运输线、补给线,埋伏于雁门关以南公路两侧高地,通过激战,共毙伤敌 500 余人,毁敌汽车数十辆,取得了雁门关的胜利。

1937 年 10 月 19 日,八路军一二九师第七六九团在当地人民群众的协助下,深夜悄然地进入阳明堡飞机场,突然发起猛烈进攻,经过 1 小时左右激战,歼灭日军 100 余人,消灭日军飞机 24 架,严重削弱了日军的空中力量,有力地配合了国民党正面战场忻口战役的作战。

除此而外,中国共产党所领导的游击战争以特有的机动灵活和神出鬼没,向日军后方和交通线频频出击,描绘了一幅人民战争的壮丽画面。在战略防御阶段,从战争的全局看,国民党正面战场的正规战是主要的,敌后的游击战是辅助的,但到战略相持阶段,共产党领导的游击战争上升成为打击日本侵略者的主要作战方式。各种形式的游击战,使日本侵略者心惊胆战,捉摸不透,就连日本华北方面军总司令冈村宁次也曾哀叹道:华北敌后战场是谜一样的战场,这里有谜一样的组织,谜一样的军队,谜一样的战役,是一个永远猜不透的谜。

战争教育了人民,人民赢得了战争,经过战争的洗礼,人民军队迅速壮大,至 1945 年 8 月,人民军队发展到了 120 万人,为战略反攻创造了条件。

1938 年 10 月,武汉会战后,日本因国力和资源有限,加之战线太长,特别是 1938 年 6—10 月的武汉会战后,已无力发动大规模的正面进攻。同时,中国共产党领导的敌占区游击战争的发展和抗日根据地的扩大,使日军逐渐收缩战线,只能收缩在主要交通线和一些大城市,广大农村均控制在共产党领导的八路军、新四军手中。抗战进入相持阶段后,日军主要攻击敌后战场的八路军和新四军,而对国民党政府则采取以政治诱降为主军事打击为辅的方针,中共领导的敌后战场成为这一时期的主战场。

从1941—1942年,日本侵略者对根据地进行了残酷的进攻,实施"扫荡"和"清乡"活动,使敌后根据地进入了抗战最为困难的时期。其间,敌后根据地的军民伤亡很大,部队减员很多,到1942年八路军、新四军由50万人下降到40万人,华北平原地区的一些抗日民主政权被摧毁,根据地面积缩小,总人数由1亿多人下降到5000万人以下。面对严峻的形势,中共中央认为要充分发挥人民群众的力量,进行人民战争,采取形式多样的战争,利用一切有利条件来打击日本侵略者。各根据地在与日伪军的作战中创造了形式多样的歼敌方法,如麻雀战、地雷战、地道战、交通破袭战和水上运动战等一系列战术,通过痛击日本侵略者的战争实践,丰富了人民战争的战略战术。

在抗日战争进入相持阶段后,敌后各抗日根据地受到日军"扫荡"和国民政府经济封锁的双重影响,在财政方面日益陷入困难。为了摆脱困境,坚持抗日战争,1942年底,中共中央提出了"发展经济,保障供给"的方针,号召解放区军民自力更生,克服困难,开展大生产运动。从1941年3月开始,解放区军民在党中央和毛泽东的领导部署下,三五九旅进驻了垦区开展了屯田大生产运动。陕甘宁边区、南泥湾、槐树庄、大风川等地的大生产运动热火朝天地开展起来。中共中央和中央军委各直属单位随后也来到三五九旅七一七团进驻的南泥湾参加垦荒。一时间,各屯垦区掀起了开荒生产的大比拼。经过广大群众指战员辛勤地劳动,大生产运动取得了显著成绩。特别是南泥湾,成为抗战时期中共大生产运动的典型案例。1941年,开荒11200亩,收获细粮1200石,粮食自给率达到78.5%。1942年,三五九旅耕种面积达到 26800 亩,收获细粮 3050 石。毛泽东指出,这是中国历史上从来未有的奇迹,这是我们不可征服的物质基础。大生产运动使陕甘宁边区和各抗日根据地的军民战胜了日军的"扫荡",度过了抗日战争的最困难时期,为支持敌后长期战争,夺取抗日战争的最后胜利奠定了物质基础。

1942 年 2 月上旬,毛泽东先后在中央党校的开学典礼以及中宣部和中央出版局联合召开的宣传工作会议上,做了《整顿学风党风文风》和《反对党八股》的报告,从而揭开了以反对主观主义以整顿学风、反对宗派主义以整顿党风、反对党八股以整顿文风为内容的整风运动的序幕。这场运动从中共中央高层开始,继而扩展到全党和中共领导下的各抗日根据地。由于这场整风运动以延安为中心,又以在延安开展的运动最为典型,史称"延安整风运动"。"延安整风运动"的宗旨和方针是"惩前毖后"和"治病救人",而不是"残酷斗争"和"无情打击"。整风的方法步骤是,认真学习马克思主义经典著作,阅读领会文件精神,联系个人思想、工作、历史以及所在地区部门的工作,实事求是,进行自我反省,开展批评与自我批评,逐步取得思想认识上的一致,提出努力的方向。延安整风运动是中国共产党历史上一次全党范围的普遍的马克思主义教育运动,也是一次伟大的思想解放运动。通过延安整风,中国共产党不仅初步确立了实事求是的思想路线,破除了将苏共经验和共产国际指示神圣化的教条主义,对中国革命事业有着深远的影响。

二、正面战场和敌后战场的关系分析

抗战期间,面对共同的敌人,国共两党分别开辟了正面战场和敌后战场。全面、客观地描述正面战场和敌后战场的关系,对于客观、正确地反映中华民族抗日战争的这段历史至关重要。

首先,两个战场有着共同的作战目的和不同的战略任务。正面战场和敌后战场共同作战目的是抵抗日本侵略者,但承担的战略任务是不同的。面对日本帝国主义的疯狂入侵,中华民族到了最危险的时候,国共两党各自承担起了自己的任务。国民党军处于日军战略进攻的正面,进行正面御敌;共产党领导的八路军、新四军等人民武装在侧翼配合。抗战期间,不论是国民党的中央军,还是地方军队,在抗日战争中都参加了对日作战,表现出强烈的爱国主义精神。有不少将士为民族的解放战争而流尽了最后一滴血。如北平南苑作战中牺牲的佟麟阁、赵登禹,忻口会战中牺牲的郝梦龄、刘家琪、郑廷珍,在枣宜战役中牺牲的张自忠,还有在中国远征军赴缅甸作战中牺牲的戴安澜等,都是正面战场抗日将领的杰出代表。由于国共两党密切配合、前后夹击,使日本侵略者"三个月灭亡中国"的狂妄计划破灭。但随着战事的发展,两个战场各自所发挥的作用也有所变化,战争进入相持阶段后,日本侵略者的刀锋主要向着解放区。到1943年,侵华日军的64%和伪军的95%,为解放区军民所抗击。国民党战场所担负的不过是日军的36%和伪军的5%而已。1944年,在日本侵略者企图打通大陆交通线的作战中,国民党军队表现出手足无措,毫无抵抗能力。仅几个月内就使河南、湖南、广西、广东等省广大区域沦入敌手。

其次,两个战场各自独立又相互配合,缺一不可。正面战场和敌后战场既各自独立又相互配合。两个战场分别面对共同的敌人即日本侵略者,在各自的作战区域分别作战,同时又积极进行战略战役的配合。在全国抗战开始后的几年中,中国共产党开辟了一个广大的敌后战场,以至于能够停止日寇主力向国民党战场进行战略进攻长达五年半之久,将日军主力吸引到自己周围,减少了正面战场的压力,挽救了国民党战场的危机,支持了国民党抗战。正如中共中央为抗战六周年纪念宣言所指出的那样,这两个战场的作用是互相援助的,缺少一个在目前就不能制止法西斯野兽的奔窜,在将来就不能驱逐这个野兽出中国,因此必须增强这两个战场互相援助的作用。

中国共产党领导的敌后抗日军民,在整个抗战期间,在艰难的处境之下,他们抗击了半数以上的日军。只有加强这两个战场的互相援助与特别加强对于敌后抗战军民的援助,才是加强整个中国战场作战努力的具体办法。周恩来在中共七大上也指出没有敌后战场,就没有正面战场。

两个战场相互支持,密切配合,分别为抗战最后胜利做出了贡献,这在世界反法西斯战争中绝无仅有,是中华民族在抗日战争中的一个创举,是中国共产党倡导和促成的抗日民族统一战线在军事上的成功体现。2015 年 9 月 2 日,在颁发"中国人民抗日战争胜利 70 周年"纪念章仪式上,习近平指出,"在 14 年反抗日本军国主义侵略特别是 8 年全面抗战的艰苦岁月中,全体中华儿女万众一心、众志成城,凝聚起抵御外侮、救亡图存的共同意志,谱写了感天动地、气壮山河的壮丽史诗,涌现出杨靖宇、赵尚志、左权、彭雪枫、佟麟阁、赵登禹、张自忠、戴安澜等一批抗日英烈和八路军'狼牙山五壮士'、新四军'刘老庄连'、东北抗联八位女战士及国民党军'八百壮士'等众多英雄群体。无论是正面战场还是敌后战场,无论是直接参战还是后方支援,所有投身中国人民抗日战争中的人们,都是抗战英雄,都是民族英雄"[1]。因此,在中国抗日战场上,正面战场和敌后战场的关系十分密切,缺一不可。

三、中国人民抗日战争的伟大意义

中国人民抗日战争,是近代以来中华民族第一次取得完全胜利的反侵略战争和民族解放战争,是 20 世纪中国和世界历史上的重大事件,意义深远。

---

① 习近平:《在颁发"中国人民抗日战争胜利 70 周年"纪念章仪式上的讲话》,中央政府门户网站,2015 年 9 月 2 日。

第一，抗日战争的胜利彻底打败了日本侵略者，捍卫了中国的国家主权和领土完整。抗日战争的胜利是自鸦片战争以来第一次真正意义上的胜利。它洗雪了近代以来中国人民受帝国主义奴役和压迫的耻辱，实现了民族独立，极大地推进了中国革命的历史进程，为中国新民主主义革命的最后胜利奠定了坚实的基础。

第二，抗日战争的胜利，促进了中华民族的觉醒和团结，弘扬了以爱国主义为核心的民族精神。在爱国主义感召之下，四万万中华儿女，同仇敌忾、万众一心，誓死不当亡国奴，不畏强暴、与敌人血战到底。抗日战争的胜利使中国人民深刻认识到，只有在中国共产党领导之下，中国各族人民才能实现民族独立和人民解放。

第三，抗日战争的胜利，对世界反法西斯战争的胜利、维护世界和平伟大事业做出了巨大贡献。中国抗战的胜利创造了半殖民地半封建的弱国打败帝国主义强国的奇迹，它极大地鼓舞了殖民地半殖民地国家人民争取民族独立和解放的信心。中国人民为最终战胜世界法西斯势力做出了历史性贡献。特别是中国参与发起成立联合国并成为联合国安全理事会常任理事国，显著提高了中国的国际地位和国际影响，使中国逐渐成为捍卫世界和平的重要力量。

四、弘扬伟大的抗战精神

在波澜壮阔的中国人民抗日战争中，中华民族勠力同心，千千万万中华儿女抛头颅、洒热血，为保卫家园做出了重大贡献，铸就了伟大的抗战精神。抗战精神，体现为天下兴亡、匹夫有责的爱国情怀。面对民族生死存亡，全体同胞以"誓死不当亡国奴"的民族自尊，挺身而出，共赴国难。在中国共产党倡导建立的抗日民族统一战线旗帜下，海内外中华儿女以强烈的家国情怀,空前团结起来,争先投入保家卫国的伟大斗争中,形成了人民战争的汪洋大海,谱写下惊天地、泣鬼神的爱国主义篇章。抗战精神,体现为视死如归、宁死不屈的民族气节。面对侵略者的屠刀,中国人民用血肉之躯筑起新的长城,人人抱定必死之心。成千上万的英雄们,在侵略者的炮火中奋勇前进,在侵略者的屠刀下英勇就义,彰显出中华民族威武不能屈的浩然正气。抗战精神,体现为不畏强暴、血战到底的英雄气概。在抗战中,无数中华儿女为了捍卫国家利益,勇敢地投入抗战这场伟大而正义的斗争中。在敌强我弱的强大攻势下,他们没有选择退缩,而是毫不畏惧地站在一起,以自己的血肉之躯挡住了敌人的进攻,充分展现了中华儿女的英雄气概。抗战精神,体现为百折不挠、坚韧不拔的必胜信念。面对穷凶极恶野蛮残暴的日本侵略者,具有浓烈爱国主义精神的中国人民没有屈服,激起了同侵略者血战到底的革命斗志,坚定了革命必胜的理想信念,正是这种相信正义必胜的强大精神力量的支撑,勇敢的中国人民才在艰难万险中战胜了各种困难,特别是东北人民在坚持了 14 年艰苦卓绝的斗争后,最终取得了抗战的伟大胜利。伟大的抗战精神,是永远激励中国人民克服一切艰难险阻、为实现中华民族伟大复兴而奋斗的强大精神动力。毛泽东说过,我们中华民族有同自己的敌人血战到底的气概,有在自力更生的基础上光复旧物的决心,有自立于世界民族之林的能力。近代以后,面对强敌的一次次入侵,中华儿女没有屈服,中华民族没有屈服,而是众志成城,前仆后继,顽强抗争,誓与侵略者血战到底,奏响了无数气壮山河的英雄凯歌。

2015 年 9 月 3 日,在纪念中国人民抗日战争暨世界反法西斯战争胜利70 周年大会上,习近平进一步指出,"战争是一面镜子,能够让人更好认识和平的珍贵。今天,和平与发展已经成为时代主题,但世界仍很不太平,战争的达摩克利斯之剑依然悬在人类头上。我们要以史为鉴,坚定维护和平的决心"①。当前,在实现中国梦的伟大实践中,全国各族人民要一如既往地在中国共产党领导下,坚持以马克思列宁主义、毛泽东思想、邓小平理论、"三个代表"重要思想、科学发展观、习近平新时代中国特色社会主义思想为指导,沿着中国特色社会主义道路,大力弘扬伟大的爱国主义精神,弘扬伟大的抗战精神,以永不懈怠的精神状态和一往无前的奋斗姿态,向着我们既定的目标继续奋勇前进!

今天,中国正阔步走在中国特色社会主义道路上,我们比历史上任何时期都更加接近实现中华民族伟大复兴的目标。实现我们的目标,需要英雄,也需要英雄精神。中国当代的大学生,要继承好弘扬好抗战精神,立足现实,脚踏实地,为实现"两个一百年"奋斗目标、实现中华民族伟大复兴的中国梦而努力奋斗!

【课后思考】

1. 如何看待抗战中的国民党及正面战场?

2. 为什么说中国共产党是中国人民抗日战争中的中流砥柱?

3. 如何理解中华民族的抗日战争对实现中华民族伟大复兴的重要意义?

4. "马克思主义中国化"命题是如何提出的?

5. 日本帝国主义的侵华战争给中国人民带来了哪些深重灾难?

【学习拓展】

1. 毛泽东:《论持久战》(1938年5月)。

2. 沙健孙主编:《中国共产党与抗日战争》,中央文献出版社,2005年。

---

① 《抗战胜利70周年纪念大会 习近平发表重要讲话(全文)》,人民网,http://politics. people. com. cn/n/2015/0903/c1001 – 27543265. html。

3. 刘益涛:《中流砥柱——抗战中的毛泽东》,中央文献出版社,2005 年。

4. 电视剧:《战长沙》。

5. 电视剧:《东北抗联》。

6. 电影:《黑太阳 731》。

专题八　前途的抉择

——新中国的铸造

第一节　新中国的成立

抗战胜利以后,中国人民又处在了一个新的历史路口,面临着更加复杂的历史选择。德、意、日三个法西斯国家被彻底打垮,整个世界形成了以美、苏为代表的两大阵营,未来的中国将何去何从? 又是一个新的历史课题。

在错综复杂的国际国内形势下,中国共产党为了天下劳苦大众进行了争取和平建国的努力,在种种努力宣告失败后,毅然又带领中国人民投入反对国民党反动派挑起的内战浪潮中,经过三年的艰苦斗争,消灭了蒋介石号称八百万的部队,结束了国民党在中国二十多年的统治,解放了全中国,并于 1949 年 10 月 1 日采取政治协商的办法建立了崭新的中国。至此中国人民经过一百余年的努力,才顺利完成了近代历史所赋予中国人民的第一个历史重任,实现了站起来的伟大飞跃。

一、争取和平民主的努力

二战结束后,整个世界局势发生了巨大变化,德、意、日三个法西斯国家在全世界人民的共同协作、努力下被彻底打垮,称霸世界的野心被完全掐死,英、法等老牌资本主义国家力量受到严重削弱,退出了世界舞台的中心,整个世界形成了美、苏两极争霸的格局和态势。

苏联在战争中得到了磨炼,充分显示了社会主义的巨大力量,国际地位得到了提高,特别是从 1946 年开始实施的第四个五年计划,使苏联变得更加强大,逐渐走向了世界舞台的中心。东欧和东南欧的一些国家,在共产党的领导下,先后进行了民族解放斗争,摆脱了西方资本主义国家的殖民统治,获得了民族独立,陆续建立了人民民主共和国,这些国家与苏联一起,显现了社会主义的生机与活力。

与此对应的是,美国通过两次世界大战,大发战争横财,特别是第二次世界大战后,通过"马歇尔计划"等措施一跃成为资本主义世界头号霸主,同时依赖它强大的军事与经济实力,积极在世界范围内谋取新的霸权。二战后,整个世界形成了美、苏两个超级大国之间既斗争又妥协的国际新格局。两个超级大国在二战后相当长的一段时间里,在世界领土划分、秩序归属和许多重大问题上,既展开了激烈的斗争,都想把对方打倒,但有时又基于自身利益的考虑,不得不作出一些相应的让步,呈现出一种既对立又统一的矛盾状态。美苏之间的这种关系状态,也一度影响着中国政局的发展。

控制中国是美国二战后全球战略的重要组成部分,只不过是对待中国这样一个大国采取的方式更加隐蔽和更带欺骗性罢了。正如当时美国国家安全委员会在一份报告中指出的那样,美国当时在中国所追求的长远目标是推动建立一个稳定、统一的亲美政府,而短期目标是"阻止共产党完全控制中国"。二战后,美国在支持蒋介石反共的同时,要求国民党政府按照美、英政府模式进行适当的改革和让步,通过国共和谈,达成协议,确立国民党在中国的领导地位。1945年12月,美国总统杜鲁门发表对华政策的声明指出:"一个强盛的、团结的和民主的新中国对联合组织之成功及世界和平最为重要""中国人民切勿忽视以和平谈判的方法迅速调整他们内部分歧的机会"①,同时,美国派出了以马歇尔上将为代表的特使团访问中国,希望召开一个由主要党派参加的全国会议,以和平之方式实现全国统一。27日,美、英、苏三国外长在莫斯科发表联合公报,希望中国能够保持国内和平与统一。

苏联虽然是战后唯一能同美国抗衡的国家,但就实力来说,许多方面都不如美国,因此在包括中国的许多问题上不得不与美国相妥协。在对华政策上,对中国革命和中国人民给予了很大的同情和支持,但又不敢公开站出来支持中国革命,特别是当时的苏联领导人过低地估计了共产党的力量,过高地估计了国民党的力量,同时也害怕因支持中国革命会导致与美国的直接军事冲突而引发新的世界大战。因此,苏联一方面积极谋求在中国东北和外蒙的利益,1945年8月,同国民政府签订了《中苏友好同盟条约》和相关的一些协定。国民政府则以承认苏联在中国的特殊利益为代价来换取苏联的支持。另一方面则要求中国共产党要与以蒋介石为首的国民党进行国内谈判与妥协,以和平的方式解决中国问题。

综上所述,抗战胜利后,美、苏两个超级大国都主张用和平的方式解决中国问题,客观上推动了战后初期中国政局朝着和平的方向发展。同时战后全国人民要求和平反对战争的呼声以及共产党相当军事力量的存在,也是促使蒋介石走到与共产党的谈判桌上来的重要因素。正是在当时这种局

---

① 四川大学马列主义教研室、中共党史科研组:《停战谈判资料选编》,1979年。

势下,蒋介石一方面在积极发动内战的同时,另一方面也表示愿意与共产党进行和平谈判。

1945 年 8 月 14 日、20 日、23 日,蒋介石连续三次电邀毛泽东到重庆谈判。蒋介石用意有三:一是在全国人民迫切要求和平的愿望下,提出进行和平谈判,可以骗取人民的支持。二是利用谈判时间做好发动内战的准备。三是如果中共领导人不愿意或不敢来谈判,则直接可以把破坏和平的责任推到共产党身上。

中国共产党对当时的时局有着较为清醒的认识,一方面为了揭露美、蒋的"和平"骗局,另一方面也真心希望能够争取到和平建国方案,给长期战乱后渴望和平的中国人民以休养生息。1945 年 8 月 25 日中国中央发表了《对目前时局的宣言》,提出了和平、民主、团结三大口号,表明了反对独裁与内战,争取和平与民主的政治主张。26 日,中共中央在党内发出了《关于同国民党进行和平谈判的通知》,向全党说明了进行和平谈判的重要意义、谈判的方针和可能出现的后果及对策。

1945 年 8 月 28 日,由毛泽东、周恩来、王若飞等人组成的中共代表团在国民党中央政治部部长张治中、美国驻华大使赫尔利的陪同下,由延安飞抵重庆。毛泽东不顾个人安危,亲赴重庆谈判,表达了中国共产党对于和平的真挚诚意,在国内外引起了巨大的轰动,受到全国人民的高度赞誉。

谈判从 8 月 29 日开始,前后历时 43 天,经历了 12 轮会谈,国共双方于 10 月 10 日签订了《政府与中共代表会谈纪要》,简称《双十协定》。重庆谈判虽在人民军队和解放区政权两个根本问题上未能达成统一意见,但确定了和平建国的基本方针和途径,国民党同意结束"训政"实施宪政,召开由各党派及社会贤达参与的政治协商会议,讨论建国方案。重庆谈判是中国共产党尝试用和平的方法解决中国前途与命运的一次努力。

根据《双十协定》的决议,1946 年 1 月 10 日,政治协商会议在山城重庆国民政府礼堂召开。国民党代表 8 人,共产党代表 7 人,民主同盟代表 9 人,青年党代表 5 人,无党派的社会贤达代表 9 人,共 38 人。基本上形成了左、中、右三种政治势力。会议的中心议题仍然是政治民主化和军队国家化,实质仍是军队问题和政权问题。以中国共产党为代表的革命力量,力争建立一个民主联合政府。民主同盟基本上是中间势力,主张通过和平改良方法建立资产阶级议会制民主的国家。国民党及其附属青年党,顽固坚持大地主大资产阶级的国民党一党专政。由于三种政治势力在建立什么样的国家问题上存在分歧,因此在会上展开了尖锐复杂的斗争。在会议进行中,中共代表与民主同盟代表本着求同存异的精神,在许多重大问题上共同商量,取得一致意见,在大小会议上,相互支持,并团结其他爱国人士结成反内战、争民主的联盟,同国民党展开了有理、有利、有节的斗争。

历时 22 天的政协会议,由于中国共产党的努力和各民主党派的合作与斗争,终于迫使蒋介石签订了《关于政府组织问题的协议》《和平建国纲领》《关于国民大会的协议》《关于宪章问题的协议》《关于军事问题的协议》五项协议。这些协议虽然还不是中国共产党所主张的新民主主义纲领,但它否定了国民党一党专政、个人独裁的政治制度,否定了国民党反人民的内战政策,迫使国民党承认党派存在的合法性和各党派的平等地位,确定了民主改革的总方向。所有这些,是符合全国人民要求和平民主的愿望,代表了当时人民的利益的,是人民民主力量的胜利。政治协商会议的成功,是中国共产党与民主党派及各界人士在会议内外密切合作的结果,是党的统一战线的胜利。

二、国民党反动集团的覆灭

蒋介石集团是代表大地主大资产阶级利益的,自然不能容忍各种人民民主力量的发展和壮大。在重庆谈判与政治协商会议召开期间,就下命令将所属部队从抗战后方的大西南向东部各地部署,抢占战略要地。在做好了相应的准备后,1946年6月26日,国民党公然违背停战协定,撕毁了《双十协定》,以进攻中原解放区为起点,向共产党领导的解放区发动了全面进攻,挑起了内战。

从当时国共两党的军事力量来说,国民党在军队数量、武器装备、后勤补给等方面都远胜于共产党。国民党有部队430万人,正规军有248个师,约200万人,辖区共有730万平方千米的领土和3.39亿的人口,控制着全国大部分的城市和主要交通枢纽,同时由于接收日伪装备,加上得到美国大量援助,部队装备优良。人民解放军总兵力约127万人,野战军61万人,地方部队66万人,双方兵力比为3.4∶1,解放区面积230万平方千米,人口1.36亿,地处农村,基本上没有什么外援。

中国共产党科学分析了国共两党在军事等方面的优劣对比情况,论证了战争的性质。指出我们必须打倒蒋介石,而且能够打倒蒋介石。因为虽然我们兵力、装备不够,但人心所向,士气高昂,进行的是正义的人民战争,国民党虽有外援,但人心不齐,士气不高,而人心向背是战争的决定因素。1946年7月20日发出了《以自卫战争粉碎蒋介石的进攻》的通知,1946年8月,毛泽东在会见美国记者时信心满满地指出:"一切反动派都是纸老虎。看起来,反动派的样子是可怕的,但实际上并没有什么了不起的力量。从长远的观点看问题,真正强大的力量不是属于反动派,而是属于人民。"①从思想上进行了大动员,全党、全军上下做好了抵御国民党军队进攻的准备。

在三年的解放战争中,中国共产党紧紧依靠中国人民,陆续打退了国民党的全面进攻和重点进攻,使蒋介石反动集团陷入了人民战争的汪洋大海之中,从 1948 年 9 月至 1949 年 1 月,通过辽沈、淮海、平津三大战役,彻底摧毁了国民党反动政权,总体上完成了解放中国的历史重任。

三、新中国的诞生

(一)中国共产党的建国方案

随着解放战争的顺利进行,建设一个崭新的新中国逐渐被提上了议事日程,为从思想上、政治上、组织上为新中国的成立做准备,1948 年 9 月,中共中央政治局召开会议,对未来新生政权的国体和政体提出了初步的方案。

1949 年 3 月,中共中央在河北省平山县的西柏坡村召开了七届二中全会,会议明确指出,随着革命形势的变化,党的工作重心应由此前的以农村为中心要逐步地转移到以城市为中心的轨道上来,党在农村聚集力量、谋求发展,走农村包围城市道路的历史使命已经完成,今后一段时期将是由城市到农村并由城市领导农村的时期。会议明确了全国胜利后党的基本政策。会议指出,革命在全国胜利并解决了土地问题以后,工人阶级和资产阶级的矛盾,中华民族和帝国主义的矛盾并没有消失。因此,无产阶级领导的国家政权只能加强,不能削弱,要尽快地发展生产,逐步使中国由农业国变为工业国,建设伟大的社会主义国家。会议还对党的思想建设和作风建设提出

---

① 《毛泽东选集》(第四卷),人民出版社,1991 年,第 1195 页。

了明确的要求,要求全党要经得起执政的各种考验,经得起糖衣炮弹的进攻,要以谦虚、谨慎、不骄、不躁的工作作风迎接新生的政权。此后,中共中央及其所属机关由西柏坡迁至北平。

1949年6月30日,毛泽东发表了《论人民民主专政》一文,文章指出,资产阶级共和国的方案在中国是行不通的,我们所要建立的新中国,只能是工人阶级(经过共产党)领导的以工农联盟为基础的人民民主专政的国家。《论人民民主专政》向全国人民表明了中国共产党的建国主张。

(二)人民政协会议的召开与《共同纲领》的制定

党的七届二中全会的建国思想和毛泽东的《论人民民主专政》,构建了《中国人民政治协商会议共同纲领》的基本框架和主要内容。新中国成立的历史重任,是由中国人民政治协商会议来承担和实现的。

1949年9月21—30日,中国人民政治协商会议第一届全体会议在北平召开,各民主党派、各地区、人民解放军、各人民团体和特邀代表662人齐聚一堂,共商建国大计,代表了社会各阶级、民族、党派、民主人士和海外侨胞的愿望,具有了广泛的人民民主性。

会议通过的《中国人民政治协商会议共同纲领》具有临时宪法的性质,它明确规定:中华人民共和国为新民主主义即人民民主主义的国家,实行工人阶级领导的、以工农联盟为基础的、团结各民主阶级和国内各民族的人民民主专政,人民行使国家政权的机关为各级人民代表大会和各级人民政府;各级政权机关一律实行民主集中制。国家权力属于人民。除此之外,它还对国家政权机关、军事制度、经济、文化教育、民族、外交等方面的基本政策作出了规定。如经济方面,指出要以公私兼顾、劳资两利、城乡互助、内外交流的政策,达到发展生产、繁荣经济的目的。在民族方面规定,各民族一律平等,实行团结互助,各少数民族聚居的地区,实行民族区域自治。

9 月 27 日,会议通过了四项明确规定:①将北平改名为北京,作为中华人民共和国的首都。②采用公元纪年,本年为公元 1949 年。③以《义勇军进行曲》为代国歌。④国旗为五星红旗。

9 月 30 日,会议选举毛泽东为中央人民政府主席,朱德、刘少奇、宋庆龄、李济深、张澜、高岗为副主席,周恩来等 56 人为中央人民政府委员会委员。30 日下午,会议胜利拉下帷幕。

(三)中华人民共和国的成立

在中国人民政治协商会议的组织下,1949 年 10 月 1 日下午 2 时,中央人民政府委员会举行第一次全体会议,会议任命周恩来为政务院总理兼外交部部长,林伯渠为中央人民政府秘书长,毛泽东为革命军事委员会主席,朱德为中国人民解放军总司令,沈钧儒为最高人民法院院长,罗荣桓为最高人民检察署检察长。会议接受《中国人民政治协商会议共同纲领》为政府的施政方针。同时会议向世界各国宣布,本政府为代表中华人民共和国全国人民的唯一合法政府,凡愿遵守平等、互利及互相尊重领土主权等项原则的任何外国政府,本政府均愿与之建立外交关系。

下午 3 点,中华人民共和国开国庆典仪式在北京盛大举行,30 万首都各界人士聚集于天安门前,共同见证了这庄严而伟大的时刻。激昂奋进的《义勇军进行曲》奏响了整个广场,54 门礼炮散发的幸福烟花,使天空霎时变得绚丽多彩。毛泽东在天安门城楼向全世界庄严宣告:"中华人民共和国中央人民政府已于本日成立了。"在幸福的欢呼声中,毛泽东宣读了《中华人民共和国中央人民政府公告》,朱德宣读了中国人民解放军总部命令,要求迅速肃清国民党一切残余武装,解放全国。随即进行了浩大的阅兵仪式和群众游行,首都 200 万人民与已经解放的各大城市和海外侨胞一同沉浸在欢乐的海洋之中。

中华人民共和国的成立,标志着一个东方大国从此摆脱了帝国主义、殖民主义的枷锁,是中华民族解放运动的胜利。它向全世界庄严宣告,中国人民从此站立起来了,中华民族任人宰割,饱受欺凌的时代一去不复返了。中华人民共和国的成立,使4万万中国同胞从此洗刷了被西方列强屡屡欺凌的屈辱史,从此以一种自立昂扬的姿态伫立在世界的东方,为世界民族解放运动做出了榜样和示范。

中华人民共和国的成立,是马克思主义的胜利。俄国十月革命给中国带来了马克思主义,从此改变了中国革命一而再再而三地遭受挫折的局面。伟大的中国共产党人,把马克思主义普遍原理同中国具体实践相结合,创造了中国化的马克思主义。在马克思主义的指引下,中国共产党人带领全国人民不断地书写着中国革命的新篇章,直至取得了新中国成立的伟大胜利,以无可辩驳的事实论证了马克思主义是科学而正确的革命真理。

中华人民共和国的成立,充分体现了无产阶级和广大人民群众的磅礴力量,广大的人民群众被充分地动员和组织起来,形成了波澜壮阔的革命浪潮,把国民党反动派淹没于人民战争的汪洋大海中,充分体现了只有人民才是历史创造者的历史唯物主义观点。中华人民共和国的成立是人民战争的胜利,为中国共产党树立以人民为中心的思想,打下了生动的实践基础。

中华人民共和国的成立,是伟大的中国共产党"不忘初心、砥砺前行"的胜利。中国共产党自成立以来,牢记宗旨,不忘初心,为了中华民族的解放事业,为了天下大众苍生,团结了一切可以团结的力量,历经千难万险,最终迎来了中国的新生。它向全世界宣告,只有中国共产党,才能解放全中国,只有中国共产党,才是我们革命事业中唯一可以信任的力量,只有中国共产党,才是革命和建设的坚强领导核心。

第二节　社会主义制度在中国的确立

1949 年中华人民共和国的成立,宣示着中国人民从此站立起来了,也为经济建设和社会全面进步开启了全新的篇章。毛泽东在新中国成立前夕,曾充满激情地指出:"中国人民将会看见,中国的命运一经操在人民自己的手里,中国就将如太阳升起在东方那样,以自己的辉煌的光焰普照大地,迅速地荡涤反动政府留下来的污泥浊水,治好战争的创伤,建设起一个崭新的强盛的名副其实的人民共和。"①这是对世界的宣示,更是对人民的承诺。

一、社会主义经济制度的建立

(一)单一的社会主义公有制

如何在抗日战争和解放战争的废墟上迅速把中国建设成为一个富强、民主、文明的社会主义国家? 无疑是摆在以毛泽东同志为主要代表的中国共产党人面前最严峻的问题。毛泽东以卓越的战略眼光,通过深入分析国内的现实情况及国际大环境,认为要迅速恢复新中国的经济,最好的捷径是学习别人先进的经验,认为不管是社会主义国家的,还是资本主义国家的,一切国家好的经验我们都要学习。环视世界,最成功的社会主义国家就是苏联,因此在新中国成立初期,毛泽东多次提过向其他国家特别是向苏联学习的问题。

---

① 《毛泽东选集》(第四卷),人民出版社,1991 年,第 1467 页。

　　新中国实行向苏联"一边倒"的外交政策,有着深刻的外部环境的原因。第二次世界大战结束后,当时的国际形势出现了以美国为首的资本主义阵营和以苏联为首的社会主义阵营,两大阵营尖锐对立,势同水火。以美国为首的世界上大多数资本主义国家对新生的人民政权进行军事上的封锁,经济上的遏制和外交上的孤立政策。同时,苏联作为世界上社会主义国家的代表、老大哥,其社会主义政治体制在经济建设方面所取得的巨大成就显示了制度的强大威力,对世界上其他一切既有志于从事社会主义事业,又想摆脱资本主义世界控制的社会主义国家的政党和人民都具有强大的吸引力。中国共产党虽然领导全国人民胜利完成了新民主主义革命,实现了民族独立,但作为执政党则缺乏领导经济建设的经验和能力。最关键的是在共产党成立之初,苏联党和国家就和中国共产党保持了亲密的联系。新中国成立后,更是对新中国进行了大量的援助,长久的密切联系和双方领导人之间深厚的革命友谊,都使得苏联模式天然地适应了新中国在工业化初期着重发展重工业的需要。诸多要素都使得中国共产党在新中国成立初期选择苏联模式既是水到渠成顺理成章的事,也是当时最佳的选择。"苏联的今天,就是我们的明天"成为当时我国各族人民的共识。正是在苏联模式的指引下,中国共产党开始了新中国社会主义经济建设。

　　学习苏联模式,在新中国成立初期恢复国民经济、保证重点工程建设和保障人民生活等方面有着非凡的意义。遵照苏联模式,我们合理安排重工业、轻工业、农业在国民经济发展中的比例,确立了优先发展重工业的方针。即集中主要力量发展重工业,有步骤地促进农业手工业的合作化,继续进行对资本主义工商业的社会主义改造,保证社会主义成分在国民经济中的比重稳步增长。在从1953—1957年的第一个五年计划期间,我国初步奠定了国家工业化和国防现代化的初步基础,有效地巩固了新生政权不受破坏与颠覆。当然,任何一种模式都不可能是完美无缺的,也都要适合自己的国情和历史传统。实践证明，苏联模式虽然有诸多弊端，但就中国当时在重工业领域很多方面均处于一片空白、国防工业非常落后的特殊国情而言，苏联模式对我国在特殊时期搞经济建设还是做出了相当大的贡献。

在斯大林逝世后的第三年，即1956年，苏联共产党召开了在苏联历史乃至国际共产主义历史上标志着重要转折点的第二十次代表大会。赫鲁晓夫在会议上作了《关于个人崇拜及其后果》的秘密报告，指出斯大林主义的错误，批判了对斯大林的个人崇拜，全盘否定斯大林执政时的各种理论，对国际形势和世界社会主义阵营产生了重大的影响。当年的夏秋之季，又发生了波兰、匈牙利事件，连续的事件充分暴露了以苏联为首的个别社会主义国家中存在的严重问题与弊端。在经济工作中主要表现为，工业与农业、轻工业与重工业、积累与消费之间比例失调，使得人民生活依然困苦。与此同时，帝国主义世界乘机大做文章，掀起了一股反共反社会主义的浪潮，给国际共产主义运动和各社会主义国家的发展造成了巨大的政治影响。

鉴于苏共二十大和国际反共反社会主义的浪潮，以毛泽东为代表的中国领导人进行了深入的思考，开始认真审视我国正在进行的社会主义经济建设中可能存在的问题。毛泽东提出，在经济建设方面要适当调整重工业和农业、轻工业的比例，更多地发展农业和轻工业，我们不能像苏联那样，把什么都集中到中央，把地方卡得死死的，一点儿机动权都没有。为此，他主张管理权不能过于集中到中央，要适当扩大地方进行经济管理的权力和生产企业从事生产经营的权力，最大限度地发挥中央和地方的积极性。对于沿海工业和内地工业，国防建设和经济建设的关系，毛泽东提出大力发展内地工业，改变过去工业集中在沿海的布局，但仍然要好好利用和发展沿海工业；我们一定要加强国防，因此一定要首先加强经济建设，不能离开经济建设来片面地强调国防建设。同时，在经济体制改革方面，可以搞国营也可以搞私营，可以消灭了资本主义又搞资本主义，毛泽东主张在社会主义公有制占优势的前提下可以适当允许非社会主义成分的存在。还提出吸引华侨投资,开设投资公司,允许外国人来中国办工厂、开矿山。在分配方面,毛泽东提出国家、集体、个人三者兼顾的原则。一系列的新经济措施,有效地避免了苏联模式的弊端,适应了当时的国情,促使经济得到快速发展。

(二)指令性计划经济管理体制

计划经济,或计划经济体制,又称指令性经济,是一种有别于市场经济的,生产主体在生产、经营、销售、分配等方面高度集中的社会经济体制。在计划经济体制下,政府通过行政命令对生产、资源分配,以及产品消费事先进行计划、统筹和安排,提出国民经济和社会发展的总体目标,制定一系列的政策和措施,对关系国计民生的重大经济活动有计划地进行安排,有针对性地对经济运行方向进行引导和调节。由于资源的分配,包括生产什么、生产多少,都依赖于政府提前制定指令性经济计划决定,因此计划经济也被称为指令性经济。计划经济是政府部门有规划、计划地发展经济,其优点是避免了市场经济发展的盲目性、无序性和不确定性,从而避免了资源浪费的问题。市场经济先天具有的盲目性和无序性主要表现为:重复建设、企业间无序甚至恶性竞争、工厂倒闭、工人失业、地域经济发展不平衡、产生社会经济危机及生产者间尔虞我诈,利益追求导致社会诚信缺失等严重问题。

新中国成立伊始,计划经济体制的确立是通过对工商业的社会主义改造逐步实现的。1949 年,毛泽东在天安门城楼上庄严宣告新中国成立,随即展开了对官僚资本主义工业企业的社会主义改造。截至 1950 年 6 月底,共没收了 2858 家官僚资本主义的工业企业,使国营工业占全国工业资金的 78.3%,社会主义性质的工业企业掌握了国民经济命脉,预示着社会主义公有制在国民经济中占据主体地位。1949 年 10 月成立了中央财政经济委员会,对非公有制的私营工商业实行了社会主义性质的改造,把私营企业初步纳入了计划生产的轨道。在着力于社会主义性质的经济改造的同时,全国编制委员会、全国仓库物资清理调配委员会等一系列负责相应行业计划管理的中央机构也相继成立,国家开始通过这些机构对经济活动实行行政指令的直接管理。1949 年底制定《1950 年全国财政收入概算草案》。1950 年 2 月全国财政会议在北京召开,会议提出了"六个统一",即财政收支统一、公粮统一、税收统一、编制统一、贸易统一、银行统一,并出台了一些重要行业如粮食、皮棉、煤炭等的生产计划指标,国民经济发展的步伐大踏步地展开。5 月制定了《1950 年国民经济计划概要》,涵盖了农业、工业、文教卫生等 20 多项内容,6 月召开的中共七届三中全会,提出对新旧解放区有区别地展开经济建设。一系列政策的出台及实施,为 8 月中央召开第一次全国计划工作会议,讨论制定 1951 年计划和之后 3 年奋斗目标积累了经验。

第一次全国计划工作会议制定的 1951 年和之后 3 年的发展计划,要求各部门先订出相关行业 3 年奋斗目标和 1 年计划,然后由中央综合拟出全国计划纲要,从而初步形成了我国计划经济体制决策结构的框架,即决策权归国家,决策权力的分配采取行政方式形成条块分割的等级结构。国营工商企业生产和基本建设的管理,在工厂内,以生产计划为中心,实行党政工团统一领导。

在完成土地改革的地区,通过开展互助合作运动,以保证国家农业生产计划的实现。要求各地组建农业互助组,并成立供销合作社,积极推广生产互助组与供销合作社的"结合合同"制度,互助组负责生产和消费,供销社负责执行上级制定的经营计划。对手工业社会主义性质的改造,中央要求各地将组织和发展手工业生产合作社的计划,纳入地方工业计划,并以国家和上级合作社的订货作为发展手工业生产的关键。毛泽东在政协第一届全国委员会常务委员会上宣布,经过两年半的奋斗,现在国民经济已经恢复,而且已经开始有计划地建设了。

1952 年 9 月,毛泽东提出了"10 年到 15 年基本上完成社会主义"的目标。1952 年 11 月成立了国家计划委员会,1954 年 4 月中央又成立了编制五年计划纲要草案的工作小组。1953—1957 年的"一五"计划,在国民收入中,1957 年同 1952 年相比,国营经济所占比重由 19% 提高到 33%,合作社经济由 1.5% 提高到 56%,公私合营经济由 0.7% 提高到 8%,个体经济则由 71.8% 降到 3%,资本主义经济由 7% 降到 1% 以下。"一五"计划超额完成了规定的任务,实现了国民经济的快速增长,并为我国工业化奠定了初步基础。1954 年我国制定和颁布了第一部宪法,第十五条规定,国家用经济计划指导国民经济的发展和改造,使生产力不断提高,以改进人民的物质生活和文化生活,巩固国家的独立和安全。这表明,生产资料公有制社会主义改造基本完成,使社会主义经济成分在国民经济中占了绝对的优势,计划经济体制已成为我国法定的经济体制。

1953 年,中共中央提出了党在过渡时期的总路线,即"从中华人民共和国成立,到社会主义改造基本完成,这是一个过渡时期。党在这个过渡时期的总路线和总任务,是要在一个相当长的时期内,逐步实现国家的社会主义工业化,并逐步实现国家对农业、对手工业和对资本主义工商业的社会主义改造"①。过渡时期的总路线即所谓的"一化三改"。"一化"指社会主义工业化,"三改"指对农业、手工业、资本主义工商业的社会主义改造。通过"一化三改",到 1956 年,我国各种经济成分在国民经济中的比重明显发生了变化。1952 年时,各种经济成分占国民经济的比重分别是:国营经济 19.1%,合作社经济 1.5%,公私合营经济 0.7%,个体经济 71.8%,资本主义经济 6.9%,从各种经济成分的占比来看,个体经济、私营经济份额较大,也就是说私有化程度较高。但到 1956 年,情况发生了明显的变化。各种经济成分

---

① 《毛泽东文集》(第六卷),人民出版社,1999 年,第 316 页。

占国民经济的比重变为:国营经济 32.2%,合作社经济 53.4%,公私合营经济 7.3%,个体经济 7.1%,资本主义经济基本消失。从这一变化情况来看,国民经济的构成发生了明显变化,公有制所占的份额大幅提高,由 1952 年的 20% 左右提高到了 92.9%,占据了绝对优势,这种变化标志着以生产资料公有制、按劳分配为特征的社会主义公有制经济制度在中国大地上开始建立起来。

(三)优先发展重工业的工业战略

近代以来,几乎所有的资本主义国家凭借其强大的工业优势,对中国进行了肆无忌惮的侵略和欺凌,究之原因,主要是我国的工业化程度太低。中国发展重工业,是中国人民的强国梦,也是中国领导人的强国梦。国家的强大很大程度上取决于重工业的发展程度,国家的强盛无疑与重工业在国民经济结构中所占的比例成正比。因此,建设社会主义工业化强国更是毛泽东等老一辈领导人的夙愿和梦想。早在延安时期,毛泽东就曾对新中国成立后社会主义工业化道路有过设想,基本思路是在国营经济领导下,积极利用民族资本和外国资本,优先发展重工业,随后在中共七届二中全会和一系列的文章、讲话中,多次重申了这一构想。新中国成立初期,为了迅速把我国从一个落后的农业国建设成为一个先进的工业国,优先发展重工业的战略顺理成章地提上了日程,轰轰烈烈的社会主义工业化建设大潮就此开始。

新中国成立之初,世界还不太平,局部战争的发生有着很大的概率。刘少奇认为,在工业化问题上,如果我们配合世界保卫和平的力量在相当长的时期内保障了世界的和平,也就是说,保障了我们经济建设的和平环境,那我们进行经济建设的大体步骤应该是什么呢? 首先,我们必须恢复一切有益于人民的经济事业,并使那些不能独立生存的已有的工厂尽可能独立地进行生产。其次,要以主要的力量来发展农业和轻工业,同时,建立一些必要的国防工业。再次,要以更大的力量来建立重工业的基础,并发展重工业。最后,要在已经建立起来的重工业的基础上,大力发展轻工业,并使农业生产机器化。中国工业化的过程大体上要遵循这样的道路前进。1951年7月5日,刘少奇再次强调,中国经济建设的步骤,首先是恢复和发展农业和一切可能恢复的工业;其次发展农业和轻工业以及少数必要的重工业;再次发展重工业;最后依靠已经建立起来的重工业,进一步发展农业和轻工业。1951年2月,毛泽东提出三年恢复、十年计划经济建设的思想,明确宣布从1953年开始进行全面经济建设,并着手制定"一五"计划。

1952年7月,中共中央财政经济委员会编制出《一九五三年至一九五七年计划轮廓(草案)》及其《总说明》。该文件提出,工业建设以重工业为主,轻工业为辅。周恩来在此基础上于8月执笔起草了《三年来中国国内主要情况的报告》,报告指出,五年建设的中心环节是重工业,特别是钢铁、煤、电力、石油、机器制造、飞机、坦克、拖拉机、船舶、车辆制造、军事工业、有色金属、基本化学工业。1952年12月,中共中央发出《关于编制1953年计划及长期计划纲要的指示》,要求把有限的资金和建设力量,投入重工业和国防工业的基本建设中,特别是投入那些对国家起决定作用的、能迅速增强国家工业基础与国防力量的主要工程。正是基于对国际环境和国内经济发展现状的准确把握,以毛泽东同志为主要代表的中国共产党人在编制我国第一个五年计划时,把集中力量以重工业为中心的工业建设,建立我国社会主义工业化的初步基础作为新中国成立后的首要任务,集中有限资源优先发展工业化和对国计民生起重要作用的重工业,加快工业化进程并建立一个完整的工业化体系。

经过全国人民的共同奋斗,到1957年,第一个五年计划目标基本实现,经济建设取得了举世瞩目的巨大成就。1957年工农业总产值达到1241亿元,比1952年增长67.8%。1957年的国民收入比1952年增长53%。1957

年工业总产值超过原计划 21%,比 1952 年增长 128.5%。原定五年计划工业总产值平均每年增长 14.7%,实际达到 18%。1957 年手工业总产值比 1952 年增长 83%,平均每年增长 12.8%。1957 年的钢产量为 535 万吨,比 1952 年增长近 3 倍,原煤为 1.31 亿吨,比 1952 年增长 98.6%,发电量为 193 亿度,比 1952 年增长 164.4%。机床产量达 2.8 万台,比 1949 年增长 17.7 倍;棉布为 50.6 亿尺,比 1952 年增长 32%,糖 86 万吨,比 1952 年增长 92%。初步建立起了工业化体系,旧中国重工业严重落后的面貌得到彻底扭转,我国经济的独立性得到显著增强,人民对社会主义制度充满了信心,对祖国的繁荣富强充满了期待。

二、社会主义政治制度的确立

我国宪法第一条规定,中华人民共和国是工人阶级领导的,以工农联盟为基础的人民民主专政的社会主义国家,这是国家的根本大法对我国国体的明确规定。人民民主专政的含义是中国共产党和中华人民共和国始终代表最广大人民的根本利益,在人民内部实施最广泛的民主,对待敌对势力则使用专制的方法来维持人民民主政权,保障人民的利益不受侵犯。

(一)人民民主专政国体的确立

在中华人民共和国成立以前,中国的国家性质是由封建地主阶级和官僚资产阶级联合掌握政权的半殖民地半封建国家,他们对外投靠帝国主义,出卖国家利益,以获得支持;对内镇压人民,实行反动统治。工人阶级队伍虽有所壮大,但只有 200 万,并且都集中在几个大中城市;农民占全国人口的 90% 以上;民族资产阶级具有两面性;分散落后的个体农业和手工业占国民经济的 90% 以上。现实的国情决定了中国工人阶级要取得新民主主义革命的胜利,就必须与广大农民联盟,团结一切可以团结的力量,建立起最广泛的统一战线,以壮大革命队伍。

中国共产党在长期的革命实践过程中,把马克思主义基本原理同中国革命具体实践相结合,逐步形成了适合中国国情的关于新民主主义革命的理论体系。习近平在《纪念马克思诞辰200周年大会》上指出:"历史和人民选择马克思主义是完全正确的,中国共产党把马克思主义写在自己的旗帜上是完全正确的,坚持马克思主义基本原理同中国具体实际相结合、不断推进马克思主义中国化时代化是完全正确的!"在党的许多文件和毛泽东的许多著作如《新民主主义论》《论联合政府》《将革命进行到底》《论人民民主专政》等文中都明确地提出了工人阶级领导的、以工农联盟为基础的人民民主专政的主张。尤其是在《论人民民主专政》一文中,明确指出,对人民内部的民主方面和对反动派的专政方面,互相结合起来,就是人民民主专政。把专政同民主联系在一起,对人民实行最广泛的民主,对敌人实行最严厉的专政,这是对无产阶级专政最本质的概括。在新民主主义革命时期,中国共产党在革命根据地建立的革命政权,就积累了人民民主专政的经验。1949年10月中华人民共和国成立,标志人民民主专政政权正式建立起来了。

马克思列宁主义认为,无产阶级在夺取政权以后,必须建立无产阶级专政。无产阶级专政具体采取什么形式,在很大程度上只能根据各国的历史条件和具体情况而定。中华人民共和国成立初期,就着手对生产资料私有制进行社会主义改造,完成由新民主主义向社会主义的过渡。为了巩固革命成果,人民民主专政制度的建设随着经济的社会主义改造同步进行。经过几年的社会主义经济改造,工人阶级队伍明显壮大,在国家政治生活中的作用更大;广大农民经过了社会主义改造,工农联盟更加巩固;知识分子总体上已成为工人阶级的一部分;剥削阶级作为阶级已不存在,原来剥削阶级的成员,绝大多数已改造成为自食其力的劳动者。人民民主专政制度的主要任务是领导和组织社会主义建设,努力实现国家的现代化,巩固和发展社会主义制度。发展社会主义民主政治就是要体现人民意志、保障人民权益、激发人民创造活力,用制度体系保证人民当家作主。现阶段,阶级矛盾虽然不是我国社会的主要矛盾,但阶级斗争作为一种社会现象在一定范围内还将长期存在,在特定条件下还会表现得相当尖锐和激烈,因此人民民主专政的专政职能仍不能削弱。

(二)人民代表大会制度的确立

我们历史悠久、曾经创造无数辉煌的祖国,到了近代陷入了灾难深重的境地。中华文化怎么了? 中华文明何去何从? 到底怎样才能实现民族独立、国家富强、人民幸福? 成为困扰中国人的问题。无数仁人志士怀揣救国梦想,对走什么道路、建立什么样的政治制度和政权组织形式进行了深入思考,提出了种种主张,也进行了各种尝试。从洋务运动"师夷长技以制夷",到太平天国创建"无处不均匀,无处不饱暖"的理想社会,再到戊戌变法借鉴西方建立君主立宪及后来创建资产阶级共和国的辛亥革命,各种方案和尝试最终都以失败而告终。只有中国共产党宣告成立并团结带领全国各族人民,经过浴血奋战,最终实现了新民主主义革命的胜利,建立人民政权。1954 年 9 月,第一届全国人民代表大会第一次会议召开,标志着人民代表大会制度作为我国的根本政治制度在全国范围内正式确立。人民代表大会制度的确立,人民当家作主的权利有了充分的制度保障,从此才实现了中华民族站起来了的夙愿。

新中国成立 70 多年来的伟大实践充分证明,人民代表大会制度是符合中国国情和实际、体现了社会主义国家性质,是人民当家作主、实现中华民族伟大复兴的制度保障。党的十八大报告明确提出,在改革开放三十多年一以贯之的接力探索中,我们坚定不移高举中国特色社会主义伟大旗帜,既不走封闭僵化的老路、也不走改旗易帜的邪路。中国特色社会主义道路,中国特色社会主义理论体系,中国特色社会主义制度,是党和人民 90 多年奋斗、创造、积累的根本成就,必须倍加珍惜、始终坚持、不断发展。5 年后,习近平在党的十九大报告中进一步指出,人民代表大会制度是坚持党的领导、人民当家作主、依法治国有机统一的根本政治制度安排,必须长期坚持、不断完善,要支持和保证人民通过人民代表大会行使国家权力。人民代表大会制度是我国的根本政治制度,虽然建立的历史不长,但新中国成立 70 多年来特别是改革开放 40 余年伟大实践表明,人民代表大会制度不断得到巩固和发展,展现出蓬勃生机与活力,表现出了巨大的优越性。

第一,人民代表大会制度是人民充分行使国家权力的制度保障。人民代表大会制度是采取民主集中制原则,由选民直接或间接选举代表组成人民代表大会作为国家权力机关,统一管理国家事务的政治制度。人民不仅有权选择自己的代表,随时向代表反映自己的要求和意见,而且对代表行使监督权,有权依法撤换或罢免那些不称职的代表。

第二,人民代表大会制度是实现中央和地方的国家权力高效统一的制度保障。人民代表大会制度,是党领导人民在人类政治制度史上的伟大创造,在人民代表大会制度体制下,凡属全国性重大事务的管理由中央决定,地方性事务则由地方根据中央的方针和精神因地制宜地实行管理。这种制度的设计,既保证了中央集中统一领导,实现政令统一,又发挥了地方的积极性和创造性,使中央和地方形成坚强的统一整体。

第三,人民代表大会制度是实现我国各民族大团结的制度保障。人民代表大会制度是中国社会历史发展的选择,是中国人民为实现民族解放国家富强的选择,具有鲜明的中国特色。为保证少数民族参与国家事务和管理,我国宪法和法律规定,在各级人民代表大会中,都有适当名额的少数民族代表。在少数民族聚集地区实行民族区域自治制度,设立自治机关,行使自治权。少数民族充分享有管理本地区、本民族内部事务的权力。

人民代表大会制度是适合我国国情的根本政治制度，它直接体现了我国人民民主专政的国家性质，是建立我国其他国家管理制度的基础。人民代表大会制度适应我国的国情，体现了时代特点，具有明显的优越性。实践证明，人民代表大会制度是我们制度自信的根本源泉，是实现两个一百年奋斗目标、实现中华民族伟大复兴中国梦的重要制度保障。

【课后思考】

1. 如何认识和理解抗战胜利后摆在中国人民面前的三种建国方案和中国的前途命运？

2. 抗战胜利后中国共产党为争取和平民主作出了哪些积极的努力？

3. "第三条道路"幻想是如何破灭的？

4. 国民党政权是如何从发动全面内战到走向自我毁灭的？

5. 中国革命胜利的原因和基本经验是什么？

【学习拓展】

1. 毛泽东：《论人民民主专政》（1949年6月30日）。

2. 习近平：《在中央政协工作会议暨庆祝中国人民政治协商会议成立70周年大会上的讲话》（2019年9月20日）。

3.《中国人民政治协商会议共同纲领》（1949年9月20日通过）。

4. 电影：《重庆谈判》。

5. 电视剧：《大决战》。

专题九　曲折的历程

——社会主义在曲折中前进

第一节　社会主义建设的全面展开

一、社会主义改造的顺利进行与党的八大的胜利召开

新中国成立伊始,中国共产党便着手在全国范围内对农业、手工业和资本主义工商业进行社会主义性质的改造,重点是对资本主义工商业进行改造。1953 年 6 月 15 日,毛泽东在中央政治局扩大会议上对党在过渡时期的总路线和总任务的内容作了比较完整的表述,即从中华人民共和国成立,到社会主义改造基本完成,这是一个过渡时期。这条总路线是照耀我们各项工作的灯塔,各项工作离开它,就要犯右倾或"左"倾的错误。过渡时期总路线的特点是社会主义工业化和社会主义改造并举,以工业化为主体,这条总路线的目的是改变生产资料的资本主义私有制为生产资料的社会主义公有

制,确立社会主义性质的经济基础。

新中国成立后,经过三年艰苦奋斗,国民经济已基本得到恢复,客观上需要结束新民主主义社会制度,对资本主义工商业进行社会主义性质的改造,使国家逐步进入社会主义社会。当时国内的主要矛盾已经是工人阶级与民族资产阶级的矛盾,它们之间的斗争有激化的趋势,需要从国家层面予以适当的调整,有步骤地对资本主义工商业进行社会主义改造,从而彻底解决工人阶级和民族资产阶级的矛盾。农业社会主义改造是通过合作化运动实现的,它仅用4~5年的时间,基本完成了5亿农民从个体小农经济向社会主义集体经济的转变。个体手工业的社会主义改造,坚持自愿互利的原则,通过说服教育、典型示范和国家援助的方法引导他们在自愿的基础上联合起来,走合作化的道路,最后发展到社会主义性质的手工业生产合作社。对资本主义工商业实行利用、限制、改造的政策,逐步把生产资料的资本主义所有制改造成为社会主义的公有制。

(一)农业社会主义改造

农业的社会主义改造,是通过合作化道路,逐步把农民由个体经济转变为社会主义集体经济的办法。到1953年春,土地改革在全国范围内基本完成,实现了耕者有其田,重新获得土地的农民有着极大的生产热情。不久,农业个体经济分散、脆弱的弊端便暴露出来,农业个体经济的现状与国家工业化对农产品大量需求相悖,而且有再现两极分化的危险。1953年2月15日,中共中央出台《关于农业生产互助合作的决议》和《中共中央关于发展农业合作社的决议》,推动了农业互助合作运动的发展,全国各地开始普遍试办半社会主义性质的初级农业生产合作社运动。到1956年底,基本实现了农业合作化。

（二）手工业社会主义改造

手工业社会主义改造，是通过合作化道路，把个体手工业转变为社会主义劳动群众集体所有制经济的办法。个体手工业是以私有制和个体劳动为基础、从事商品生产的一种个体经济，农村需要的生产资料和生活资料大部分来自手工业，在中国国民经济中占有一定的地位。1952 年，手工业产值占全国工业总产值的 21%。改造采取合作化的形式先组建手工业生产合作小组，后又建立手工业供销合作社，最终过渡为手工业生产合作社。到 1956 年底，全国手工业从业人数的 91.7% 都加入了手工业合作组织，基本上完成了对个体手工业的社会主义性质的改造。

（三）资本主义工商业社会主义改造

消灭资本主义私有制是过渡时期的一项基本任务。资本主义工商业的社会主义改造，是通过国家资本主义的形式，将民族资本主义经济先转化为国家资本主义，再逐步转变为社会主义经济的办法。1953 年 6 月，中共中央出台了《关于利用、限制、改造资本主义工商业的意见》，确立了中共在过渡时期的总路线和对资本主义工商业的社会主义改造的政策。采取赎买政策，对资本主义工商业采取利用、限制最终实现社会主义性质改造的政策。采取委托加工、计划订货、统购包销、委托经销代销等一系列的国家资本主义过渡形式。

1956 年 1 月 10 日，北京率先完成全行业公私合营。接着，上海、天津、广州、武汉、西安、重庆、沈阳等大城市以及 50 多个中等城市相继实现全行业公私合营。1956 年底，99% 的大型私营工业企业、85% 私营商业实行了公私合营，占生产总值的 99.6%，基本上完成了对资本主义所有制的社会主义改造。全行业公私合营后，采用定息方式，即按照公私合营企业的私股股额

（共 23 亿余元）每年发给资本家 5% 的股息,发放 10 年之后,企业的生产资料便由国家统一管理和运用。中国对资本主义工商业的改造包括对资产阶级分子的改造,使剥削者逐步转变为社会主义的劳动者。随着资本主义工商业改造的完成,资产阶级作为一个阶级被消灭了。1956 年,三大改造基本完成,它使我国的经济结构、阶级关系发生了根本变化。社会主义改造的基本完成,为新中国从新民主主义社会向社会主义社会过渡创造了条件。

1956 年 9 月 15—27 日,中国共产党第八次全国代表大会在北京举行。大会上,毛泽东致了开幕词,刘少奇作了《中国共产党中央委员会向第八次全国代表大会的政治报告》,邓小平作了《关于修改党的章程的报告》。中共八大正确地分析了国内外形势和国内主要矛盾的变化,认为新中国成立以来进行的农业、手工业和资本主义工商业的社会主义改造已经取得决定性的胜利,我国无产阶级同资产阶级之间的矛盾已经基本上解决,国内的主要矛盾已经是人民对于建立先进的工业国的要求同落后的农业国的现实之间的矛盾,已经是人民对于经济文化迅速发展的需要同当前经济文化不能满足人民需要的状况之间的矛盾。提出当前党和全国人民的主要任务已经由解放生产力变为在新的生产关系下保护和发展生产力,就是要集中力量把我国尽快地从落后的农业国变为先进的工业国。这些论述,是社会主义制度在我国建立以来较长时期进行经济建设的基本依据。

大会正式通过由周恩来主持编制的《关于发展国民经济的第二个五年计划的建议》。大会明确规定了经济、政治、文化和外交等方面在第二个五年计划时期的基本任务。在经济建设方面,坚持从国家的财力物力的实际状况出发,既反保守又反冒进即在综合平衡中稳步前进的方针。提出继续进行以重工业为中心的工业建设,推进国民经济的技术革新,建立我国社会主义工业化的巩固基础;继续完成社会主义改造,巩固和扩大集体所有制和全民所有制;在发展基本建设和继续完成社会主义改造的基础上,进一步发展工业、农业和手工业的生产,相应发展运输业和商业,大幅度提高人民的物质生活和文化生活水平。大会提出到1962年的主要指标是:工业产值增长1倍左右,农业总产值增长35%,钢产量从1060万吨增长到1200万吨,基本建设投资占全部财政收入的比重由"一五"时期的35%增长到40%左右,基本建设投资总额比"一五"时期增长一倍左右,职工和农民的平均收入增长25%~30%。

在管理体制方面,大会要求提高地方政府、机关经济管理的积极性,适当调整经济管理体制,扩大地方管理权限。在政治关系方面,强调扩大国家的民主生活,健全群众参与国家事务管理的民主制度,加速社会主义法制建设;大会要求坚持中国共产党领导的统一战线和多党合作制,明确了共产党与各民主党派、无党派民主人士的关系是"长期共存,互相监督"。

在科学文化建设方面,确立社会主义文化艺术"百花齐放,百家争鸣"的指导方针,努力创造反映社会主义的民族的新文化。大会提出为适应社会主义经济文化发展的需要,要求努力培养建设人才,加强科学研究工作。

在对外政策方面,提出坚持以互相尊重主权和领土完整、互不侵犯、互不干涉内政、平等互利、和平共处五项原则为基础的外交政策。大会要求在全国执政的新形势下加强党的建设,提出继续发扬党的群众路线的优良传统,加强对党的组织和党员的监督,坚持集体领导和个人负责相结合的制度,充分发扬党内民主。

二、"大跃进"

1957年我国的经济建设实行的"一五"计划提前完成,工农业生产都有大幅度的提高,极大振奋了全国人民在短时期内建设富强国家的斗志,增强了中国共产党人领导全国人民进行经济建设,迅速摆脱国家"贫穷落后、一穷二白"现状的自信心。而对大好的发展形势,1957 年 9 月召开的党的八届三中全会随即通过了《农业发展纲要四十条(修正草案)》,这实际是农业"大跃进"的纲领。1958 年 2 月,《人民日报》发表了"鼓足干劲,力争上游"的社论,明确地提出国民经济要全面大跃进。随即,在全国干部群众中发起了学习社论精神的热潮,并很快在全国掀起工农业生产的高潮。到 1958 年6 月初,国家计委提出《第二个五年计划要点》,其中提出五年超过英国,十年赶上美国。6 月 17 日,修改为"两年超过英国",文件精神很快就传达到基层单位。

1958 年 7 月,一篇关于湖北省长风农业生产合作社早稻亩产 15361 斤的报道,在社会上引起了很大的轰动。各地亩产万斤粮的报道,接踵而至,纷纷大放"卫星"。当年农业部公布夏粮产量同比增长 69%,总产量比美国还多出 40 亿斤。1958 年 10 月 1 日、8 日和 10 日《天津日报》,分别报道天津市东郊区新立村水稻试验田亩产 12 万斤,天津市双林农场试验田亩产稻谷126339 斤。各地农村到处张贴着"共产主义是天堂,人民公社是桥梁""人有多大胆,地有多大产"的巨幅标语。

农业生产的高产"卫星"喜讯频传,对工业生产也是个很大的促进。各地的党政领导干部纷纷来到天津观摩学习,取经问道,然后便是作报告、开动员大会。1958 年 8 月,中共中央政治局在北戴河召开会议,会上就成立人民公社、大炼钢铁、超英赶美等重大问题作出指示。会议确定要把钢铁作为全党的第一位大事来抓,年计划要完成钢产量 1070 万吨,实现翻一番。从当年 9 月开始,全国的工业企业为了完成全年预定的生产计划,全体一线职工夜以继日,打破了常规,抓紧生产,实行大干苦战,每日工作 12 个小时。一时间,紧跟农业高产"卫星",工业高产"卫星"也连续不断升空,还大搞群众运动,号召全民大炼钢铁。在"没有干不到,只有想不到"口号的指引下,首先是农民在田间地头垒起了小土炉,就炼起钢来了。城市里各单位各企业也纷纷组成炼钢队伍,盘起了几座小土炉,开始冶炼起来。到1958年底,中共中央发表公报,宣布当年粮食、钢铁的产量都实现了翻了一番的既定目标,完成了大跃进。

"大跃进"早已结束,但其影响是深远的。首先,经济建设要循序渐进,有其自身规律性,用大搞群众运动的办法是不可取的。其次,经济建设要从实际出发,从具体国情出发,做到实事求是。"大跃进"违背了经济发展的规律,脱离了实事求是的精神,打乱了国民经济秩序,说大话搞弄虚作假,浮夸风四起。全民大炼钢铁,浪费了大量的人力物力,砍伐了树木,破坏了环境,土炼钢炉所炼出来的钢铁都是豆腐渣形状的废物,根本没有用处,造成了国民经济比例严重失调,使社会主义建设事业受到重大损失。

第二节　社会主义建设的理性回归

一、真理标准大讨论带来思想大解放

(一)真理大讨论进行的背景

1970年9月13日,林彪等人乘飞机仓皇出逃,在蒙古温都尔汗机毁人亡,宣告林彪集团覆灭。1976年10月,中央政治局执行党和人民的意志,采取果断措施,一举粉碎"四人帮",结束了延续10年之久的"文化大革命",举国欢腾,人民充满了期待。"四人帮"反革命集团被粉碎之后,华国锋担任党政军最高领导职务。面对着百业待举、人心思变的局面,迫切需要在思想、政治、组织等各个领域实现拨乱反正的任务。

1976年10月26日,华国锋在听取了中宣部的汇报后指出,"四人帮"的路线是极右路线。凡是毛泽东讲过的,点过头的,都不要批评。实际上是提出了"两个凡是"的思想。1977 年 2 月 7 日,《人民日报》《红旗》杂志、《解放军报》发表了《学好文件抓住纲》的社论,提出凡是毛主席作出的决策,我们都必须拥护,凡是毛主席的指示,我们要始终不渝地遵循。至此形成了"两个凡是"的指导思想。"两个凡是"在当时有特殊的用意,旨在高举毛主席的旗帜,但在事实上坚持了"文化大革命"的错误,不仅没有摆脱过去的个人崇拜,而且还在制造新的个人崇拜。针对党和国家在思想领域的工作徘徊不前的状况,邓小平多次旗帜鲜明地提出,"两个凡是"不符合马克思主义,我们要用发展的眼光,要完整准确地理解毛泽东思想。1977 年 4 月 10 日,邓小平在致中共中央的信中再次强调:"我们必须世世代代地用准确的、完整的毛泽东思想来指导我们全党、全军和全国人民。"[1]

为巩固粉碎"四人帮"的胜利成果和做好召开中共第十一次全国代表大会的准备工作,1977 年 7 月 16—21 日,中国共产党第十届中央委员会第三次全体会议在北京举行。全会通过了《关于恢复邓小平同志职务的决议》,决定恢复邓小平同志中共中央委员、中央政治局委员、中央政治局常委、中共中央副主席、中共中央军委副主席、国务院副总理、中国人民解放军总参谋长的职务。邓小平在闭幕会上作了重要讲话,进一步批评了"两个凡是"的错误方针,指出:"要用准确的完整的毛泽东思想来指导我们全党、全军和全国人民,把我们党的事业、社会主义的事业和国际共产主义运动的事业推向前进。我说要用准确的完整的毛泽东思想作为指导的意思是,要对毛泽东思想有一个完整的准确的认识,要善于学习、掌握和运用毛泽东思想的体系来指导我们的各项工作。只有这样,才不至于割裂、歪曲毛泽东思想,损

---

[1] 《邓小平主持起草〈历史决议〉:科学评价毛泽东和毛泽东思想》,人民网—中国共产党新闻网,2014 年 3 月 17 日。

害毛泽东思想。"①他还要求理论工作者要进一步阐明毛泽东思想的理论体系,指出:"毛泽东思想是个体系,是发展了的马克思主义。所以我建议,除了做好毛泽东著作的整理出版工作之外,做理论工作的同志,要花相当多的工夫,从各个领域阐明毛泽东思想的体系。要用毛泽东思想的体系来教育我们的党,来引导我们前进。"②他进一步指出,要发扬群众路线和实事求是的思想路线,"毛泽东同志倡导的作风,群众路线和实事求是这两条是最根本的东西"③;"我们一定要恢复和发扬毛主席为我们党树立的群众路线的优良传统和作风"④。与此同时,其他老一辈无产阶级革命家和不少老同志也纷纷提出,要恢复和发扬党的实事求是的优良作风,正确认识与把握理论和实践的关系,把实践作为检验真理的标准。

1978年5月10日,中央党校内部刊物《理论动态》发表了经胡耀邦审阅定稿的《实践是检验真理的唯一标准》一文。5月11日,这篇文章在《光明日报》以特约评论员名义发表。当天新华社转发。5月12日,《人民日报》和《解放军报》同时转载,全国绝大多数省、自治区、直辖市的报纸也陆续转载。由此在思想领域揭开了一场关于真理标准问题大讨论的帷幕。《实践是检验真理的唯一标准》一文指出,一个理论,是否正确反映了客观实际,是不是真理,只能靠社会实践来检验,这是马克思主义认识论的一个基本原理。作为检验真理的标准,不能到主观领域内去寻找,不能到理论领域内去寻找,思想、理论、自身不能成为检验自身是否符合客观实际的标准,作为检验真理的标准,必须具有把人的思想和客观世界联系起来的特性,否则就无法检验。人的社会实践是改造客观世界的活动,是主观见之于客观的东西。实

---

① 《邓小平文选》(第一卷),人民出版社,1993年,第39页。
② 同上,第41页。
③ 同上,第42页。
④ 《邓小平论党的作风建设》,中国共产党新闻网,http://theory.people.com.cn/n/2014/0603/c385524-25097528.html。

践具有把思想和客观实际联系起来的特性。因此,正是实践,也只有实践,才能够完成检验真理的任务。文章从理论上对"两个凡是"予以否定。

(二)真理标准问题大讨论的影响和意义

习近平在庆祝改革开放40周年大会上指出:"党的十一届三中全会是在党和国家面临何去何从的重大历史关头召开的。当时,世界经济快速发展,科技进步日新月异,而'文化大革命'十年内乱导致我国经济濒临崩溃的边缘,人民温饱都成问题,国家建设百业待兴。党内外强烈要求纠正'文化大革命'的错误,使党和国家从危难中重新奋起。"①关于真理标准问题的讨论,已经过去40多年了。正如习近平在庆祝改革开放40周年大会上讲的那样,"在邓小平同志领导下和老一辈革命家支持下,党的十一届三中全会冲破长期'左'的错误的严重束缚,批评'两个凡是'的错误方针,充分肯定必须完整、准确地掌握毛泽东思想的科学体系,高度评价关于真理标准问题的讨论,果断结束'以阶级斗争为纲',重新确立马克思主义的思想路线、政治路线、组织路线。从此,我国改革开放拉开了大幕"②。可以说,真理标准问题大讨论是在思想领域的改革开放。

真理标准问题大讨论是"文化大革命"结束后以反对个人崇拜、纠正"左"的错误而开展的一次全国性思想解放的讨论。党的十一届三中全会以后,以邓小平同志为主要代表的中国共产党人,团结带领全党全国各族人民,深刻总结我国社会主义建设正反两方面经验,借鉴世界社会主义历史经验,创立了邓小平理论,作出把党和国家工作中心转移到经济建设上来、实行改革开放的历史性决策,深刻揭示社会主义本质,确立社会主义初级阶段基本路线,明确提出走自己的路、建设中国特色社会主义,科学回答了什么

---

①② 习近平:《在庆祝改革开放40周年大会上的讲话》,新华社,2018年12月18日。

是社会主义,如何建设社会主义等一系列基本问题,制定了到21世纪中叶分三步走、基本实现社会主义现代化的发展战略,成功开创了中国特色社会主义。

这场真理标准大讨论意义深远,冲破了"两个凡是"在思想领域的严重束缚,推动了新一轮全国性的马克思主义思想解放运动,为中共十一届三中全会的召开做了重要的理论先导,是十一届三中全会实现新中国成立以来党的历史上具有深远意义的伟大转折,为开启中国特色社会主义发展道路做了思想准备,为中国共产党重新确立马克思主义思想路线、政治路线和组织路线,奠定了重要的思想基础。当前,我们正在为实现中华民族伟大复兴而竭力奋斗,这是一项伟大事业,道路不会一帆风顺,面临的机遇和挑战也是前所未有,要排除千难万险,克服重重困难,就需要我们继续解放思想,坚持实事求是的原则去研究新情况、解决新问题。只要坚持正确的思想路线,在习近平新时代中国特色社会主义思想的指引下,中华民族伟大复兴的宏伟目标就一定能实现。

二、家庭联产承包责任制

中国是传统农业大国,农民占人口的绝大多数。如何使国家富强、人民富裕的目标实现,最关键就是解决好农业问题,让农民富裕起来。邓小平曾说:"贫穷不是社会主义,我们坚持社会主义,要建设对资本主义具有优越性的社会主义,首先必须摆脱贫穷。"①新中国成立后,党为让农民摆脱贫困,积极探索解决农业问题。1978年,新中国成立第30个年头,全国还有1亿农民没有解决温饱问题。中央首先在安徽、四川试行"包产到组,包产到户"的

---

① 《邓小平文选》(第三卷),人民出版社,1993年,第225页。

农业生产责任制,适当放宽政策,促进休养生息,取得了较好的效果。1978年冬,安徽凤阳小岗村18位农民冒着危险,立下"军令状","保证国家的、留足集体的,剩下都是自己的",以"托孤"的方式,分田到户,实施"大包干",并在土地承包责任书按下18枚鲜红的手印。小岗村实行土地承包制后,第二年粮食生产就取得了明显的效果。

时任安徽省委书记万里得到报告后,非常支持农民的行动。邓小平对小岗村的创新精神也深为赞许,"凤阳花鼓中唱的那个凤阳县,绝大多数生产队搞了大包干,也是一年翻身,改变面貌"①。没想到,这"18枚红手印"便成了中国农村改革的宣言书,中国改革开放的序幕由此拉开。富有改革创新精神的小岗村从此闻名全国,由普普通通的小村庄一跃成为中国农村改革第一村。

1978年底,标志着中共历史上伟大转折的党的十一届三中全会在北京召开,它打破了"左"的思想的束缚,改革开放的大幕就此拉开,经济体制改革随即展开,为农村体制改革指明了前进的方向。经济体制改革是在坚持社会主义制度的前提下,改革生产关系中不适应生产力发展的一系列环节,解放和发展社会生产力。不久,全国大力发展乡镇企业和非农产业,废除"一大二公"的人民公社旧体制,在农村实行以家庭联产承包责任制为主要形式的农业生产责任制。家庭联产承包责任制在土地所有权与经营权适当分离的原则下,把大部分经营权归还给农民,使农民有了经营自主权和对大部分产品的处置权,成为具有更大自由的相对独立的生产者,从而调动了广大农民的生产积极性。家庭联产承包责任制在不放松粮食生产,积极发展多种经营内容的原则下,改变了过去单一产粮的经营模式,鼓励农民因地制

---

① 《向着新航程扬帆奋进!——小岗精神看中国改革开放40年》,《新华每日电讯》,2018年2月24日。

宜发挥地域优势和个人所长。家庭联产承包责任制并不是要放弃发展集体经济，而是通过发展生产力达到巩固集体经济的目的。邓小平曾说："可以肯定，只要生产发展了，农村的社会分工和商品经济发展了，低水平的集体化就会发展到高水平的集体化，集体经济不巩固的也会巩固起来。关键是发展生产力，要在这方面为集体化的进一步发展创造条件。"①家庭联产承包责任制实行的是"各尽所能，按劳取酬"，即按劳分配，多劳多得的原则，使广大农民的劳动热情空前高涨。

三、"和平与发展"时代主题的确立

1985 年，在改革开放进入第八个年头时，邓小平对当今世界形势作出高度概括，他说："现在世界上真正大的问题，带全球性的战略问题，一个是和平问题，一个是经济问题或者说发展问题。和平问题是东西问题，发展问题是南北问题。"②概括起来就是东西南北四个字，南北问题是核心问题。邓小平以马克思主义者的远见卓识，在深刻洞察世界格局变化的基础上对世界的主要矛盾进行了精准的把握，提出世界的主题就是"和平与发展"。世界主题的科学判断，为我党制定正确的路线、方针、政策提供了重要依据。

每个历史时代，都有自己的主要矛盾，都有需要人类共同解决的根本任务。20 世纪的头五十年里，人类经历了两次世界大战，给世界人民的生命、财产造成了极大的损失，人类付出了惨重的代价。20 世纪的后五十年里，虽然形成了有利于维护和平、促进发展的总趋势，但战争的威胁仍然存在。政治多极化虽然步履艰难，但仍然为世界各国所追求，霸权主义和强权政治越

---

① 转引自刘金田：《邓小平对新时期中国农村改革和发展的历史贡献》，《党的文献》，2009 年第 5 期。

② 《邓小平文选》（第三卷），人民出版社，1993 年，第 105 页。

来越不得人心。世界上广大发展中国家特别是中国已经成为反对霸权主义、维护世界和平的主要力量。维护世界和平、促进共同发展是世界人民共同的心愿。进入 21 世纪后，和平与发展仍然是人类不懈追求的目标，解决这两大问题的进程仍然坎坷曲折。

习近平在庆祝改革开放 40 周年大会上强调，在前进道路上，我们必须高举和平、发展、合作、共赢的旗帜，恪守维护世界和平、促进共同发展的外交政策宗旨，推动建设相互尊重、公平正义、合作共赢的新型国际关系。我们要尊重各国人民自主选择发展道路的权利，维护国际公平正义，倡导国际关系民主化，反对把自己的意志强加于人，反对干涉别国内政，反对以强凌弱。同时指出，中国要发挥负责任大国作用，支持亚太非等世界上发展中国家发展经济，积极参与全球治理体系改革和建设，共同为建设持久和平、普遍安全、共同繁荣、开放包容、清洁美丽的世界而奋斗。中国要支持开放、透明、包容、非歧视性的多边贸易体制，促进贸易投资自由化、便利化，推动经济全球化朝着更加开放、包容、普惠、平衡、共赢的方向发展。以共建"一带一路"为重点，同各方一道打造国际合作新平台，为世界共同发展增添新动力。这是中国对世界的承诺，更是中国对世界的担当。

习近平在博鳌亚洲论坛 2018 年年会开幕式上强调，当今时代主题是和平与发展，和平与发展是世界各国人民的共同心声，冷战思维、零和博弈愈发陈旧落伍，妄自尊大或独善其身只能四处碰壁。只有坚持和平发展、携手合作，才能真正实现共赢、多赢。再次阐明世界和平与发展同国家的繁荣发展息息相关，世界各国只有顺应和平与发展的潮流才能赢得发展机遇的青睐。习近平在中共十九大报告中指出，世界正处于大发展大变革大调整时期，和平与发展仍然是时代主题。世界多极化、经济全球化、社会信息化、文化多样化深入发展，全球治理体系和国际秩序变革加速推进，各国相互联系和依存日益加深，国际力量对比更趋平衡，和平发展大势不可逆转。这个科学论断是建立在对世界形势和时代特征进行全面深刻分析基础上的。习近平在庆祝改革开放40周年大会上指出："改革开放40年的实践启示我们：开放带来进步，封闭必然落后。中国的发展离不开世界，世界的繁荣也需要中国。我们统筹国内国际两个大局，坚持对外开放的基本国策，实行积极主动的开放政策，形成全方位、多层次、宽领域的全面开放新格局，为我国创造了良好国际环境、开拓了广阔发展空间。"和平与发展仍然是时代主题，继续推进改革开放，为中国的和平发展、实现中华民族伟大复兴提供现实可能性和有利的外部条件。

伟大梦想不是等来的、喊来的，而是拼出来、干出来的。我们现在所处的，仍然是一个以和平与发展为主题的国际大环境。中国人民将继续一如既往，紧密团结在以习近平同志为核心的党中央的周围，在这个千帆竞发、百舸争流的时代，深刻把握经济全球化新趋势，积极调整国内改革发展新举措，为世界和平与发展贡献中国智慧、中国方案，向着构建人类命运共同体的目标，勇立潮头、奋勇搏击。

【课后思考】

1. 新中国是怎样走上社会主义道路的？

2. 新中国在建设社会主义道路上经历了哪些曲折？

3. 农村家庭联产承包责任制在中国是如何进行的？

【学习拓展】

1. 毛泽东：《论十大关系》(1956年4月25日)。

2. 毛泽东：《关于正确处理人民内部矛盾的问题》(1957年2月27日)。

3. 毛泽东：《在扩大的中央工作会议上的讲话》(1962年1月30日)。

4. 习近平：《在纪念中国人民志愿军抗美援朝出国作战70周年大会上的讲话》,2020年10月23日。

专题十　走向辉煌

——以中国式现代化推进中华民族的伟大复兴

第一节　社会主义建设的伟大转折

　　"文化大革命"之后，中国面临一个何去何从的问题，在这困惑的十字路口上，有人主张走 50 年代以来的老路，也有人主张走"西化"道路。以邓小平同志为主要代表的中国共产党人，基于对国内国际形势的深刻洞察，冲破了教条主义的束缚，果断地否定了"以阶级斗争为纲"的思想路线，明确提出既不走过去封闭僵化的老路，也不走否定社会主义的邪路，而是走改革开放的新路。改革开放这条新路的提出，展现了以邓小平同志为主要代表的中国共产党人善于解放思想、敢于纠正错误、立足现实、放眼未来的远见卓识和巨大勇气。实践证明，改革开放是中国特色社会主义的源头活水，是推动中国特色社会主义不断胜利的巨大引擎和动力，是决定中国命运的关键抉择，是中国社会发展的一场深刻革命。

一、改革开放战略提出的历史背景

　　改革开放是中国共产党在 1978 年提出并实施的旨在进一步解放和发展社会生产力的基本国策。1978 年 12 月,中国共产党在首都北京召开了具有重大历史意义的十一届三中全会,全面开启了改革开放历史新征程。自此,伟大的中国共产党不忘初心,带领全国人民以一往无前的奋斗姿态和永不懈怠的精神状态,谱写了中华民族自强不息、顽强奋进的壮丽史诗。改革开放使中国人民的面貌、社会主义中国的面貌、中国共产党的面貌都发生了历史性变化。

(一)国内背景

　　"文化大革命"十年内乱,使党、国家和人民遭到严重挫折和损失,我国经济处于缓慢发展甚至停滞的状态,人民温饱都成问题,国家建设百业待兴。党内外强烈要求纠正"文化大革命"的错误,使党和国家从危难中重新奋起。邓小平以战略家的远见卓识,分析了"文化大革命"结束时的国内情况,就整个政治局面来说,"文化大革命"和"四人帮"造成的影响还没有得到有效的清理,整个社会还处于混乱状态;就整个经济情况来说,国家仍然没有走出贫穷和落后,社会主义的优越性仍然没有体现出来。站在历史的重要关头,邓小平指出,如果现在再不实行改革,我们的现代化事业和社会主义事业就会被葬送,必须通过改革开放,增强我国社会主义的生机活力,解放和发展社会生产力,改善人民的生活水平。"贫穷不是社会主义""社会主义要消灭贫穷"。在党和全国人民的殷切期盼中,以邓小平同志为主要代表的中国共产党人果断地结束了"以阶级斗争为纲"的思想路线,把党和国家工作重心转移到经济建设轨道上来,提出了对中国人民具有划时代意义的改革开放基本国策。

（二）国际背景

20 世纪 60 年代,世界范围内蓬勃兴起的新科技革命使世界迎来了资本主义经济发展的黄金期,世界经济得以大踏步地向前发展,中国周边出现了韩国、新加坡等经济飞速发展的国家和地区。此时的中国,仍然在苏联经济模式的影响之下缓慢前行,计划经济在国民经济中仍然是主要的经济模式。在世界范围内,我国经济实力、科技实力与周边国家特别是发达资本主义国家差距明显,面临着巨大的国际竞争压力。落后就要挨打,封闭只能导致落后。为了使中国不再走封闭僵化的老路,必须客观上要求以一种前所未有的新的思维模式来发展中国。世界浪潮一浪接着一浪,如果不能及时地伫立于潮头,将会被起伏的浪潮所淹没。基于对国家对民族的责任与担当,以邓小平同志为主要代表的中国共产党人适时、果断地提出了改革开放的伟大战略。邓小平同志也提出:"我们要赶上时代,这是改革要达到的目的。"

二、改革开放的逐步展开

（一）农村改革拉开了改革开放的大幕

在党的十一届三中全会召开之前,中国广大的农村在粮食"统购统销"生产经营管理模式下,管理过于集中和平均主义现象非常突出,"干多干少一个样,干和不干一个样"的状况严重挫伤了农民的生产积极性,农业生产发展非常缓慢,农民的温饱没有得到有效的保障,至 1978 年全国还有 2.5 亿农民处在忍饥受饿的状态中。

安徽省凤阳县小岗村是中国农村改革的发源地。1978 年以前的小岗村,是全县有名的"吃粮靠返销,用钱靠救济、生产靠贷款"的"三靠村",每年秋收后外出讨饭几乎成了全村的传统。1978 年 11 月 24 日,小岗村 18 户农民以敢为天下先的胆识,按下 18 个红手印,写下了"生死契约",开始分田到户,实行生产上的自负盈亏,即"保证国家的、留足集体的,剩下的都是自己的",搞起生产责任制。这份"生死契约",最后成了中国农村改革的第一份宣言书。继安徽凤阳之后,四川、云南、广东、甘肃等省一些地方的农民也采取类似的做法,从此揭开了中国农村改革的序幕。

当时,对于这种包产到户、包干到组的做法,在党内有着不同的声音。有人认为这种生产经营方式会影响农村集体经济,会使农村偏离社会主义发展方向。1980 年 5 月,邓小平首次肯定了包产到户的做法,他指出,影响集体经济的担心是不必要的,只要生产发展了,低水平的集体化会变为高水平的集体化,集体经济就会巩固起来。9 月,中共中央印发了《关于进一步加强和完善农业生产责任制的几个问题》的通知,从党和国家层面充分认可和肯定了农村生产经营模式的改革,1982 年,中央"一号文件",指出"包产到户""包干到户"都是社会主义集体经济的生产责任制。至此"分田到户"在大江南北铺天盖地、如火如荼地开展起来。

农村改革是中国人民在特定的历史时期的一次觉醒,它是中国共产党和中国农民的一次伟大创举,为我党正确提出改革开放的伟大蓝图提供了战略思考。1978 年召开的十一届三中全会,为中国农村的改革创造了良好的政治环境,掀起了中国农村波澜壮阔的改革大潮。就这样,中国特色社会主义的伟大实践,在党和人民的伟大创造中,开始一步一步地胜利前进。

(二)城市改革的初步展开

农村的改革为城市经济体制的改革提供了借鉴,在农村改革成功实践的基础上,以扩大企业自主权为主要内容的城市经济改革得以全面铺开。

1979 年 5 月,天津自行车厂、上海柴油机厂、首都钢铁公司等 8 家大型企业开始试点扩大企业的自主权,使之自主经营,自负盈亏。到 1980 年 6 月,全国参与改革的企业增加到 6600 个。这种扩大企业自主权的改革,是对传统计划经济体制统购包销生产经营模式的一种否定,充分发挥了市场在资源配置中的重要作用,改革后的企业,人事权、经营权得以自主掌握和运用,改变了以往不关心产品销路、不关心盈利亏损的状况,增强了企业的自主经营意识和市场意识。

1981 年春,以经济责任制为内容的改革率先在山东的部分企业中试行。实行经济责任制的改革,主要是把企业和职工的经济利益同他们所承担的责任与实现的经济效益联系起来,使广大职工以主人翁的态度,用最少的人力物力,取得最大的经济效益。此后,经济责任制很快推行到全国 3.6 万个工业企业。

生产与销售是产品生产中紧密联系的两个方面,生产上的改革客观上要求商品流通体制的改革。从 1979 年起,国家开始了商品流通体制的改革,通过相关政策重新规定了农副产品统购和派购范围,扩大和放宽农副产品自由流通的购销政策,规定供销合作社基层社可以出县、出省购销,集体所有制商业、个体商贩和农民也可以长途贩运,加快了城乡商品的流通。

伴随拨乱反正的进行,国家各项工作开始走上有序状态。1978 年知青开始返城,1979 年,全国出现知青返城大潮。为了缓解迅猛剧增的就业压力,党中央、国务院果断采取支持城镇集体经济和个体经济发展的方针,开启了以公有制经济为主体、多种经济形式并存的所有制结构改革。"个体户"由此应运而生。所有制结构的改革,盘活了社会经济,个体所有制经济迅速增长为国民经济的有益补充,出现了一些个体知名品牌,如"傻子瓜子"等。

1981 年 10 月,中共中央、国务院在《关于广开门路,搞活经济,解决城镇就业问题的若干决定》中指出,在社会主义公有制经济占优势的根本前提下,实行多种经济形式和多种经营方式长期并存,是我党的一项战略决策,绝不是一种权宜之计。[1] 1984 年 10 月,党的十二届三中全会通过《中共中央关于经济体制改革的决定》,改变了以往把计划经济同商品经济对立起来的传统认识,明确界定了我国社会主义经济是"公有制基础上的有计划的商品经济"。

与之同时,城市企业也陆续进行了改革,普遍推行承包经营责任制,以增强企事业的自主经营权,有的企业还进行了股份制改革。上海飞乐音响公司是改革开放后上海第一家试行股份制经营的股份有限公司,于 1984 年 11 月试行发行股票。1986 年 11 月,纽约证券交易所董事长访华,邓小平把一张面值 50 元的飞乐股票赠送给他,这一颇有象征意义的举动表明,股票和股份制并不是资本主义所专有,社会主义国家也可以利用。此后,不同所有制的多种经济成分得到发展。后来逐步出现了中外合资、中外合作、外商独资企业和国内劳动者的个体经济、私营经济等非公有制经济成分,这些非公有制经济在国家的允许和引导下,得到迅速发展。经过这些改革创举,我国在所有制结构方面,以公有制为主体、多种经济成分并存的所有制结构开始形成,开创了发展国民经济、方便人民生活和扩大就业的新局面。

(三)经济特区的设立注入了新鲜活力

创办经济特区,是党和国家为推进改革开放和社会主义现代化建设作出的重大决策。1978 年 4 月,国家计委、外贸部派遣的经济贸易考察组赴香港、澳门实地考察后,向中央建议,把靠近港澳的广东宝安、珠海划为出口基地。1979 年 1 月,广东和交通部联名向国务院递交报告,提出在蛇口一带设

---

[1]　中国共产党历史学习百问编写组:《中国共产党历史学习百问》,学习出版社,2021 年。

立工业区的设想,得到中央批准。不久后,蛇口工业区在轰鸣的开山炮声中诞生了。

1979年4月,中央召开工作会议。广东省委第一书记习仲勋在发言中提出,广东的对外开放应该先走一步,希望中央下放若干权力,让广东在对外经济活动中有必要的自主权;允许在毗邻港澳的深圳、珠海和侨乡汕头设立出口加工区。福建省委也提出类似的设想,中央对此表示支持。关于如何命名这几处实行特殊政策的地区,邓小平说:"还是叫特区好,陕甘宁开始就叫特区嘛!中央没有钱,可以给些政策,你们自己去搞,杀出一条血路来。"

1979年7月,党中央、国务院批准广东省委、福建省委的报告,确认两省对外经济活动实行特殊政策和灵活措施,先走一步,把经济尽快搞上去,同时决定在深圳、珠海划出部分地区试办出口特区。1980年5月,党中央、国务院正式决定将"出口特区"命名为"经济特区"。8月,五届全国人大常委会第十五次会议批准广东、福建两省在深圳、珠海、汕头、厦门设置经济特区。

特殊政策和灵活措施在广东、福建两省实行之后很快取得积极成效。1980年,广东、福建出口额分别比上年增长27.9%和47.2%;外汇留成大幅度增长;"三来一补"(来料加工、来样加工、来件装配、补偿贸易)企业发展迅猛,广东新增就业17万人,福建新增就业3万人。在此过程中,海外华侨华人资本率先进入大陆,起到了引领作用,加快了广东、福建的城市化进程,有力推动了对外开放事业的发展。

在中央决策的推动下,来自四面八方的特区建设者披荆斩棘、艰苦创业,短短几年间,将深圳、珠海这些昔日落后的边陲小镇、荒滩渔村,建设成为生机勃勃的崭新城市,创造了敢闯敢试、敢为人先、埋头苦干的特区精神。

随着改革开放的深入,1984年5月,党中央、国务院决定开放天津、上海、大连、秦皇岛、烟台、青岛、连云港、南通、宁波、温州、福州、广州、湛江、北海 14 个沿海城市,1985 年 2 月,决定在长江三角洲、闽东南地区、环渤海地区开辟沿海经济开放区。

1984 年初,邓小平视察深圳、珠海、厦门等经济特区并题词,充分肯定特区建设的成就。他指出:"我们建立经济特区,实行开放政策,有个指导思想要明确,就是不是收,而是放。""特区是个窗口,是技术的窗口,管理的窗口,知识的窗口,也是对外政策的窗口。"

1980 年 6 月和 1983 年 4 月,中共中央、国务院批转《海南岛问题座谈会纪要》和《加快海南岛开发建设问题讨论纪要》,确定对海南实行以对外开放促进岛内开发的方针,决定加快海南岛的开发建设,在政策上放宽、给予较多的自主权。1988 年 4 月 13 日,七届全国人大第一次会议通过设立海南省和建立海南经济特区的决议。

1990 年 4 月,党中央正式批准开发开放浦东,在浦东实行经济技术开发区和某些经济特区的政策。

实践证明,建立经济特区的思想和决策是完全正确的,取得了巨大成功。它不仅使这些地区的经济得到快速发展,而且在推进对外开放,引进境外资金、先进技术及管理经验,建立社会主义市场经济体制等方面,发挥了窗口作用、试验作用和排头兵的作用。

(四)"建设有中国特色社会主义"命题的提出

1982 年 9 月 1 日至 11 日,中国共产党第十二次全国代表大会在北京举行。邓小平出席大会并发表了重要讲话。他在开幕词中明确提出:"我们的现代化建设,必须从中国的实际出发。无论是革命还是建设,都要注意学习和借鉴外国经验。但是,照抄照搬别国经验、别国模式,从来不能得到成功。这方面我们有过不少教训。把马克思主义的普遍真理同我国的具体实际结合起来,走自己的道路,建设有中国特色的社会主义,这就是我们总结长期历史经验得出的基本结论。"①"建设有中国特色的社会主义"重大命题的提出,回答了进入改革开放新时期后中国走什么样的道路这一人们最为关心的重大问题,成为指引新时期改革开放和社会主义现代化建设的伟大旗帜。

大会指出党在新时期的总任务是:团结全国各族人民,自力更生,艰苦奋斗,逐步实现工业、农业、国防和科学技术现代化,把我国建设成为高度文明、高度民主的社会主义国家。大会还明确了在 20 世纪末人民生活达到小康水平的奋斗目标,即在不断提高经济效益的前提下,力争使全国工农业年生产总值翻两番,即从 1980 年的 7100 亿元增加到 2020 年的 2.8 万亿元,人民生活达到小康水平。大会把 20 世纪末的奋斗目标由先前的实现四个现代化改为实现小康,这符合我国经济落后和发展很不平衡的实际情况,充分考虑了我国实现现代化的长期性和艰巨性,从指导思想上解决了长期存在的急于求成、急躁冒进的问题。

大会提出当前各项工作的首要任务是把社会主义现代化经济建设推向前进。

大会报告的一个重要亮点,就是提出我们在进行物质文明建设的同时,一定要努力建设高度的精神文明。社会主义精神文明是社会主义的重要特征,是社会主义制度优越性的重要表现。我们要建设高度的社会主义民主,只有建设高度的社会主义民主,才能使各项事业的发展符合人民的意志、利益和需要,才能使人民增强主人翁的责任感,才能有效保证对少数破坏社会主义的敌对分子实行专政,从而保证社会主义建设的顺利进行。

大会还提出了"把党建设成为领导社会主义现代化事业的坚强核心"的目标及当前党的建设的任务,制定了新党章。在新党章的总纲中,对党的性

① 《邓小平文选》第三卷,人民出版社,1993 年,第 2~3 页。

质和指导思想,对现阶段我国社会主要矛盾和党的总任务,对党在国家生活中如何正确地发挥领导作用,都作了符合新的形势的规定。

大会还就经济体制改革和政治体制改革,干部队伍的革命化、年轻化、知识化、专业化,整顿党的作风和组织,健全党的民主集中制,改革领导机构和干部制度等问题作了明确的要求。

中国共产党第十二次全国代表大会是在党的第七次全国代表大会以来最重要的一次会议,它标志着党成功地实现了具有重大历史性意义的伟大转变,它把中国带入了建设中国特色社会主义的新的政治轨道,全面开创社会主义现代化建设的新局面。

三、改革开放的性质和目的

改革开放是党的一次伟大觉醒,是中国人民和中华民族发展史上的一次伟大革命。改革开放是中国共产党站在新的历史节点上,在总结历史经验的基础上审时度势引领中国人民进行的另外一场革命。邓小平曾说:"改革也是一场革命,是中国的第二次革命。"改革开放的实质是社会主义制度的自我完善和发展。改革开放是改掉不适应生产力发展的生产关系和上层建筑的相应环节,使生产力从生产关系和上层建筑的束缚下解放出来,打破封闭僵化的状态,建立广泛的社会联系,为社会全面发展和进步开辟道路,从而使社会主义彰显更大的生机与活力。

在改革开放四十多年的历程中,我们党始终坚持以经济建设为中心,以发展为党执政兴国的第一要务。在领导改革开放过程中实现了目的和效果的高度统一,究之原因在于,一方面坚定不移地进行改革开放,把国门打开,充分地吸收了外国资金、先进技术和管理经验,从而弥补了我们在资金、技术、人才等方面的局限,活跃了经济,促进了中国在经济上的腾飞。另一方面又坚定不移地坚持了四项基本原则,即坚持中国共产党领导、坚持社会主义道路、坚持人民民主专政、坚持马列主义毛泽东思想。坚决排除了各种错误思潮、错误倾向的干扰。正是坚持了"一个中心,两个基本点"的基本路线,使得四十多年来改革开放始终沿着正确的方向大步前进。

党的十七大报告指出,改革开放是党在新的时代条件下带领人民进行的新的伟大革命,目的是要解放和发展社会生产力,实现国家现代化,让中国人民富裕起来,振兴伟大的中华民族;就是要推动我国社会主义制度自我完善和发展,赋予社会主义新的生机活力,建设和发展中国特色社会主义;就是要在引领当代中国发展进步中加强和改进党的建设,保持和发展党的先进性,确保党始终走在时代前列。

四、改革开放的发展阶段

从总体上看,改革开放40多年的历程大致可以划分为五个阶段:

第一阶段:改革开放的起步(从 1978 年 12 月党的十一届三中全会至 1984 年 10 月《中共中央关于经济体制改革的决定》发表)。这一时期主要是中国社会主义改革的理论创新、思想准备和专项改革试点阶段。改革首先围绕土地展开,即在农村开始实施家庭联产承包责任制,在城市则从扩大企业自主权实行企业承包制入手,两项改革都取得了初步成效,积累了有益经验。在改革的思想准备方面主要是完成了三个转变:即从以阶级斗争为纲转变到以经济建设为中心,从封闭转变到扩大开放,从固守陈规转变到大胆改革。伟大的实践必须有伟大的理论作指导,这标志着中国进入了以改革、开放、发展和思想解放为鲜明特色的历史新时期。

第二阶段:改革开放的全面展开(从 1984 年 10 月中共中央作出关于经济体制改革的决定到 1988 年 9 月中共中央作出《关于治理经济环境、整顿经济秩序、全面深化改革的决议》）。这一时期，改革的深度和广度都较前一时期有显著进展，重点从农村转移到城市，从经济领域扩展到政治领域、科技教育及其他社会生活领域，故称为全面的改革探索阶段。

第三阶段：改革开放的稳步前进（从 1988 年 9 月中共中央作出治理整顿深化改革的决策到 1992 年邓小平南方谈话发表）。经历了十年的改革实践，积累了经验，因此有必要适时地总结十年改革经验，理清改革思路，使中国的改革事业更健康、更稳妥、更顺利地向前推进。这一时期，为更顺利地推进改革开放事业，创造一个良好的社会经济环境，有必要进一步治理经济环境、整顿经济秩序、调整完善政策。

第四阶段：改革开放的新阶段（从 1992 年初邓小平发表南方谈话至 2002 年 10 月党的十六大召开）。这一时期，中国改革开放进入了一个新的阶段、新的层次，即进入以建立和完善社会主义市场经济体制为核心内容的综合改革阶段。这一时期理论成果显著，主要有《邓小平南方谈话》《邓小平文选（第三卷）》《中共中央关于建立社会主义市场经济体制若干问题的决定》和《中共中央关于制定国民经济和社会发展"九五"计划和 2010 年远景目标的建议》，为改革开放指明了方向，坚定了信心。

第五阶段：改革开放继续推进（从 2002 年 10 月党的十六大至今）。这一时期，中国共产党坚持以邓小平理论、"三个代表"重要思想、科学发展观为指导，全面贯彻习近平新时代中国特色社会主义，顺应国内外形势发展变化，抓住重要战略机遇期，发扬求真务实、开拓进取精神，坚持理论创新和实践创新，着力推动科学发展，促进社会和谐，完善社会主义市场经济体制，在全面建成小康社会实践中坚定不移地把改革开放伟大事业继续推向前进。特别是党的十八大以来，中国共产党人以巨大的政治勇气和智慧，提出全面深化改革的总目标是完善和发展中国特色社会主义制度，推进国家治理体系和治理能力现代化，推出了 1600 多项改革方案，啃下了不少硬骨头，使改革开放呈现蹄疾步稳、纵深推进的良好局面。步入新时代,中国共产党将带领和团结全国各族人民更加坚定地高举中国特色社会主义伟大旗帜,不忘初心、牢记使命,将改革开放进行到底,不断实现人民对美好生活的向往,在新时代创造中华民族新的更大奇迹!

五、改革开放的接力奋进

1. 三步走战略目标的提出

以邓小平同志为主要代表的中国共产党人,深刻总结新中国成立以来正反两方面历史经验,解放思想,实事求是,提出了社会主义本质论,确立了社会主义初级阶段基本路线,制定了"三步走"实现社会主义的发展战略:第一步,从 1981 年到 1990 年,国民生产总值翻一番,解决人民温饱问题;第二步,从 1991 年到 20 世纪末,国民生产总值再翻一番,人民生活水平达到小康水平;第三步,到 21 世纪中叶,人均国民生产总值达到中等发达国家水平,人民生活比较富裕,基本实现现代化。"三步走"战略为中国人民指明了奋斗目标和描绘了中国发展的宏伟蓝图。在"三步走"战略的指引下,我国经济快速发展起来,从一度濒于崩溃的边缘发展到 2022 年国内生产总值总量突破 114 万亿元,稳居世界第二。人民生活水平持续提高,政治建设、经济建设、文化建设、社会建设、生态文明建设取得举世瞩目的伟大成就,充分彰显了中国特色社会主义的生机与活力。

2. 改革开放的纵深推进

中国共产党在领导人民进行改革开放实践创造的过程中,顺应社会历史发展规律,顺应时代潮流和人民愿望,坚持以马克思主义为指导,不断探索和回答什么是社会主义、怎样建设社会主义,建设什么样的党、怎样建设党,实现什么样的发展、怎样发展,坚持和发展什么样的中国特色社会主义、如何坚持和发展中国特色社会主义等一系列重大理论和时代课题,在中国特色社会主义建设的伟大实践中,积极推进马克思主义中国化、现代化,形成了中国特色社会主义理论体系,使社会主义和马克思主义在中国大地上焕发出勃勃生机。党的十九大报告指出,中国特色社会主义理论体系是指导党和人民实现中华民族伟大复兴的正确理论,中国特色社会主义制度是当代中国发展进步的根本制度保障,中国特色社会主义文化是激励全党全国各族人民奋勇前进的强大精神力量。全党要更加自觉地增强道路自信、理论自信、制度自信、文化自信,既不走封闭僵化的老路,也不走改旗易帜的邪路,保持政治定力,坚持实干兴邦,始终坚持和发展中国特色社会主义。邓小平理论、"三个代表"重要思想和科学发展观、习近平新时代中国特色社会主义思想是中国特色社会主义理论体系重大战略思想的重大理论成果,它们既一脉相承又层层递进,体现了改革开放以来中国共产党理论创新成果的科学性体系和阶段性成果的内在统一。党的十一届三中全会是邓小平理论形成和发展的起点;党的十二大提出了"建设有中国特色社会主义"命题;党的十三大对改革开放以来党的路线、方针、政策及相联系的理论观点进行了系统的总结和概括;党的十四大标志邓小平理论走向成熟、形成体系;党的十五大把邓小平理论确定为党的指导思想,并写入党章,明确规定以马克思列宁主义、毛泽东思想、邓小平理论作为我们党的行动指南;党的十六大科学阐述了"三个代表"重要思想,并将这一重大理论成果作为党的指导思想写入党章;党的十七大提出了科学发展观。科学发展观是对党的三代中央领导集体关于发展的重要思想的继承和发展,是马克思主义关于发展的世界观和方法论的集中体现,是我国经济社会发展的重要指导方针,是发展中国特色社会主义必须坚持和贯彻的战略思想。

习近平新时代中国特色社会主义思想,是对马克思列宁主义、毛泽东思想、邓小平理论、"三个代表"重要思想、科学发展观的继承和发展,是马克思主义中国化最新成果,开辟了马克思主义中国化时代化的新境界,是二十一世纪的马克思主义,是中华文化和中国精神的时代精华,是党和人民实践经验和集体智慧的结晶,是中国特色社会主义理论体系的重要组成部分,是新时代全党全国人民为实现中华民族伟大复兴而奋斗的行动指南,实现了马克思主义中国化时代化新的飞跃,我们必须长期坚持并不断丰富和发展。

改革开放每前进一步都伴随着新的重大理论创新,党在理论上的每一次重大创新都推动着改革开放迈进一个新的阶段。一部改革开放史,就是中国共产党不断用马克思主义中国化的最新成果推动中国经济社会改革发展的历史,就是党在新时期理论和实践创新的历史,就是中国特色社会主义理论体系创立形成发展的历史。

党的十一届三中全会以来的四十多年,就是我们党始终坚持不忘初心,解放思想、实事求是,求真务实、锐意进取,团结带领全国各族人民,锐意进取、深化改革,不断推进中国特色社会主义自我完善和发展的光辉岁月。

2012 年 12 月 31 日,习近平在主持中共中央十八届政治局会议时,就坚定不移推进改革开放进行集体学习时强调,改革开放是一项长期的、艰巨的、繁重的事业,必须一代又一代人接力干下去。

党的十九届六中全会指出,改革只有进行时,没有完成时,必须要以更大的政治勇气和智慧推进全面深化改革,敢于涉险滩,有效破除各方面体制机制的弊端。

党的十八大以来,我们党坚持不断深化全面改革,使中国特色社会主义制度更加成熟更加定型,使国家治理体系和治理能力现代化水平得到较大提高,使党和国家事业焕发出新的生机与活力,使中国以东方强国的姿态屹立于世界的东方。

六、改革开放的成功经验及启示

四十多年前开始实施的改革开放,是全领域、全范围的改革开放,从农村到城市,从经济领域、政治领域到其他各个领域,改革一时间成了全国上下使用频率最高的词汇。从沿海到沿江、沿边,从东部到中西部,掀起了改革开放的大潮。这场改革开放规模之大、范围之广,在中国历史上甚至在世界历史上都是前所未有的。改革开放极大地调动了亿万人民的积极性,使我国成功实现了从高度集中的计划经济体制转型到充满生机与活力的社会主义市场经济体制,是一次伟大的历史转折。今天,一个富强、民主、文明、和谐、美丽的社会主义中国正以前所未有的自信,巍然屹立在世界东方。

改革开放四十多年来之所以能从根本上改变中国的面貌、中国人民的面貌、中国共产党的面貌,总结起来,根本原因在于十一届三中全会提出的改革开放基本国策,以及继此之后党对这一国策一如既往的深化和发展。正是 40 年风雨同舟,40 年披荆斩棘,40 年砥砺奋进,我们党才引领人民绘就了一幅波澜壮阔、气势恢宏的历史画卷,谱写了一曲感天动地、气壮山河的奋斗赞歌。

党的十七大报告指出:"事实雄辩地证明,改革开放是决定当代中国命运的关键抉择,是发展中国特色社会主义、实现中华民族伟大复兴的必由之路;只有社会主义才能救中国,只有改革开放才能发展中国、发展社会主义、发展马克思主义。"[①]

习近平在庆祝改革开放 40 周年大会上的讲话中指出:"实践证明,改革

---

① 胡锦涛:《在党的十七大上的报告(全文)》,中华人民共和国国务院新闻办公室网站,http://www.scio.gov.cn/tp/Document/332591/332591.htm。

开放是党和人民大踏步赶上时代的重要法宝,是坚持和发展中国特色社会主义的必由之路,是决定当代中国命运的关键一招,也是决定实现'两个一百年'奋斗目标,实现中华民族伟大复兴的关键一招。"①改革开放,不仅使中国人民稳步走上了富裕安康的道路,而且为世界经济发展和人类文明进步贡献了中国智慧和力量。

改革开放是近代以来实现中华民族伟大复兴的三大里程碑。改革开放40多年的伟大征程,铸就了伟大的改革开放精神。改革开放精神包含了丰富的内涵,主要包括革故鼎新的超越精神,披荆斩棘的革命精神,敢为人先的创新精神,只争朝夕的追赶精神,敢闯敢试的攻坚精神,脚踏实地的务实精神,直面难题的担当精神。改革开放精神是改变中国人民和中国命运强大的精神力量。四十多年改革开放积累和形成的宝贵经验是中国共产党和中国人民珍贵的精神财富,我们必须倍加珍惜、长期坚持,并在实践中不断丰富和发展。

40多年风雨历程,向我们揭示了改革开放巨大成就的取得,"不是天上掉下来的,更不是别人恩赐施舍的,而是全党全国各族人民用勤劳、智慧、勇气干出来的!"②是我们一如既往地坚持以马克思主义为指导的结果,坚持以经济建设为中心的结果,坚持中国特色社会主义政治发展道路的结果,坚持发展社会主义先进文化的结果,坚持在发展中保障和改善民生的结果,坚持推进生态文明建设的结果,坚持党对军队的绝对领导的结果,坚持推进祖国和平统一大业的结果,坚持独立自主的和平外交政策的结果,坚持加强和改善党的领导的结果。40多年改革开放,春华秋实,中华民族迎来了从站起

---

① 习近平:《在庆祝改革开放40周年大会上的讲话》,求是网,http://www.qstheory.cn/dukan/qs/2018 - 12/22/c_1123888045.htm。

② 习近平:《在庆祝改革开放40周年大会上的讲话》,求是网,http://www.qstheory.cn/dukan/qs/2018 - 12/22/c_1123888045.htm。

来、富起来到强起来的伟大飞跃,中国人民从此以无比昂扬的姿态迎接灿烂的未来。

改革开放四十多年的伟大成就,向我们雄辩地证明了,要使中国特色社会主义昂首阔步胜利前行,实践中必须做到以下九个坚持:

第一,必须坚持党对一切工作的领导,不断加强和改善党的领导。

第二,必须坚持以人民为中心,不断实现人民对美好生活的向往。

第三,必须坚持马克思主义指导地位,不断推进实践基础上的理论创新。

第四,必须坚持走中国特色社会主义道路,不断坚持和发展中国特色社会主义。

第五,必须坚持完善和发展中国特色社会主义制度,不断发挥和增强我国制度优势。

第六,必须坚持以发展为第一要务,不断增强我国的综合国力。

第七,必须坚持扩大开放,不断推动构建人类命运共同体。

第八,必须坚持全面从严治党,不断提高党的创造力、凝聚力、战斗力。

第九,必须坚持辩证唯物主义和历史唯物主义世界观和方法论,正确处理改革发展稳定关系。

习近平在庆祝改革开放 40 周年大会上发表的重要讲话中指出,40 年来,我们大胆地试、勇敢地改,干出了一片新天地。从实行家庭联产承包到实施乡村振兴战略,从兴办深圳等经济特区到共建"一带一路"、设立自由贸易试验区,从"引进来"到"走出去",从单一公有制到公有制为主体多种所有制经济共同发展,从传统的计划经济体制到社会主义市场经济体制再到使市场在资源配置中起决定性作用,从以经济体制改革为主到全面深化经济、政治、文化、社会、生态文明体制改革等一系列重大改革扎实推进,各项便民、惠民、利民举措持续实施,使改革开放成为当代中国最显著的特征、最壮丽的气象。

党的十八大以来，中国共产党在深刻回应了坚持和发展什么样的中国特色社会主义、怎样坚持和发展中国特色社会主义这个重大时代课题的基础上，创立了习近平新时代中国特色社会主义思想。十年来，我们坚持统筹推进"五位一体"总体布局、协调推进"四个全面"战略布局，坚持"四个自信"，坚持稳中求进工作总基调，以高质量发展引领社会各项事业，对党和国家各方面工作提出了一系列新理念新思想新战略，推动党和国家事业发生了历史性变革、取得了历史性成就，使中国特色社会主义进入了新时代，从而开启了中国特色社会主义建设的新征程，谱写了新篇章。

第二节　中国特色社会主义事业稳步前进

改革开放后，我们面临的国际环境是机遇大于挑战。在 20 世纪的百年历史中，世界社会主义运动既有辉煌，也有严重挫折。我们一定要吸取苏联解体的深刻教训，必须始终不渝地以自我革命的勇者风范加强党的建设。中国共产党作为世界上最大的执政党，只有通过加强自身建设，始终坚持自我革命以保持先进性，才能跳出治乱兴衰历史周期率的制约，确保党永远不变质、不变色、不变味；才能不断推进国家治理体系和治理能力现代化；才能准确把握世界发展的新潮流、新趋势，抓住机遇，迎接挑战，化解风险，迎难而上；才能更好地巩固、加强和壮大我们的党；才能在激烈的国际竞争中始终立于不败之地。

随着改革开放的深入和社会主义市场经济的发展，我国的社会生活发生了广泛而深刻的变化，社会经济成分、组织形式、利益分配和就业方式的多样化进一步发展。在社会主义市场经济发展过程中，利益机制、分配体制还不十分完善,人民内部矛盾出现复杂化和多样化。与此同时,部分党员干部存在着理想信念动摇、政治立场不坚定、组织纪律松懈、工作作风浮躁等现象,特别是逐渐滋生和发展的腐败问题,更是严重影响了党在人民群众心目中的形象。在这种情况下,全面从严治党,进一步全面提高全党特别是党员干部队伍的素质,成为十分紧迫的时代任务。所有这些,客观上要求中国共产党必须紧密结合实际,认真思考和研究建设什么样的长期执政的马克思主义政党、怎样建设长期执政的马克思主义政党这一重大时代课题,积极探索在新形势下加强党的建设的有效途径和办法,把"四个全面"贯彻落实到党和国家建设的各项工作中去,只有这样,才能保证中国共产党始终走在时代的前列,始终走在领导中华民族伟大复兴事业的前列,才能使中国共产党在思想上、政治上、组织上保持特有的战略定力,发扬斗争精神,经得起任何风险考验,从而获取时代征程中一个又一个新的胜利。

一、邓小平理论的历史地位和重要作用

1976年,在全国人民的欢呼声中,"文化大革命"宣告结束,中国人民从此结束了长达十年的噩梦,走出了阴霾的笼罩,迎来了明媚的阳光。但在"文化大革命"时期,政治、经济、文化上产生的混乱还没得到及时的清理,党在思想上的混乱仍没有得到有效的清理和统一,广大人民群众极力呼吁改变十年内乱的严重局面。

在历经十年浩劫之后,中国将何去何从? 这是摆在中国共产党和中国人民面前一个严峻的现实问题。党深刻认识到,只有实行改革开放才是唯一出路,否则我们的现代化事业和社会主义就会被葬送。1978年12月,党的十一届三中全会胜利召开,结束了"以阶级斗争为纲"的思想路线,把党和国家工作重心转移到经济建设的轨道上来,开启了改革开放和社会主义建

设的新征程。

1978 年后,中国开始的改革开放和社会主义建设的伟大实践为邓小平理论的产生提供了肥沃的土壤。邓小平理论就是在中国特色社会主义发展的伟大实践中产生的,主要包括三个阶段:

第一个阶段:从 1978 年党的十一届三中全会到 1982 年党的十二大,邓小平理论初步形成。党的十一届三中全会前后进行的关于"实践是检验真理的唯一标准"的大讨论,解放了思想,重新确立了实事求是的思想路线。全会抛弃了"以阶级斗争为纲"的错误方针,毅然决定把党和国家的中心工作转移到经济建设的轨道上来,作出了改革开放的重大决策。在拨乱反正与改革开放的实践中,邓小平开始思考"什么是社会主义、如何建设社会主义"这个根本问题,从而得出了"贫穷不是社会主义""社会主义要消灭贫穷"等重要结论,科学揭示了社会主义的本质特征。1982 年,在中国共产党第十二次全国代表大会上,邓小平明确提出了"建设有中国特色社会主义"的科学命题。

第二阶段:从 1982 年党的十二大到 1987 年党的十三大,邓小平理论逐渐形成轮廓。1984 年 10 月,党的十二届三中全会作出了《关于经济体制改革的决定》,第一次突破了把计划经济同商品经济对立起来的传统观念,提出了社会主义商品经济论,认为社会主义是"公有制基础之上的商品经济"。把改革从农村推向城市,进入了全面改革的新阶段。邓小平多次提出并阐述"什么是社会主义、如何建设社会主义"这个根本问题,形成了"社会主义初级阶段论"等一系列重要的理论观点。

第三阶段:从 1987 年党的十三大到 1992 年邓小平南方谈话和党的十四大,邓小平理论走向成熟、形成体系。1992 年,邓小平视察南方,发表了重要讲话,明确提出了社会主义市场经济理论、社会主义本质理论和"三个有利于"标准的理论等,从而把建设有中国特色的社会主义理论推向了一个新的发展阶段。

1997 年 9 月,党的十五大把邓小平理论作为党的指导思想写入党章。1998 年 3 月,全国人大九届二次会议把邓小平理论作为国家的指导思想写进宪法。

邓小平理论是当代中国的马克思主义。它是以邓小平同志为主要代表的中国共产党人运用马克思主义的立场、观点和方法研究新情况、解决新问题,敏锐地把握世界发展的态势和深刻洞察中国国内问题而得出来的重要理论成果,充分彰显了与时俱进的理论品质和巨大的政治勇气。

党的十五大报告指出,作为毛泽东思想的继承和发展,邓小平理论是指导中国人民在改革开放中胜利实现社会主义现代化的正确理论。邓小平理论是当代中国的马克思主义,是马克思主义在中国发展的新阶段。

邓小平理论是以邓小平同志为主要代表的中国共产党人在探索中国特色社会主义的过程中创立的重要理论成果,它的形成是中国特色社会主义创立的重要标志,同时也是中国特色社会主义理论体系初步形成的重要标志,为中国特色社会主义理论体系的形成和发展奠定了坚实基础。邓小平理论在中国历史上第一次比较系统地回答了当时在中国这样一个经济文化都比较落后的国家里如何建设社会主义、如何巩固社会主义等系列重大问题。邓小平理论是中国特色社会主义前进中耀眼的明灯,在它的指引下,中国社会主义建设取得了一个又一个辉煌的业绩,顺利地推动中国走向了社会主义现代化的强国之路。

二、"三个代表"重要思想的历史地位和重要作用

习近平在庆祝改革开放 40 周年大会上指出,党的十三届四中全会以后,以江泽民同志为主要代表的中国共产党人,团结带领全党全国各族人民,坚

持党的基本理论、基本路线,加深了对什么是社会主义、怎样建设社会主义和建设什么样的党、怎样建设党的认识,积累了治党治国新的宝贵经验,形成了"三个代表"重要思想。在国内外形势十分复杂、世界社会主义出现严重曲折的严峻考验面前,捍卫了中国特色社会主义,确立了社会主义市场经济体制的改革目标和基本框架,确立了社会主义初级阶段的基本经济制度和分配制度,开创全面改革开放新局面,推进党的建设新的伟大工程,成功把中国特色社会主义推向 21 世纪。

2000 年 2 月 25 日,江泽民在广东省考察工作时,从全面总结党的历史经验,以及如何适应新形势新任务新挑战的要求出发,首次比较全面地阐述了"三个代表"重要思想。江泽民明确指出:"总结我们党七十多年的历史,可以得出一个重要的结论,这就是:我们党所以赢得人民的拥护,是因为我们党在革命、建设、改革的各个历史时期,总是代表着中国先进生产力的发展要求,代表着中国先进文化的前进方向,代表着中国最广大人民的根本利益,并通过制定正确的路线方针政策,为实现国家和人民的根本利益而不懈奋斗。"①

2001 年 7 月 1 日,江泽民在庆祝中国共产党成立 80 周年大会上的讲话中全面阐述了"三个代表"重要思想的科学内涵和基本内容。

首先,中国共产党要始终代表中国先进生产力的发展要求。就是党的理论、路线、纲领、方针、政策和各项工作,必须努力与生产力发展的规律相符合,按照不断推动社会生产力的解放和发展的总要求,部署各项工作。同时,要体现推动先进生产力发展的要求,通过持续解放和发展生产力来不断提高人民群众的生活水平。

---

① 《"三个代表"重要思想的提出》,光明网,https://www. gmw. cn/01gmrb/2009 – 12/16/content_1022788. htm#commentAnchor.

其次,中国共产党要始终代表中国先进文化的前进方向。就是党的理论、路线、纲领、方针、政策和各项工作,必须努力体现发展面向现代化、面向世界、面向未来的,民族的科学的大众的社会主义文化的要求,促进全民族思想道德素质和科学文化素质的不断提高,为我国经济发展和社会进步提供精神动力和智力支持。

最后,中国共产党要始终代表中国最广大人民的根本利益。着力增强改革系统性、整体性、协同性,着力抓好重大制度创新,着力提升人民群众获得感、幸福感、安全感,就是党的理论、路线、纲领、方针、政策和各项工作,必须坚持把人民的根本利益作为出发点和归宿,充分发挥人民群众的积极性主动性创造性,在社会不断发展进步的基础上,使人民群众不断获得切实的经济、政治、文化利益。

"三个代表"是我们的立党之本。中国共产党是马克思主义政党,其自成立之日起,就是走在中国社会发展前列的先进政党。党章规定,中国共产党是中国工人阶级的先锋队。中国共产党的历史使命、历史地位、历史作用,始终是与党的先进性联系在一起的。什么时候坚持并做到了这样"三个代表",中国共产党就兴旺发达,就得到人民群众的拥护,就经得起任何风险挑战。什么时候如果偏离或没有完全做到"三个代表",就会出这样那样的问题,人民就会不满意,党的建设就会遇到困难和曲折。

"三个代表"是我们的执政之基。中国共产党在中国的执政地位是历史的选择、人民的选择。中国共产党之所以能够执政、并且能够执好政的基础,从根本上来说,就在于能够代表中国先进生产力的发展要求,代表中国先进文化的前进方向,代表中国最广大人民的根本利益。中国共产党执政的内容和任务,就是要不断解放和发展中国社会的生产力,增强综合国力,推进社会发展;就是要不断建设和发展面向现代化、面向世界、面向未来的民族的、科学的、大众的社会主义文化,培育"四有"公民,弘扬民族精神;就是要全心全意为人民服务,维护最广大人民的根本利益,不断满足人民群众日益增长的物质文化生活需要。面向21世纪,中国共产党治国理政的任务更加艰巨,所要解决的问题也更多、更复杂。只有坚持"三个代表",当好"三个代表",我们才能始终用好人民赋予的执政权力,无愧于历史赋予的执政地位;才能不断提高党的执政水平,巩固党的执政基础。

"三个代表"是我们的力量之源。建党之初,只有五十几个党员。为什么能够不断发展壮大,成为今天拥有9500多万党员的大党? 为什么能够战胜曾经比自己强大得多的国内外敌人,建立起社会主义的新中国? 为什么能够在一穷二白的基础上,取得经济和社会发展的巨大成就,解决了12亿人的温饱问题? 为什么能在20世纪末带领中国人民迈入小康社会? 为什么虽然也犯过错误,有过曲折,但始终能经得起各种风浪、磨难的考验,得到人民群众的拥护和支持? 所有这一切,就在于中国共产党能够始终从根本上促进中国社会生产力的发展,推动中国文化的进步,切切实实地为人民办实事、谋利益。这是我们全部力量的源泉所在,也是我们不断成功和发展的奥秘所在。

"三个代表"的重要思想,集中概括了中国共产党和国家全部理论活动、实践活动的出发点和立脚点,包括一切工作的根本方向、根本准则、根本依据,是指引中国共产党和国家胜利前进的思想武器。"三个代表"重要思想,是对马克思主义唯物论的新贡献;是对科学社会主义的新概括,是对马克思主义建党学说的新发展。

三、科学发展观的提出与构建社会主义和谐社会

习近平在庆祝改革开放40周年大会上指出,党的十六大以后,以胡锦涛同志为主要代表的中国共产党人,团结带领全党全国各族人民,坚持以邓小

平理论和"三个代表"重要思想为指导,根据新的发展要求,深刻认识和回答了新形势下实现什么样的发展、怎样发展等重大问题,形成了科学发展观,抓住重要战略机遇期,在全面建设小康社会进程中推进实践创新、理论创新、制度创新,强调坚持以人为本、全面协调可持续发展,形成中国特色社会主义事业总体布局,着力保障和改善民生,促进社会公平正义,推动建设和谐世界,推进党的执政能力建设和先进性建设,成功在新的历史起点上坚持和发展了中国特色社会主义。

胡锦涛在党的十七大报告中提出,在新的发展阶段继续全面建设小康社会、发展中国特色社会主义,必须坚持以邓小平理论和"三个代表"重要思想为指导,深入贯彻落实科学发展观。科学发展观是对党的三代中央领导集体关于发展这一重要思想的继承和发展,是马克思主义关于发展的世界观和方法论的集中体现,是同马克思列宁主义、毛泽东思想、邓小平理论和"三个代表"重要思想既一脉相承又与时俱进的科学理论,是我国经济社会发展的重要指导方针,是发展中国特色社会主义必须坚持和贯彻的重大战略思想。

科学发展观是立足社会主义初级阶段基本国情,总结我国发展实践,借鉴国外发展经验,适应新的发展要求提出的重大战略思想。强调认清社会主义初级阶段基本国情,不是要妄自菲薄、自甘落后,也不是要脱离实际、急于求成,而是要坚持把它作为推进改革、谋划发展的根本依据。我们必须始终保持清醒头脑,立足社会主义初级阶段这个最大的实际,科学分析,深刻把握我国发展面临的新课题新矛盾,更加自觉地走科学发展道路,奋力开拓中国特色社会主义更为广阔的发展前景。

科学发展观,第一要务是发展,核心是以人为本,基本要求是全面协调可持续发展,根本方法是统筹兼顾。必须坚持把发展作为党执政兴国的第一要义。要牢牢抓住经济建设这个中心,坚持聚精会神搞建设、一心一意谋发展,不断解放和发展社会生产力。要着力把握发展规律、创新发展理念、转变发展方式、破解发展难题,提高发展质量和效益,实现又快又好发展。科学发展,必须坚持以人为本。要始终把实现好、维护好、发展好最广大人民的根本利益作为党和国家一切工作的出发点和落脚点,尊重人民主体地位,发挥人民首创精神,保障人民各项权益,走共同富裕道路,促进人的全面发展,做到发展为了人民、发展依靠人民、发展成果由人民共享。科学发展,必须坚持全面协调可持续发展。要按照中国特色社会主义事业总体布局,全面推进经济建设、政治建设、文化建设、社会建设和生态文明建设,促进现代化建设各个环节、各个方面相协调,促进生产关系与生产力、上层建筑与经济基础相协调。科学发展,必须坚持统筹兼顾。要正确认识和妥善处理中国特色社会主义事业中的重大关系,统筹个人利益和集体利益、局部利益和整体利益、当前利益和长远利益,充分调动各方面积极性。既要总揽全局、统筹规划,又要抓住牵动全局的主要工作、事关群众利益的突出问题,着力推进、重点突破。

深入贯彻落实科学发展观,要求我们始终坚持"一个中心、两个基本点"的基本路线。党的基本路线是党和国家的生命线,是实现科学发展的政治保证。以经济建设为中心是兴国之要,是我们党、我们国家兴旺发达和长治久安的根本要求;四项基本原则是立国之本,是我们党、我们国家生存发展的政治基石;改革开放是强国之路,是我们党、我们国家发展进步的活力源泉。要坚持把以经济建设为中心同四项基本原则、改革开放这两个基本点统一于发展中国特色社会主义的伟大实践,任何时候都不能动摇。

深入贯彻落实科学发展观,要求我们积极构建社会主义和谐社会。要通过发展增加社会物质财富、不断改善人民生活,又要通过发展保障社会公平正义、不断促进社会和谐。深入贯彻落实科学发展观,要求我们继续深化改革开放。要把改革创新精神贯彻到治国理政各个环节,毫不动摇地坚持改革方向,提高改革决策的科学性,增强改革措施的协调性。要完善社会主义市场经济体制,推进各方面体制改革创新,加快重要领域和关键环节改革步伐,全面提高开放水平。深入贯彻落实科学发展观,要求我们切实加强和改进党的建设。要站在完成党执政兴国使命的高度,把提高党的执政能力、保持和发展党的先进性,体现到领导科学发展、促进社会和谐上来,落实到引领中国发展进步、更好地代表和实现最广大人民的根本利益上来,使党的工作和党的建设更加符合科学发展观的要求,为科学发展提供可靠的政治和组织保障。

第三节　习近平新时代中国特色社会主义思想是实现中华民族伟大复兴的行动指南

2017年10月18日,在中国共产党第十九次全国代表大会上习近平总书记首次提出了新时代中国特色社会主义思想。习近平新时代中国特色社会主义思想是全党全国人民为实现中华民族伟大复兴而奋斗的行动指南。2017年10月24日,中国共产党第十九次全国代表大会通过了关于《中国共产党章程(修正案)》的决议,习近平新时代中国特色社会主义思想写入党章。2018年3月11日,习近平新时代中国特色社会主义思想载入宪法。这标志着习近平新时代中国特色社会主义思想在党内外、全国上下已经形成广泛的高度认同。习近平新时代中国特色社会主义思想是马克思主义中国化的最新成果,是新时代中国的马克思主义,是21世纪的马克思主义。

一、习近平新时代中国特色社会主义思想的科学内涵

时代是思想之母,实践是理论之源。党的十八大以来,党面临的主要任务是实现第一个百年奋斗目标,开启实现第二个百年目标新征程,朝着实现中华民族伟大复兴的宏伟目标继续前进。以习近平同志为核心的党中央统筹把握中华民族伟大复兴战略全局和世界百年未有之大变局,提出中国特色社会主义新时代是承前启后、继往开来、在新的历史条件下继续夺取中国特色社会主义伟大胜利的时代,是决胜全面建成小康社会、进而全面建设社会主义现代化强国的时代,是全国各族人民团结奋斗、不断创造美好生活、逐步实现全体人民共同富裕的时代,是全体中华儿女勠力同心、奋力实现中华民族伟大复兴中国梦的时代,是我国不断为人类作出更大贡献的时代。

新时代国内外形势的变化和我国各项事业发展给我们提出了一个重大时代课题,这就是必须从理论上和实践上系统回答新时代坚持和发展什么样的中国特色社会主义、怎样坚持和发展中国特色社会主义。围绕这个重大时代课题,以习近平同志为主要代表的中国共产党人,坚持把马克思主义基本原理同中国具体实际相结合、同中华优秀传统文化相结合,坚持解放思想、实事求是、与时俱进、求真务实,以全新的视野深化对共产党执政规律、社会主义建设规律、人类社会发展规律的认识,进行艰辛理论探索,取得一系列重大理论创新成果,创立了习近平新时代中国特色社会主义思想。

习近平新时代中国特色社会主义思想是一个系统完整、逻辑严密的科学理论体系,内涵十分丰富,涵盖了新时代坚持和发展中国特色社会主义的总目标、总任务、总体布局、战略布局和发展方向、发展方式、发展动力、战略步骤、外部条件、政治保证等方面。党的二十大报告指出,党的十九大、十九届六中全会提出的"十个明确""十四个坚持""十三个方面成就"概括了这

一思想的主要内容。

"十个明确"主要体现为：

明确中国特色社会主义最本质的特征是中国共产党领导，中国特色社会主义制度的最大优势是中国共产党领导，中国共产党是最高政治领导力量，全党必须增强"四个意识"、坚定"四个自信"、做到"两个维护"。

明确坚持和发展中国特色社会主义，总任务是实现社会主义现代化和中华民族伟大复兴，在全面建成小康社会的基础上，分两步走，在21世纪中叶建成富强民主文明和谐美丽的社会主义现代化强国，以中国式现代化推进中华民族伟大复兴。

明确新时代我国社会主要矛盾是人民日益增长的美好生活需要和不平衡不充分的发展之间的矛盾，必须坚持以人民为中心的发展思想，发展全过程人民民主，推动人的全面发展、全体人民共同富裕取得更为明显的实质性进展。

明确中国特色社会主义事业总体布局是经济建设、政治建设、文化建设、社会建设、生态文明建设五位一体，战略布局是全面建设社会主义现代化国家、全面深化改革、全面依法治国、全面从严治党四个全面。

明确全面深化改革总目标是完善和发展中国特色社会主义制度、推进国家治理体系和治理能力现代化。

明确全面推进依法治国总目标是建设中国特色社会主义法治体系、建设社会主义法治国家。

明确必须坚持和完善社会主义基本经济制度，使市场在资源配置中起决定性作用，更好发挥政府作用，把握新发展阶段，贯彻创新、协调、绿色、开放、共享的新发展理念，加快构建以国内大循环为主体、国内国际双循环相互促进的新发展格局，推动高质量发展，统筹发展和安全。

明确党在新时代的强军目标是建设一支听党指挥、能打胜仗、作风优良的人民军队,把人民军队建设成为世界一流的军队。

明确中国特色大国外交要服务民族复兴、促进人类进步,推动建设新型国际关系,推动构建人类命运共同体。

明确全面从严治党的战略方针,提出新时代党的建设总要求,全面推进党的政治建设、思想建设、组织建设、作风建设、纪律建设,把制度建设贯穿其中,深入推进反腐败斗争,落实管党治党政治责任,以伟大自我革命引领伟大社会革命。

这些战略思想和创新理念,是党对中国特色社会主义建设规律认识深化和理论创新的重大成果。

"十四个坚持"的内容主要为:

坚持党对一切工作的领导。党政军民学,东西南北中,党是领导一切的,必须增强政治意识、大局意识、核心意识、看齐意识,自觉维护党中央权威和集中统一领导,自觉在思想上政治上行动上同党中央保持高度一致。

坚持以人民为中心。把人民对美好生活的向往作为奋斗目标,依靠人民创造历史伟业。

坚持全面深化改革。必须坚持和完善中国特色社会主义制度,不断推进国家治理体系和治理能力现代化。

坚持新发展理念。必须坚定不移贯彻创新、协调、绿色、开放、共享的新发展理念,使市场在资源配置中起决定性作用,主动参与和推动经济全球化进程,发展更高层次的开放型经济,不断壮大我国经济实力和综合国力。

坚持人民当家作主。坚持和完善人民代表大会制度、中国共产党领导的多党合作和政治协商制度、民族区域自治制度、基层群众自治制度,巩固和发展最广泛的爱国统一战线。

坚持全面依法治国。完善以宪法为核心的中国特色社会主义法律体系,建设中国特色社会主义法治体系,建设社会主义法治国家。

坚持社会主义核心价值体系。培育和践行社会主义核心价值观，不断增强意识形态领域主导权和话语权，推动中华优秀传统文化创造性转化、创新性发展。

坚持在发展中保障和改善民生。保证全体人民在共建共享发展中有更多获得感，不断促进人的全面发展、全体人民共同富裕。

坚持人与自然和谐共生。坚定走生产发展、生活富裕、生态良好的文明发展道路，建设美丽中国，为人民创造良好生产生活环境，为全球生态安全作出贡献。

坚持总体国家安全观。坚持国家利益至上，以人民安全为宗旨，以政治安全为根本，统筹外部安全和内部安全、国土安全和国民安全、传统安全和非传统安全、自身安全和共同安全，完善国家安全制度体系，加强国家安全能力建设，坚决维护国家主权、安全、发展利益。

坚持党对人民军队的绝对领导。坚持政治建军、改革强军、科技兴军、依法治军，更加注重聚焦实战，更加注重创新驱动，更加注重体系建设，更加注重集约高效，更加注重军民融合，实现党在新时代的强军目标。

坚持"一国两制"和推进祖国统一。必须把维护中央对香港、澳门特别行政区全面管治权和保障特别行政区高度自治权有机结合起来，确保"一国两制"方针不会变、不动摇，确保"一国两制"实践不变形、不走样。

坚持推动构建人类命运共同体。坚持正确义利观，树立共同、综合、合作、可持续的新安全观，谋求开放创新、包容互惠的发展前景，促进和而不同、兼收并蓄的文明交流，构筑尊崇自然、绿色发展的生态体系，始终做世界和平的建设者、全球发展的贡献者、国际秩序的维护者。

坚持全面从严治党。全面净化党内政治生态，坚决纠正各种不正之风，以零容忍的态度惩治腐败，不断增强党自我净化、自我完善、自我革新、自我提高的能力，始终保持党同人民群众的血肉联系。

十三个方面成就集中展现为：

在坚持党的全面领导上。党中央权威和集中统一领导得到有力保证，党的领导制度体系不断完善，党的领导方式更加科学，全党思想上更加统一、政治上更加团结、行动上更加一致，党的政治领导力、思想引领力、群众组织力、社会号召力显著增强。

在全面从严治党上。经过坚决斗争，全面从严治党的政治引领和政治保障作用充分发挥，党的自我净化、自我完善、自我革新、自我提高能力显著增强，管党治党宽松软状况得到根本扭转，反腐败斗争取得压倒性胜利并全面巩固，消除了党、国家、军队内部存在的严重隐患，党在革命性锻造中更加坚强。

在经济建设上。我国经济发展平衡性、协调性、可持续性明显增强，国内生产总值突破百万亿元大关，人均国内生产总值超过一万美元，国家经济实力、科技实力、综合国力跃上新台阶，我国经济迈上更高质量、更有效率、更加公平、更可持续、更为安全的发展之路。

在全面深化改革开放上。党不断推动全面深化改革向广度和深度进军，中国特色社会主义制度更加成熟、更加定型，国家治理体系和治理能力现代化水平不断提高，党和国家事业焕发出新的生机活力。

在政治建设上。我国社会主义民主政治制度化、规范化、程序化全面推进，中国特色社会主义政治制度优越性得到了更好发挥，生动活泼、安定团结的政治局面得到巩固和发展。

在全面依法治国上。中国特色社会主义法治体系不断健全，法治中国建设迈出了坚实步伐，法治固根本、稳预期、利长远的保障作用进一步发挥，党运用法治方式领导和治理国家的能力显著增强。

在文化建设上。我国意识形态领域形势发生全局性、根本性转变，全党全国各族人民文化自信明显增强，全社会凝聚力和向心力极大提升，为新时代开创党和国家事业新局面提供了坚强思想保证和强大精神力量。

在社会建设上。我国社会建设全面加强,人民生活全方位改善,社会治理法治化、智能化、专业化水平大幅度提升,发展了人民安居乐业、社会安定有序的良好局面,续写了社会长期稳定的奇迹。

在生态文明建设上。党中央以前所未有的力度抓生态文明建设,全党全国推动绿色发展的自觉性和主动性显著增强,美丽中国建设迈出重大步伐,我国生态环境保护发生历史性、转折性、全局性变化。

在国防和军队建设上。在党的坚强领导下,人民军队实现整体性革命性重塑、重整行装再出发,国防实力和经济实力同步提升,一体化国家战略体系和能力加快构建,建立健全退役军人管理保障体制,国防动员更加高效,军政军民团结更加巩固。人民军队坚决履行新时代使命任务,以顽强斗争精神和实际行动捍卫了国家主权、安全、发展利益。

在维护国家安全上。国家安全得到全面加强,经受住了来自政治、经济、意识形态、自然界等方面的风险挑战考验,为党和国家兴旺发达、长治久安提供了有力保证。

在坚持“一国两制”和推进祖国统一上。实践证明,有中国共产党的坚强领导,有伟大祖国的坚强支撑,有全国各族人民包括香港特别行政区同胞、澳门特别行政区同胞和台湾同胞的同心协力,香港、澳门长期繁荣稳定一定能够保持,祖国完全统一一定能够实现。

在外交工作上。经过持续努力,中国特色大国外交全面推进,构建人类命运共同体成为引领时代潮流和人类前进方向的鲜明旗帜,我国外交在世界大变局中开创新局、在世界乱局中化危为机,我国国际影响力、感召力、塑造力显著提升。

习近平新时代中国特色社会主义思想是马克思主义中国化时代化新的飞跃,开辟马克思主义中国化时代化新境界,是建设有中国特色社会主义思想和行动的指南,必须长期坚持并不断丰富和发展。

二、习近平新时代中国特色社会主义思想是新中国成立 70 多年来伟大实践的深刻总结

新中国成立 70 多年来特别是改革开放以来,中国社会发生了翻天覆地的变化。100 多年来伟大的中国共产党带领全国各族人民,不忘初心,艰苦奋斗,砥砺前行,把贫穷落后的旧中国变成了繁荣富强的新中国。久经磨难的中华民族迎来了从站起来、富起来到强起来的伟大飞跃,中华民族伟大复兴展现出光明前景。经过一代又一代中国人民的接续努力,中国特色社会主义进入了新时代,我国各项事业取得了全方位、开创性的历史成就,发生了深层次、根本性的历史性变革,取得了举世瞩目的辉煌成绩。

近现代以来,中华民族经受的苦难之重、付出的牺牲之巨,在世界发展史上实属罕见。而勤劳勇敢、自强不息的中华民族从不屈服,进行了艰苦卓绝、可歌可泣的斗争,终于在中国共产党的领导下掌握了自己的命运,开启了求得民族独立、人民解放的伟大征程,充分展现了以爱国主义为核心的民族精神。新中国成立以后,我们党继续以马克思主义为指导,带领全国各族人民进行了社会主义改造,继而实行改革开放,大力发展社会主义市场经济,为我国生产力的发展提供了强大动力;通过对外开放,把中国的发展与世界的发展紧密地联系起来,为生产力的发展开拓了广阔空间,同时也为世界经济的发展注入了强劲的中国力量。党的十八大以来,我国的经济实力实现历史性飞跃,国内生产总值从 54 万亿元增长到 114 万亿元,我国经济总量占世界经济的比重达 18.5%,提高 7.2%,稳居世界第二位;人均国内生产总值从 39800 元增加到 81000 元。谷物总产量稳居世界首位,制造业规模、外汇储备稳居世界第一。一些关键核心技术实现突破,战略性新兴产业发展壮

大,载人航天、探月探火、深海深地探测、超级计算机、卫星导航、量子信息、核电技术、大飞机制造、生物医药等取得重大成果,进入创新型国家行列。

2021 年 2 月 25 日,在全国脱贫攻坚总结表彰大会上习近平向全世界庄严宣告:"经过全党全国各族人民共同努力,在迎来中国共产党成立一百周年的重要时刻,我国脱贫攻坚战取得了全面胜利,现行标准下 9899 万农村贫困人口全部脱贫,832 个贫困县全部摘帽,12.8 万个贫困村全部出列,区域性整体贫困得到解决,完成了消除绝对贫困的艰巨任务,创造了又一个彪炳史册的人间奇迹!"[1]整体脱贫、全面小康,是中国人千百年来为之不懈奋斗的梦想,但直到新时代这一目标才由梦想变为现实,正如习近平所说的那样:"经过鸦片战争以来 170 多年的持续奋斗,中华民族伟大复兴展现出了光明的前景,现在,我们比历史上任何时期都更接近中华民族伟大复兴的目标,比历史上任何时期都更有信心、有能力实现这个目标。"[2]这是中国人民的伟大光荣,是中国共产党的伟大光荣,是中华民族的伟大光荣!

新中国成立 70 多年的伟大实践,特别是改革开放以来,实现了开辟道路、发展事业、创新理论的有机统一,丰富了中国特色社会主义的实践特色、理论特色、民族特色、时代特色,谱写了中华民族立足现实、脚踏实地、胸怀大志、奋发有为的壮丽诗篇,使中国人民的面貌、社会主义中国的面貌、中国共产党的面貌发生了历史性的变化。习近平指出:"中国特色社会主义进入新时代,意味着近代以来久经磨难的中华民族迎来了从站起来、富起来到强起来的伟大飞跃,迎来了实现中华民族伟大复兴的光明前景;意味着科学社会主义在二十一世纪的中国焕发出强大生机活力。"[3]100 多年来,党始终践行初心使命,团结带领全国各族人民绘就了人类发展史上的壮美画卷,中华

---

①　《习近平谈治国理政》(第三卷),外文出版社,2020 年,第 8 页。
②　毛泽东:《纪念孙中山先生》,《人民日报》,1956 年 11 月 12 日。
③　《习近平谈治国理政》(第三卷),外文出版社,2020 年,第 8 页。

民族伟大复兴展现出前所未有的光明前景。

目标光辉而伟大,道路却漫长而艰辛,时时刻刻考验着中华民族的智慧、决心和毅力。在不同的历史时期,一代又一代中国共产党人从实际出发,实事求是,结合具体国情,担负不同的历史任务,提出不同时期的治国方案和发展战略。新中国成立之初,为了实现"国家繁荣富强和人民共同富裕"的目标,毛泽东明确指出,"再过四五十年,就是 2001 年,进入到 21 世纪的时候,中国的面目更加要大变。中国将变成一个强大的社会主义工业国……中国应当对于人类有较大的贡献"①,明确提出了建设社会主义工业国的理想目标。"对人类有较大贡献"既是毛泽东一生的追求,也体现了老一代共产党人对"国家繁荣富强和人民共同富裕"的理解。经过 7 年的社会主义改造,中国实现了从新民主主义社会到社会主义社会的历史性转变,使我国进入了社会主义社会。由于在中国这样一个人口多、底子薄的东方大国建设什么样的社会主义、怎样建设社会主义没有经验可寻,以至于 20 世纪六七十年代中我们走了不少弯路。党的十一届三中全会毅然提出了改革开放基本国策,明确了必须坚持走中国特色社会主义道路,这才为站起来的中国人重新找到了正确道路,继续踏上了实现"国家繁荣富强和人民共同富裕"、实现民族伟大复兴的圆梦之路。

党的十三届四中全会以后,以江泽民同志为主要代表的中国共产党人,团结带领全国人民,在国内形势十分复杂、世界社会主义出现严重挫折的严峻考验面前捍卫了中国特色社会主义,确立了中国特色社会主义市场经济体制的改革目标和基本框架,开创了全面改革新局面,推进了党的建设的伟大工程,成功地把中国特色社会主义推向 21 世纪。

党的十六大以后,以胡锦涛同志为主要代表的中国共产党人,在全面建

---

① 毛泽东:《纪念孙中山先生》,《人民日报》,1956 年 11 月 12 日。

设小康社会进程中推进实践创新、理论创新、制度创新,抓住重要战略机遇期,聚精会神搞建设,一心一意谋发展,强调坚持以人为本、全面协调可持续发展,着力保障和改善民生,促进社会公平正义,推进党的执政能力建设和先进性建设,成功在新形势下坚持和发展了中国特色社会主义。

2012 年 11 月 8 日至 14 日,中国共产党第十八次全国代表大会在北京召开。党的十八大的召开,标志着中国已经全面进入建成小康社会的决定性阶段,开启了中国特色社会主义新时代。自此,中国特色社会主义开启了实现中国梦的新征程。党的十八大以来,我们经历了对党和人民事业具有重大现实意义和深远历史意义的三件大事:一是迎来中国共产党成立 100 周年,二是中国特色社会主义进入新时代,三是完成脱贫攻坚、全面建成小康社会的历史任务,实现第一个百年奋斗目标。这是中国共产党和中国人民团结奋斗赢得的历史性胜利,是彪炳中华民族发展史册的历史性胜利,也是对世界具有深远影响的历史性胜利。

新中国成立以来,特别是在 20 世纪 70 年代末开启的建设中国特色社会主义的伟大实践,为习近平新时代中国特色社会主义思想的提出打下了坚实的社会实践基础。伟大的实践产生伟大的理论,伟大的理论指导伟大的实践。习近平新时代中国特色社会主义思想是在深刻总结新中国成立以来70 多年社会主义建设实践基础上产生的,有力地指引着新时代社会主义建设的伟大实践。习近平新时代中国特色社会主义思想,坚持以人民为中心、人民至上,反映新时代人民群众的愿望和诉求,是对中华民族未来发展宏伟蓝图的勾画,是造福于国家、民族、人民的指路明灯,集中体现了新时代中国人民对于建设社会主义现代化强国的目标和追求,解决了许多长期想解决而没有解决的难题,办成了许多过去想办而没有办成的大事,推动党和国家事业取得了诸多历史性成就、发生了历史性变革,为解决人类问题贡献了中国智慧和中国方案。

三、习近平新时代中国特色社会主义思想开创了马克思主义中国化时代化的新境界

中国共产党的诞生史，就是马克思主义传入中国并与中国工人阶级高度结合的历史，中国共产党的成立是中国民族发展史上一个"开天辟地的大事变"。中国共产党一经成立，就带领中国人民由此踏上了争取民族独立和自身解放的光明道路，开启了实现国家富强、人民富裕的历史征程。

中国共产党的发展史，就是一部不断推进马克思主义中国化的历史，马克思主义在同中国具体实践相结合的过程中，产生了三次历史性飞跃，产生了三大理论成果。毛泽东思想是马克思主义中国化的第一次历史性飞跃，中国特色社会主义理论体系实现了马克思主义中国化新的飞跃。党的十八大以来，以习近平同志为主要代表的中国共产党人，坚持把马克思主义基本原理同中国具体实际相结合、同中华优秀传统文化相结合，深刻总结并充分运用党成立以来的历史经验，从新的实际出发，创立了习近平新时代中国特色社会主义思想，实现了马克思主义中国化时代化新的飞跃，为新时代党和人民事业发展、实现中华民族伟大复兴提供了科学理论指导。

习近平新时代中国特色社会主义思想是党推进马克思主义中国化时代化取得的重大理论创新成果，深刻展现了以习近平同志为核心的党中央，高瞻远瞩、统领全局、运筹帷幄，擘画了新时代中国特色社会主义的宏伟蓝图，系统地回答了新时代坚持和发展什么样的中国特色社会主义，怎样坚持和发展中国特色社会主义这个重大的时代课题。

习近平新时代中国特色社会主义思想是对马克思主义的创新和发展，是基于新的时代而提出的战略思想，是对中华优秀传统文化的传承和发展，是对人类文明成果的借鉴和吸收。站在新的历史节点上，我们要从理论的

高度与实践的温度上,不断深化对习近平新时代中国特色社会主义思想开辟马克思主义中国化时代化新境界的认识和把握,深刻领悟"两个确立"的决定性意义,增强"四个意识"、坚定"四个自信"、做到"两个维护",踔厉奋发、勇毅前行,以更加自觉的责任担当把新时代中国特色社会主义事业推向前进。

(一)习近平新时代中国特色社会主义思想是马克思主义中国化时代化的最新理论成果

党的十九大报告向全世界庄严宣告,中国特色社会主义进入新时代。新时代是一个需要理论而且一定能够产生理论的时代,这是一个需要思想而且一定能够产生思想的时代。当代中国正经历着历史上前所未有的百年之大变局,中国人民正信心满满地行走在实现中国式现代化的征程上,正在进行着人类历史上最为崭新而独特的实践创新。伟大的时代呼唤伟大的理论,伟大的实践产生光辉的理论。习近平新时代中国特色社会主义思想在伟大时代中产生,是根据新时代特色发展和深化的马克思主义,是伫立时代潮头、回答时代之问、引领时代之变的科学理论,是当代中国马克思主义、21世纪马克思主义。

习近平指出:"马克思主义基本原理是普遍真理,具有永恒的思想价值,但马克思主义经典作家并没有穷尽真理,而是不断为寻求真理和发展真理开辟道路。"习近平新时代中国特色社会主义思想以马克思主义科学的世界观和方法论为指导,坚持与时俱进的理论品质,在实践中不断发现和检验真理,主动而为,在哲学社会科学各个领域都提出了具有标志性、前瞻性的新思想新论断,深化了建设有中国特色社会主义的认识,对新时代如何加强执政党的建设找到了自我革命这一崭新的路径,拓展了对人类社会发展规律和社会主义建设规律的认识,系统地回答了许多马克思主义经典作家没有论述过、中国历史上从未遇到过、别的社会主义国家以及西方发达国家从始至终无法解决的重大理论和现实问题。在习近平新时代中国特色社会主义思想的指引下，自信自强，守正创新，创造了新时代中国特色社会主义的伟大成就，推动中国社会发生了一系列的历史性变革，向中国人民递交了让时代满意的答卷。习近平新时代中国特色社会主义思想是具有实践性、人民性、发展性、科学性的理论，是马克思主义的真理魅力在当代中国的显现，是当代中国坚持和发展马克思主义的光辉典范。

习近平新时代中国特色社会主义思想是系统回答重大时代课题的科学理论体系。伟大的实践驱动崭新的时代课题的产生，每一时代面临的崭新课题又是理论创新的重要驱动力。习近平站在历史和时代发展的战略高度，运筹帷幄，擘画了中国迈向现代化的宏伟蓝图。习近平新时代中国特色社会主义思想立足时代之需，坚持理论与实践的统一、历史与现实的契合，从国内与国际两个大局上深入回答了新时代坚持和发展什么样的中国特色社会主义、怎样坚持和发展中国特色社会主义，建设什么样的社会主义现代化强国、怎样建设社会主义现代化强国，建设什么样的长期执政的马克思主义政党、怎样建设长期执政的马克思主义政党等重大时代课题。党的二十大报告指出，党的十九大、十九届六中全会提出的"十个明确""十四个坚持""十三个方面成就"概括了习近平新时代中国特色社会主义思想的主要内容。"十个明确"涵盖改革发展稳定、内政外交国防、治党治国治军方方面面，集中体现习近平新时代中国特色社会主义思想的核心观点和基本精神。"十四个坚持"是对新时代我们党治国理政重大方针原则的高度凝练和科学概括，构成新时代坚持和发展中国特色社会主义的基本方略。"十三个方面成就"系统反映了以习近平同志为核心的党中央在各个领域推进治国理政的理念、成就和经验。党的二十大报告提出的"六个必须坚持"集中体现了习近平新时代中国特色社会主义思想的世界观和方法论，这是马克思主义世界观方法论中国化时代化的最新成果,是习近平新时代中国特色社会主义思想的精髓要义。这些重要内容相互贯通、有机统一,深刻回答了关系新时代党和国家事业发展的一系列重大理论和实践问题,构成了逻辑严密、内涵丰富、系统全面、博大精深的科学体系,是推动新时代伟大实践、引领新时代伟大变革的强大思想武器。

习近平新时代中国特色社会主义思想坚持胸怀天下,以放眼世界的战略眼光为人类找到了和谐共生、合作共赢的发展新路。中国共产党从成立的那一天起,就把为中国人民谋幸福、为中华民族谋复兴当作自己的初心和使命。中国共产党即是中国人民和中华民族利益的先进代表,同时也是为人类谋进步、为世界谋大同的党。党的十八大以来,以习近平同志为核心的党中央,高瞻远瞩,充分把握中华民族伟大复兴和世界百年未有之大变局的时代脉搏,深刻把握时代主题和世界发展大势,坚定不移以中国式现代化描绘了中国未来发展的宏图美景,拓展了发展中国家走向现代化的路径选择,生动回答了中国之问、时代之问、世界之问,为人类发展贡献了中国智慧、提供了中国方案。推动构建人类命运共同体,提倡全人类共商共建共享,主导全球共同利益价值观,这一系列重大理论和政策的出台,以前所未有的姿态科学回答了"世界怎么了""人类向何处去"等重大命题,为推动世界和平发展作出中国应有的贡献,显现了中国的大国担当。

绝对贫困的消灭、团结抗疫的胜利、应对全球变化的倡议,为人类共同应对全球性风险挑战、迈向美好未来贡献了中国力量,为世界注入更多稳定性和正能量。大道之行,天下为公。经济全球化背景下,各国经济彼此依存,利益交融前所未有,以诚相待、普惠共享是根本之计。事实已经充分证明,中国不仅是全球包容性经济增长的重要推动者,也是实现更广泛社会可持续发展目标的重要贡献者。可以肯定,让人类命运共同体的美好愿景与中华民族伟大复兴的中国梦交相辉映,中国高质量发展必将为世界开拓新局面、带来新机遇、增添新动力。

(二)习近平新时代中国特色社会主义思想是中华文化的时代精华

文化是民族的血脉,是凝聚人心的精神纽带,又是增进社会福祉的宝贵资源。中华民族创造了让世界叹为观止的中华文明,在五千年的历史荡涤中,中华民族以集体的智慧和勇猛的抗争精神续写着中华民族的浩瀚赞歌。

习近平新时代中国特色社会主义思想根植于中华优秀传统文化的肥沃土壤,深刻反映了实现中华民族伟大复兴这一伟大梦想,充分彰显了以爱国主义为核心的民族精神和以改革创新为核心的时代精神,是中华文化和中国精神的时代精华。"鉴往知来",习近平指出,如果不从源远流长的历史连续性来认识中国,就不可能理解古代中国,也不可能理解现代中国,更不可能理解未来中国。2014 年,习近平在比利时布鲁日欧洲学院的演讲中指出:"脱离了中国的历史,脱离了中国的文化,脱离了中国人的精神世界,脱离了当代中国的深刻变革,是难以正确认识中国的。"[①]

中华文化源远流长,中华文明博大精深。中华优秀传统文化是中华文明的智慧结晶和精华所在,更是我们党理论创新的根和魂。习近平新时代中国特色社会主义思想既立足于现实的中国,又根植于历史的中国,以中华文明为肥沃养分,从中华优秀传统文化中汲取了丰厚的哲学思想、人文精神、价值理念、道德规范、历史智慧,把马克思主义思想精髓同中华优秀传统文化精华贯通起来,阐释了新时代文化建设和中华民族现代文明在发展中国式现代化建设中的重要作用,创造性地阐释了中华文化的特性,创新性地

---

① 王克群:《以客观历史多维的眼光认识中国》,中国共产党新闻网,http://cpc.people.com.cn/n/2014/0718/c68742 - 25298830.html。

提出了中华民族现代化的时代命题,指出了新时代实现中华优秀传统文化的创造性转换与创新性发展的崭新路径,集中反映了中国人民无比坚定的文化自信和历史自信。

以时代精神激活中华优秀传统文化的生命力。中华优秀传统文化中蕴藏着解决当代人类面临难题的重要启示,是推进党和国家事业的重要基础。在新时代,以习近平同志为核心的党中央坚持守正创新,坚持古为今用,深入发掘中华优秀传统文化中的价值观念和精神标识,赋予其新的时代内涵,使之成为治国理政的重要思想文化资源。从"民为邦本,本固邦宁"的民本理念到"坚持以人民为中心"的发展思想,从"道法自然""天人合一"到"绿水青山就是金山银山",从"讲信修睦""协和万邦"到"构建人类命运共同体"的伟大实践表明,习近平新时代中国特色社会主义思想是马克思主义基本原理同中华优秀传统文化相结合的光辉典范,通过推动中华优秀传统文化创造性转化、创新性发展,使中国特色社会主义与中华文明在制度文化、精神理念层面深度融合,引领人类文明新形态不断拓展和中华文化走向新辉煌。

伟大民族精神和时代精神的凝练升华。习近平指出:"今天的中国,是赓续民族精神的中国。"在新时代,以习近平同志为核心的党中央聚焦实现中华民族伟大复兴这一时代主题,以更好构筑中国精神、中国价值、中国力量为己任,大力弘扬以爱国主义为核心的民族精神和以改革创新为核心的时代精神,大力弘扬以伟大建党精神为源头的中国共产党人的精神谱系,团结带领人民创造了新时代中国特色社会主义的伟大成就。习近平新时代中国特色社会主义思想极大丰富了民族精神和时代精神的内涵,为中华民族伟大复兴赢得前所未有的历史主动、思想共识和精神力量。

（三）以习近平新时代中国特色社会主义思想为指导，续写马克思主义中国化时代化新篇章

实践无止境，基于实践基础之上的理论创新同样没有止境。党的二十大描绘了分两步走以中国式现代化全面推进中华民族伟大复兴的宏图美景。实现党的二十大确定的目标任务，是一个继续推进历史创造的伟大进程。全面建设社会主义现代化国家，是一项伟大而艰巨的事业，前途光明，任重道远。习近平总书记强调，"推进马克思主义中国化时代化的任务不是轻了，而是更重了"。继续发展当代中国马克思主义，不断续写马克思主义中国化时代化新篇章，是新的时代和人民赋予中国共产党人的神圣使命。

学习贯彻习近平新时代中国特色社会主义思想是新时代新征程开创事业发展新局面的根本要求。深入学习领会践行习近平新时代中国特色社会主义思想，要全面系统深入把握这一重要思想的核心要义、丰富内涵、精神实质、实践要求，真正把握马克思主义的灵魂和精髓。坚持用习近平新时代中国特色社会主义思想统一思想、凝聚力量，增强全党统一行动的自觉性和坚定性，做到知、信、行的统一。持续深入推进对习近平新时代中国特色社会主义思想的整体性、系统性、学理性研究，深刻阐明这一重要思想所蕴含的道理学理哲理，努力推出更多标志性研究阐释成果，为新时代新征程不断推进马克思主义中国化时代化作出应有贡献。

深刻把握习近平新时代中国特色社会主义思想的世界观和方法论。党的二十大报告提出的"六个必须坚持"深刻揭示了习近平新时代中国特色社会主义思想根本的政治立场、鲜明的理论品格、特有的精神气质、科学的思维方法，是习近平新时代中国特色社会主义思想的世界观和方法论。"六个必须坚持"是推进马克思主义中国化时代化，续写 21 世纪马克思主义新篇章的学理支撑。推进马克思主义中国化时代化，必须坚持以人民为中心的

价值导向,推出更多经得起时代、人民、历史检验的研究成果。"守正创新"是不断推进马克思主义中国化时代化的必然要求,要着力提高马克思主义理论原创能力,同时推进知识创新、理论创新、方法创新,建构中国自主的知识体系。"问题导向"是推进马克思主义中国化时代化的基本路径,要着眼解决新时代改革开放和社会主义现代化建设的实际问题,深入基层和群众开展调查研究,奋力推进新时代马克思主义在理论上的创新。"系统观念"是推进马克思主义中国化时代化的科学方法,要高瞻远瞩、把握全局,以"国之大者"的时代要求,不断提升理论的前瞻性和判断力。"胸怀天下"是推进马克思主义中国化时代化的视野和境界,只有立足国内和国际两个大局,才能传播好中国声音、讲好中国故事、贡献中国智慧和提供中国方案。

在新时代伟大实践中不断推进"两个结合"。习近平在党的二十大报告中指出:"只有把马克思主义基本原理同中国具体实际相结合、同中华优秀传统文化相结合,坚持运用辩证唯物主义和历史唯物主义,才能正确回答时代和实践提出的重大问题,才能始终保持马克思主义的蓬勃生机和旺盛活力。""两个结合"是我们推进马克思主义中国化时代化的根本途径。"两个结合"的提出,标志着党对推进马克思主义中国化时代化的规律性认识达到了一个新高度。只有把马克思主义基本原理同中国具体实际相结合、同中华优秀传统文化相结合,坚持运用辩证唯物主义和历史唯物主义,才能正确回答时代和实践提出的重大问题,才能始终保持马克思主义的蓬勃生机和旺盛活力。在新时代新征程上,要坚持用习近平新时代中国特色社会主义思想观察时代、把握时代、引领时代,把科学研究同解决新时代党和国家事业发展面临的实际问题紧密结合起来,深入挖掘和借鉴中华优秀传统文化中的重要思想源泉,坚持古为今用,开拓创新,只有这样,才能不断谱写马克思主义中国化时代化的崭新篇章。

第四节 开启全面建设社会主义现代化国家的新征程

一、全面建成小康社会目标的顺利实现

"小康"最早见于《诗经》关于"民亦劳止,汔可小康"的记载,描绘的是一种人民安定富足的美好生活状态。继此之后,实现小康成为中华民族千年的夙愿和为之奋斗的梦想。改革开放之初,邓小平同志首先用小康来诠释中国式现代化,明确提出到 20 世纪末实现小康社会的奋斗目标。从"小康之家"到"小康社会",从"总体小康"到"全面小康",从"全面建设"到"全面建成",小康的标准不断提升、内涵不断拓展、要求不断提高,充分彰显了我党始终把实现人民对生活的美好向往当作自己的奋斗目标。

党的十八大以来,以习近平同志为核心的党中央,坚持以人民为中心的发展思想,把脱贫攻坚摆到治国理政重要位置,提升到事关全面建成小康社会、实现第一个百年奋斗目标的政治高度,充分发挥党的领导和中国社会主义制度的政治优势,采取了许多具有原创性、独特性的重大举措,组织实施了人类历史上规模最大、力度最强的脱贫攻坚战。

在中国共产党的坚强领导下,经过全国各族人民的苦战奋战,2020 年 11 月,新疆、云南、宁夏、四川、广西、甘肃、贵州的最后 52 个贫困县宣布退出贫困县序列,全国 832 个贫困县全部实现脱贫摘帽,12.8 万个贫困村全部出列,现行标准下 9899 万农村贫困人口全部脱贫,所有深度贫困地区的最后堡垒被全部攻克,区域性整体贫困得到解决。2021 年 2 月 25 日,党中央、国务院隆重举行全国脱贫攻坚总结表彰大会。习近平在大会庄严宣告:我国脱

贫攻坚战取得了全面胜利。这是中国人民的伟大光荣,是中国共产党的伟大光荣,是中华民族的伟大光荣!

2021年7月1日,习近平在庆祝中国共产党成立100周年大会上庄严宣告:经过全党全国各族人民持续奋斗,我们实现了第一个百年奋斗目标,在中华大地上全面建成了小康社会,历史性地解决了绝对贫困问题,正在意气风发向着全面建成社会主义现代化强国的第二个百年奋斗目标迈进。

我们实现的全面小康,是物质文明、政治文明、精神文明、社会文明、生态文明协调发展的小康;是不断满足人民日益增长的多样化多层次多方面需求,不断促进人的全面发展的小康;是国家富强、民族振兴、人民幸福,多维度、全方位的小康。

二、党的二十大胜利召开

2022年10月16日,中国共产党第二十次全国代表大会在首都北京胜利召开。中国共产党第二十次全国代表大会,是在全党全国各族人民迈上全面建设社会主义现代化国家新征程、向第二个百年奋斗目标进军的关键时刻召开的一次十分重要的大会,是一次高举旗帜、凝聚力量、团结奋进的大会。习近平代表第十九届中央委员会向大会作题为《高举中国特色社会主义伟大旗帜,为全面建设社会主义现代化国家而团结奋斗》的报告。报告回顾总结了过去五年的工作和新时代十年的伟大变革,阐述了开辟马克思主义中国化时代化新境界、中国式现代化的中国特色和本质要求等重大问题,擘画了全面建成社会主义现代化强国的宏伟蓝图和实践路径,就未来党和国家事业发展制定了大政方针、作出了全面部署,是中国共产党团结带领全国各族人民夺取新时代中国特色社会主义新胜利的政治宣言和行动纲领,是一篇马克思主义的纲领性文献。

中国近现代史纲要专题教学十讲

大会的主题是：高举中国特色社会主义伟大旗帜，全面贯彻新时代中国特色社会主义思想，弘扬伟大建党精神，自信自强、守正创新，踔厉奋发、勇毅前行，为全面建设社会主义现代化国家、全面推进中华民族伟大复兴而团结奋斗。

大会明确指出，中国共产党已走过百年奋斗历程。一百多年来，我们党立志于中华民族千秋伟业，致力于人类和平与发展崇高事业，责任无比重大，使命无上光荣。在未来前进发展的道路上，全党同志务必不忘初心、牢记使命，务必谦虚谨慎、艰苦奋斗，务必敢于斗争、善于斗争，坚定历史自信，增强历史主动，以此谱写新时代中国特色社会主义更加绚丽的华章。

大会指出，十年来，我们经历了对党和人民事业具有重大现实意义和深远历史意义的三件大事：一是迎来中国共产党成立 100 周年，二是中国特色社会主义进入新时代，三是完成脱贫攻坚、全面建成小康社会的历史任务，实现第一个百年奋斗目标。这是中国共产党和中国人民团结奋斗赢得的历史性胜利，是彪炳中华民族发展史册的历史性胜利，也是对世界具有深远影响的历史性胜利。

大会明确指出，马克思主义是我们立党立国、兴党兴国的根本指导思想。实践告诉我们，中国共产党为什么能，中国特色社会主义为什么好，归根到底是马克思主义行，是中国化时代化的马克思主义行。拥有马克思主义科学理论指导是我们党坚定信仰信念、把握历史主动的根本所在。只有把马克思主义基本原理同中国具体实际相结合、同中华优秀传统文化相结合，坚持运用辩证唯物主义和历史唯物主义，才能正确回答时代和实践提出的重大问题，才能始终保持马克思主义的蓬勃生机和旺盛活力。

大会系统地总结了我党跳出治乱兴衰历史周期率的根本原因，明确指出，经过不懈努力，党找到了自我革命这一跳出治乱兴衰历史周期率的第二个答案，确保党永远不变质、不变色、不变味。

大会明确指出,高质量发展是全面建设社会主义现代化国家的首要任务。发展是党执政兴国的第一要务。没有坚实的物质技术基础,就不可能全面建成社会主义现代化强国。

大会提出了社会主义建设道路上的"五个必由之路"。明确指出,全党必须牢记,坚持党的全面领导是坚持和发展中国特色社会主义的必由之路;中国特色社会主义是实现中华民族伟大复兴的必由之路;团结奋斗是中国人民创造历史伟业的必由之路;贯彻新发展理念是新时代我国发展壮大的必由之路;全面从严治党是党永葆生机活力、走好新的赶考之路的必由之路。

三、以中国式现代化推进中华民族的伟大复兴

雄关漫道真如铁,人间正道是沧桑。习近平在党的二十大报告中明确指出,从现在起,中国共产党的中心任务就是团结带领全国各族人民全面建成社会主义现代化强国、实现第二个百年奋斗目标,以中国式现代化全面推进中华民族伟大复兴。

(一)中国式现代化的根本性质

中国式现代化,是中国共产党领导的社会主义现代化,既有各国现代化的共同特征,更有基于自己国情的中国特色。这一关于中国式现代化的阐述,揭示了中国式现代化既不同于别的社会主义国家的现代化,也不同于西方国家的现代化,展现了中国式现代化的根本特质。回答了中国式现代化的领导力量、道路方向,从总体上回答了中国式现代化"是什么"的问题。包含着四个方面的特质。

第一,中国式现代化是中国共产党领导的现代化。中国共产党是中国

社会主义事业的开创者和领导核心,中国式现代化必须坚持把党的领导落实到现代化建设的各领域各方面各环节,这是中国式现代化的本质所在、优势所在,是全面建设社会主义现代化国家的根本所在、关键所在。

第二,中国式现代化是社会主义现代化。这是涉及中国式现代化道路和方向的问题,同时也是中国式现代化区别于资本主义现代化的本质特点,是由中国共产党的性质、宗旨和所走的道路所决定的。

党的十八大以来,我们党不断推进理论创新和实践创新,成功将中国特色社会主义不断推进迈入新时代。时代是理论之母,实践是理论之源。新时代的伟大实践产生了理论上的重大成果,创立了习近平新时代中国特色社会主义思想,实现了马克思主义中国化时代化新的飞跃,为中国式现代化提供了根本遵循。

第三,中国式现代化是具有中国特色的社会主义现代化。"中国特色"指不仅区别于资本主义国家的现代化,也不同于苏联、东欧社会主义国家的现代化,这是中国式现代化的显著特点。苏联、东欧虽然也曾进行过现代化建设,但基本上仍是以计划来配置各种社会资源,我们要建设的现代化必须充分发挥市场的决定作用和政府的宏观调控,以此激发社会主义市场经济的活力和生命力。实践证明,中国式现代化道路超越了资本主义现代化道路,又扬弃了计划经济的社会主义现代化模式,是一种崭新的社会主义现代化建设道路,具有强大的生命力。

第四,中国式现代化与世界发达国家的现代化相比,既有共性,也有个性。这是由中国国情和中国人民改革创新实践所决定的。中国式现代化必须遵循相应的发展规律,必须按客观规律办事,这是建设现代化的共性。但中国式现代化又有自己的特殊性,即我们实现现代化的基础、途径、目标等与发达资本主义国家不同。必须在充分考虑我国的社会性质和文化传统的背景下推进中国式现代化。

（二）中国式现代化的科学内涵

党的二十大报告对中国式现代化的科学内涵作了相应的概括和凝练。明确指出，中国式现代化是人口规模巨大的现代化，是全体人民共同富裕的现代化，是物质文明和精神文明相协调的现代化，是人与自然和谐共生的现代化，是走和平发展道路的现代化。

第一，中国式现代化是人口规模巨大的现代化。"人口多，底子薄"是我国的基本国情，因此中国式的现代化，必须从中国这一特点出发。进入21世纪，我国人口多的状况依然十分明显，尽管底子薄的问题有了很大程度的解决，但要彻底赶上发达国家，还有很长的路要走。习近平指出，我国14亿多人口整体迈进现代化社会，规模超过现有发达国家人口的总和，艰巨性和复杂性前所未有，发展途径和推进方式也必然具有自己的特点。"底子薄"的国情，决定了中国式现代化必然是后发式的、因而也是跨越式的现代化。"人口多"的国情，决定了中国式现代化必须要努力解决人口压力问题，切实把劳动力就业、住房、教育、医疗以及人口老龄化等问题解决好，只有这样才能在21世纪中叶顺利实现中国式现代化。

第二，中国式现代化是全体人民共同富裕的现代化。改革开放的设计师邓小平提出了著名的社会主义本质论，即"社会主义的本质，是解放生产力，发展生产力，消灭剥削，消除两极分化，最终达到共同富裕"。这一关于社会主义本质的重要论述，充分揭示了我们要实现的现代化是追求共同富裕的现代化，而不是"两极分化"的现代化。对此，习近平也明确指出，共同富裕是中国特色社会主义的本质要求，也是一个长期的历史过程。我们坚持把实现人民对美好生活的向往作为现代化建设的出发点和落脚点，着力维护和促进社会公平正义，着力促进全体人民共同富裕，坚决防止两极分化。党的十八大以来，我们党坚持以人民为中心，通过脱贫攻坚、乡村振兴等重大战略行动生动诠释了全体人民共同富裕的发展目标。

第三，中国式现代化是物质文明和精神文明相协调的现代化。我们党历来重视"两个文明"一起抓。新中国成立之初，毛泽东就曾提出，要建设一个具有现代工业、现代农业和现代科学文化的社会主义国家。改革开放后，邓小平明确指出，我们要在建设高度物质文明的同时，提高全民族的科学文化水平，发展高尚的丰富多彩的文化生活，建设高度的社会主义精神文明。习近平进一步指出，物质富足、精神富有是社会主义现代化的根本要求。中国式现代化说到底是人的全面发展的现代化，包括人民的物质生活与精神生活的现代化。

新中国成立以来，在党的坚强领导下，充分发挥人民的首创精神，我们不仅从根本上解决了中国人民几千年来期盼的温饱问题，顺利地实现了从站起来到富起来再到强起来的伟大飞跃，为建设中国式现代化提供了强大的物质基础，而且高度重视社会主义先进文化建设，扎实推进中国特色社会主义共同理想和共产主义远大理想教育，传承中华优秀传统文化，坚持"两个结合"，取得了物的全面丰富和人的精神境界及文化素养的极大提高。正如习近平所说的那样，今天我们比历史上任何时期都更接近、更有信心和能力实现中华民族伟大复兴的目标。中华民族的伟大复兴必然是中国式现代化所包含的应有之义。

第四，中国式现代化是人与自然和谐共生的现代化。尊重自然、顺应自然、保护自然，是全面建设社会主义现代化国家的内在要求。人与自然和谐共生是中国式现代化的重要特征，也是推动高质量发展的应有之义。新征程上，坚持人与自然和谐共生，须统筹好发展和安全的关系，进一步促进经济社会发展全面绿色转型，推动实现更高质量、更有效率、更加公平、更可持续、更为安全的发展。

在推进现代化的征程中，我们要积极总结世界各国现代化的经验教训，注重在发展经济的同时主动保护生态环境。改变走先污染，后治理消极被动的弯路。进入新时代以来，习近平提出了一系列生态文明建设的新理念新思想新战略，创立了习近平生态文明思想。在这一思想的指导下，坚持绿水青山就是金山银山的生态文明理念深入人心，绿色发展成为"五大发展理念"的重要内容，美丽中国建设取得历史性成就，受到国内外人们的广泛赞誉。

第五，中国式现代化是走和平发展道路的现代化。中国共产党是为中国人民谋幸福为中华民族谋复兴的政党，也是为人类进步事业而奋斗的政党。以习近平同志为核心的党中央胸怀天下，始终把人民对生活的美好向往当作自己的奋斗目标。在国际社会中，中国一如往高举和平、发展、合作、共赢的旗帜，坚持世界上所有国家不分大小一律平等，恪守维护世界和平、促进共同发展的外交政策宗旨，坚定不移在和平共处五项原则基础上发展同各国的友好合作，推动建设相互尊重、平等互利、公平正义、合作共赢的新型国际关系。

世界正处于大发展大变革大调整时期，和平与发展仍然是时代主题。世界多极化、经济全球化、社会信息化、文化多样化深入发展，全球治理体系和国际秩序变革加速推进，各国相互联系和依存日益加深，国际力量对比更趋平衡，和平发展大势不可逆转。同时，世界面临的不稳定性不确定性也日益显现，世界经济增长动能不足，贫富分化日益严重，地区热点问题此起彼伏，恐怖主义、网络安全、重大传染性疾病、气候变化异常等非传统安全威胁持续蔓延，人类面临许多共同挑战。

我们生活的世界充满希望，也充满挑战。我们不能因现实复杂而放弃梦想，不能因理想遥远而放弃追求。没有哪个国家能够独自应对人类面临的各种挑战，也没有哪个国家能够退回到自我封闭的孤岛。我们要坚定不移地在习近平新时代中国特色社会主义思想指引下，不忘初心，继续前进，加快构建人类命运共同体,进一步提高我国国际影响力、感召力、塑造力,提升我国世界话语权,为解决人类问题贡献更多中国智慧和中国方案,为世界和平与发展作出新的重大贡献。

(三)推进中国式现代化的本质要求和主要任务

从中国式现代化的根本特质和丰富的科学内涵可以发现,推进中国式现代化是一项极为复杂的系统工程,不可能一蹴而就。对此我们既充满信心,又要准备作长期的努力。党的二十大报告提出了九个方面的本质要求:即坚持中国共产党领导;坚持中国特色社会主义;实现高质量发展;发展全过程人民民主;丰富人民精神世界;实现全体人民共同富裕;促进人与自然和谐共生;推动构建人类命运共同体;创造人类文明新形态。这九条要求有着内在的逻辑联系。它们都是对中国式现代化本质和内涵的展开,旨在回答推进中国式现代化要"干什么""如何干"的问题。前两条是总体要求,充分体现了中国式现代化的本质属性,强调推进中国式现代化必须坚持党的领导和中国特色社会主义道路。第三至七条是各个工作领域的要求,进一步明确了中国式现代化的主要任务,强调推进中国式现代化,必须大力加强"五大文明"建设。第八至九条强调推进中国式现代化,必须推动构建人类命运共同体,创造人类文明新形态。核心是维护世界和平,促进共同发展,开创人类更加美好的未来。这表明中国式现代化不仅要造福中国人民,还要造福世界人民,以中国的新发展为世界提供新机遇,推动建设开放性世界经济,推动全球治理朝着更加公正合理的方向发展。

(四)推进中国式现代化的重大原则

推进中国式现代化,必须在相应科学的方法论原则下进行。党的二十大报告提出了五个方面的重大原则:即坚持和加强党的全面领导,坚持中国特色社会主义道路,坚持以人民为中心的发展思想,坚持深化改革开放,坚持发扬斗争精神。

在推进中国式现代化过程中,不论何时何地、从事何种工作,都必须认真遵循这些原则。这五项重大原则之间的关系也是辩证的,共同构成指导我们推进中国式现代化的科学方法论。一是坚持和加强党的全面领导,讲的是推进中国式现代化的领导力量问题,强调要坚决维护党中央权威和集中统一领导,把党的领导落实到党和国家事业各领域各方面各环节。二是坚持中国特色社会主义道路,讲的是推进中国式现代化的旗帜方向问题,强调要坚持以经济建设为中心,坚持四项基本原则,坚持改革开放,坚持独立自主、自力更生,既不走封闭僵化的老路,也不走改旗易帜的邪路。三是坚持以人民为中心的发展思想,讲的是推进中国式现代化的宗旨和主体力量问题,强调要维护人民根本利益,让现代化建设成果更多更公平惠及全体人民。四是坚持深化改革开放,讲的是推进中国式现代化的动力机制问题,强调要深入推进改革创新,坚定不移扩大开放,着力破解深层次体制机制障碍,把我国制度优势更好转化为国家治理效能。五是坚持发扬斗争精神,讲的是推进中国式现代化的行动意志和精神状态问题,强调要增强全党全国各族人民的志气、骨气、底气,不信邪、不怕鬼、不怕压,知难而进、迎难而上,依靠顽强斗争打开事业发展新天地。这五项重大原则明确回答了推进中国式现代化,必须坚持什么样的领导核心,举什么旗、走什么路,制定什么样的发展目标,依靠什么样的主体力量和动力机制,需要什么样的精神状态等重大原则问题,为全面推进社会主义现代化强国建设提供了科学的方法论。

(五)推进中国式现代化的战略安排

关于推进中国式现代化的战略目标。党的十九大提出了"两步走"战略安排,第一阶段,从 2020 年到 2035 年,在全面建成小康社会的基础上,再奋斗 15 年,基本实现现代化。第二阶段,从 2035 年到 21 世纪中叶,在基本实现现代化的基础上,再奋斗 15 年,把我国建成富强民主文明和谐美丽的社会主义现代化强国。党的二十大对中国式现代化的宏伟蓝图及其实现步骤作了更加全面的描绘。明确指出,全面建成社会主义现代化强国,总的战略安排是分两步走:从 2020 年到 2035 年基本实现社会主义现代化,从 2035 年到 21 世纪中叶把我国建成富强民主文明和谐美丽的社会主义现代化强国。进一步明确了到 2035 年我国发展的总体目标,从八个方面对我国现代化的推进目标作了明晰规定,对任务要求作了具体划分。特别是明确提出,到 2035 年,我国人均国内生产总值要达到中等发达国家水平;进入创新型国家前列;基本实现新型工业化、信息化、城镇化、农业现代化;基本实现国家治理体系和治理能力现代化;国家文化软实力显著增强;人民生活更加幸福美好,人的全面发展、全体人民共同富裕取得更为明显的实质性进展;美丽中国目标基本实现;基本实现国防和军队现代化。对未来 5 年我国现代化建设的目标任务作出明确部署,强调这 5 年是全面建设社会主义现代化国家开局起步的关键时期。做好这 5 年的工作,具有十分重要的战略意义。

习近平强调,推进中国式现代化是一项系统工程,需要统筹兼顾、系统谋划、整体推进。为此,必须正确处理好若干重大关系,特别是要处理好六个方面的关系。一是顶层设计与实践探索的关系。既要发挥各级党和政府的战略谋划、总体领导作用,又要充分发挥基层干部群众开拓创新、实践探索的积极性。二是战略与策略的关系。要把战略的原则性和策略的灵活性统一起来,既要确保战略规划的稳定实施,又要在具体工作中灵活机动,取得实效。三是守正与创新的关系。既要守好中国式现代化的正确方向,又要把创新摆在现代化建设全局的突出位置,不断推进科技创新、理论创新、实践创新等,激发人民群众建设现代化的积极性和创造性。四是效率与公平的关系。既要保证经济社会发展的效率,又要维护社会公平,为中国式现代化长期稳定推进奠定坚实基础。五是活力与秩序的关系。既要不断激发经济社会发展的活力，又要坚定维护社会秩序和国家安全，为现代化建设营造良好的社会环境。六是自立自强和对外开放的关系。既要坚持把国家和民族发展放在自己力量的基点上，把国家发展进步的命运牢牢掌握在自己手中，又要不断扩大高水平对外开放，为中国式现代化顺利推进营造良好的国际环境。可见，中国式现代化理论体系作为中国式现代化建设实践的思想精华，很好回答了"什么是中国式现代化""怎样推进中国式现代化"的问题。其内容极其丰富，本质特点十分鲜明，任务目标和实践路径十分清晰。把握住这两个方面问题的答案，也就基本上明确了中国式现代化理论体系的主要内容和内在逻辑。

新时代呼唤新作为，需要我们付出更大努力，我们要以中国人民的志气、骨气、底气，不信邪、不怕鬼、不怕压，知难而进、迎难而上，凝聚起同心共筑中国梦的磅礴力量。中华民族是历经磨难、不屈不挠的伟大民族，中国人民是勤劳勇敢、自强不息的伟大人民，中国共产党是敢于斗争、自我革命的伟大政党。历史潮流浩浩荡荡，在踏上社会主义现代化建设的征程中，我们一定要以习近平新时代中国特色社会主义思想为指导，坚守初心，脚踏实地，立足现实，为实现两个一百年奋斗目标、实现中华民族伟大复兴的中国梦作出新的更大的贡献！

【课后思考】

1. 改革开放战略是如何提出来的？

2. 中国特色社会主义是怎样开创和接续发展的？

3. 如何正确理解中国特色社会主义进入新时代的内涵与意义？

4. 如何认识党的十八大以来取得的历史性成就与发生的历史性变革？

5. 如何准确理解构建人类命运共同体的意义？

【学习拓展】

1.邓小平:《邓小平文选》(第三卷),人民出版社,1993年。

2.邓小平:《解放思想,实事求是,团结一致向前看》(1978年12月13日)。

3.《习近平新时代中国特色社会主义思想三十讲》,学习出版社,2018年。

4.《中共中央关于党的百年奋斗重大成就和历史经验的决议》(2021年11月11日中国共产党第十九届中央委员会第六次全体会议通过)。

5.《习近平谈治国理政》(第四卷),外文出版社,2022年。

6.大型电视专题片:《领航》。

参考文献

1.《马克思恩格斯选集》(第一卷),人民出版社,1995年。

2.《毛泽东选集》(第二卷),人民出版社,1991年。

3.《毛泽东选集》(第四卷),人民出版社,1991年。

4.《邓小平文选》(第二卷),人民出版社,1994年。

5.《邓小平文选》(第三卷),人民出版社,1993年。

6.《习近平谈治国理政》,外文出版社,2014年。

7.《习近平谈治国理政》(第二卷),外文出版社,2017年。

8.《习近平谈治国理政》(第三卷),外文出版社,2020年。

9.习近平:《论中国共产党历史》,中央文献出版社,2021年。

10.《习近平总书记系列重要讲话读本》,学习出版社、人民出版社,2016年。

11.《习近平新时代中国特色社会主义思想三十讲》,学习出版社,2018年。

12.胡德坤、宋俭主编:《中国近现代史纲要》,武汉大学出版社,2006年。

13.蒋廷黻:《中国近代史》,民主与建设出版社,2016年。

14. 李捷、王顺生主编：《中国近现代史纲要》，高等教育出版社，2008 年。

15. 梁启超：《戊戌政变记》，广西师范大学出版社，2010 年。

16. 刘华明、孙云、邱恭志主编：《中国近现代史纲要十二讲》，合肥工业出版社，2011 年。

17. 齐长立、蔡翔主编：《中国近现代史纲要》，经济日报出版社，2015 年。

18. 王丽丽：《中国近现代史》，原子能出版社，2008 年。

19. 王珊珊：《中国近现代史纲要》，人民日报出版社，2014 年。

20. ［英］韦尔斯：《世界史纲》，蔡慕晖、蔡希陶译，上海三联书店，2007 年。

21. ［英］亚当·斯密：《国富论》，孙善春、李春长译，中国华侨出版社，2010 年。

22. 郑德荣、朱阳主编：《中国共产党历史讲义》，吉林人民出版社，1980 年。

23. 郑师渠主编：《中国近代史》，北京师范大学出版社，1994 年。

24. 中国近代史编写组：《中国近代史》（第二版上册），高等教育出版社、人民出版社，2020 年。

25. 《中国近代史》，中华书局，1983 年。

26. 周刘波：《中外历史纲要》，西南师范大学出版社，2020 年。

27. 朱庆宝：《中国近现代史纲要》，航空工业出版社，2013 年。

28. 总政治部宣传部组编：《中国近现代史纲要》，国防大学出版社，2017 年。

后　记

　　对教学中的心得与体会进行总结和提炼是我校《中国近现代史纲要》教研室多年的愿望,我们一直期盼着能将我校《中国近现代史纲要》教学中积累的成果以一定的方式展现出来,但因各种原因未能如愿。2016 年,任长幸博士和钟月强博士到我校任教,在教研室主任吴文定教授的牵头之下,三人一拍即合,即刻产生了开展中国近现代史纲要专题教学研究的动议,认为我们研究的目的应当是总结教学成果、梳理结合我校特点的教学体系。随即开始设计了相应的专题,在教研室集体讨论的基础上,最终确定了十个专题。专题确定后,三位老师着手开展了研究,多次开会讨论了研究思路、研究方法及研究的重点、难点等问题,同时申报了 2018 年贵州省教育厅人文社科思政项目并获得了立项。为使研究深入持续进行,课题组多次到遵义会议会址、猴场会议会址、黎平会议会址、通道会议会址、邓恩铭故居、王若飞故居等地进行了实地考察和学习,进一步增加了对相关史实的认知和了解。同时借助我校图书馆和中国知网等资源进行了历史文献研究,深化对近代以来中国历史社会的认识和把握。

　　在相关研究条件成熟的基础上,我们分工进行了书稿的撰写:专题一、

二、三由吴文定教授负责撰写;专题四由陈佳湘书记撰写;专题五、六由钟月强博士撰写,专题七、八、九、十由任长幸博士撰写。历经一年多的努力,终于完成了初稿,经过课题组反复的修改和校对,终于定稿。本书的出版是我校四位老师在马克思主义学院和学校领导关心下辛苦耕耘的结果,在此,四位作者对关心和支持本书撰写的各位领导和同人表示衷心的感谢。本书编写的出发点是为从事《中国近现代史纲要》课教学的一线老师提供一些必要的教学参考,努力提高思政课教学效果。当然由于编者水平有限,书中难免有一些不当之处,敬请各位读者批评指正。

作者

2023 年 5 月